J'INTÈGRE LA FONCTION PUBLIQUE

2020

Catégories A, B et C

2 £

LES COLLECTIVITÉS TERRITORIALES

Cours, révisions, préparation à l'entretien

Odile Meyer

Formatrice au CNFPT
et préparatrice aux concours internes et externes
de la fonction publique territoriale

DUNOD

Cet ouvrage est à jour des dernières lois,
à la date du 1er novembre 2019.

Direction et conception graphique : Élisabeth Hébert

Mise en page : Belle Page

11 rue Paul Bert, 92240 Malakoff
www.dunod.com

ISBN 978-2-10-080671-3

TABLE DES MATIÈRES

Introduction 1

Partie 1 – L'État 5

1 L'organisation administrative de l'État 6
2 Les actes administratifs 11
3 La hiérarchie des normes 13
4 Le préfet de département et le préfet de région 19
5 La mise en œuvre de la réorganisation de l'administration territoriale de l'État 22
6 Les élections 24
7 La déconcentration et la décentralisation 37
Entraînement 42

Partie 2 – Les collectivités territoriales 51

8 Qu'est-ce qu'une collectivité territoriale ? 52
9 La commune 56
10 La coopération intercommunale 69
11 Le département 88
12 La région 94
13 Les compétences des collectivités territoriales 104
14 Quels sont les domaines d'intervention d'une commune ? 109
15 Quels sont les domaines d'intervention du département ? 113
16 Quels sont les domaines d'intervention de la région ? 116
17 La réforme des collectivités territoriales 120
18 Qu'est-ce qu'un service public ? 129
19 Les établissements publics 135
20 Les contrôles 138
21 L'Union européenne et la vie locale 145
Entraînement 163

Partie 3 – Les finances publiques 179

22 Le budget des collectivités territoriales 180
23 Les recettes et les dépenses 183
24 L'ordonnateur et le comptable 191
25 Les documents budgétaires 193
26 Le contrôle du budget 196
Entraînement 200

Partie 4 – La fonction publique 203

27 Le statut de la fonction publique 204
28 L'organisation des statuts 210
29 Les droits et obligations des fonctionnaires 213
30 La carrière du fonctionnaire 229
31 La rémunération 236
32 Les positions administratives 238
33 Les organismes participatifs de la fonction publique territoriale 241
34 La loi de transformation de la fonction publique (6 août 2019) 246
Entraînement 253

QCM d'autoévaluation 265

Partie 5 – L'oral des concours 279

35 Le jury de l'oral des concours 281
36 Les objectifs de l'oral 283
37 La préparation à l'oral 289
38 Le déroulement de l'entretien 295
39 Exemples de questions posées par des jurys 300
40 L'évaluation des jurys 303
41 Après l'épreuve orale 306

Annexes 309

INTRODUCTION

Tous les concours et examens professionnels de la fonction publique territoriale, quel que soit le niveau, font appel à une culture spécifique : la culture territoriale. Il s'agit, pour le candidat, d'être capable de se situer dans une collectivité, mais aussi de situer cette dernière et ses activités dans le paysage administratif global.

Vous souhaitez intégrer un service municipal, un conseil départemental, un conseil régional ou un établissement public intercommunal. Ces personnes morales s'insèrent dans un contexte juridique complexe et sont régies par des lois et des textes multiples. Une commune, un département, une région ont en charge l'organisation de l'espace pour le bien-être de ses habitants. Elles doivent assurer leurs missions d'intérêt général avec l'aide d'agents territoriaux. Elles disposent d'un budget propre mais sont soumises à des contrôles.

Ces différents éléments constituent la trame de cet ouvrage. Chaque thème fait l'objet d'une présentation rapide des données de base, bagage essentiel que devrait posséder tout agent territorial. Des schémas et des tableaux complètent l'information. À la fin de chaque chapitre, des exercices vous aideront à conforter vos connaissances.

Tous les concours comportent une épreuve orale. Pour beaucoup il s'agit d'un entretien dont une partie porte sur ces notions. Vous trouverez un chapitre destiné à vous préparer tout spécialement à cette épreuve.

Cet ouvrage, au-delà de préparer aux concours, pourra également être utile à tout agent territorial soucieux de mieux maîtriser son environnement. Il s'agit en effet d'une culture de base, qui ne peut échapper à l'agent investi d'une mission de service public.

Enfin, dans un contexte de préparation à concours, des questionnaires à la fin de chaque chapitre et un questionnaire final vous permettra une auto-évaluation de l'acquisition de ces connaissances.

1 L'épreuve orale d'admission du concours

La durée de l'épreuve varie suivant les concours, mais est généralement d'environ 15 à 20 minutes. Le coefficient est de 2 ou 3. Ces éléments sont précisés dans le cadre d'emplois de chaque concours.

Toute note inférieure à 5/20 est éliminatoire.

Le but de l'épreuve est de permettre au jury de faire un choix parmi tous les candidats qui se sont présentés.

Important

L'audition du candidat doit permettre au jury de comprendre son parcours professionnel et les compétences et connaissances techniques et/ou administratives qu'il a acquises en vue d'exercer les fonctions qui pourront lui être proposées dans ce cadre d'emplois.

Il doit aussi comprendre les motivations du candidat à exercer ce métier dans un service public, autrement dit, au service de la population.
Ce qui sous-entend qu'il en connaisse les règles de fonctionnement.

Le jury va tenter d'évaluer les aptitudes du candidat, en particulier ses capacités d'adaptation aux fonctions qui lui seraient confiées s'il était recruté, ses qualités professionnelles, de réflexion ou d'analyse et de compréhension de son environnement. Bien sûr, cette évaluation sera en fonction du niveau du concours : on ne demande pas la même chose à un agent de catégorie C (fonctions d'exécution) ou à un agent de catégorie A (fonctions d'encadrement).

Ne pas oublier que cette épreuve équivaut à un entretien de recrutement dans la fonction publique. Il s'agit de montrer (voire de prouver) au jury, tout à la fois :

- que vous êtes particulièrement motivé(e) pour les missions qui pourraient vous être confiées ;
- que votre éventuel recrutement apportera toutes les garanties de qualité et de sérieux attendues par votre futur employeur.

2 Comment entrer dans la fonction publique ?

On entend par « fonction publique » l'ensemble des fonctionnaires, qu'ils travaillent dans un service public de l'État, dans une commune, un conseil départemental ou un établissement public.

La Constitution française a prévu l'égalité de tous les citoyens à l'accès à l'emploi public. Ainsi, le parcours normal d'entrée dans la fonction publique va passer par cette épreuve anonyme qui reste un des seuls moyens actuels de mettre tous les candidats à pied d'égalité : le concours.

La quasi-totalité des concours pour l'accès à la fonction publique territoriale (ou les examens professionnels dans le cadre de la promotion interne) comporte une épreuve orale d'admission consistant en un entretien avec le jury « permettant de préciser la motivation du candidat et son aptitude à exercer les missions incombant au cadre d'emplois ».

3 Un cadre d'emplois ?

C'est un ensemble de règles regroupant les conditions de recrutement, de rémunération, de déroulement de carrière… des fonctionnaires exerçant des missions similaires au sein d'une administration, comme les cadres d'emplois : des assistants socio-éducatifs, des adjoints administratifs, des animateurs, des techniciens… Il y a un concours spécifique pour chaque cadre d'emplois.

Il existe dans la fonction publique territoriale une cinquantaine de cadres d'emplois mais environ deux cent cinquante métiers. Un cadre d'emplois peut donc regrouper plusieurs métiers. Ainsi, celui des assistants socio-éducatifs regroupe les assistants de service social, les éducateurs spécialisés et les éducateurs en économie sociale et familiale. Le cadre d'emplois des rédacteurs regroupe tous les métiers liés à la gestion administrative. Un rédacteur peut exercer des missions de secrétariat, de comptabilité, de communication… dans des services aussi différents que le secteur juridique, l'urbanisme, la gestion de l'eau ou les ressources humaines, etc.

Afin de mieux vous préparer à cette épreuve, il est essentiel de disposer des éléments constituant le cadre d'emplois du concours que vous souhaitez passer. Vous obtiendrez ces données sur les sites du CNFPT ou des CDG ou CIG organisateurs des concours, dont les adresses figurent en fin d'ouvrage. Vous aurez ainsi, outre le contenu de chaque épreuve, des indications sur les missions qui peuvent être confiées à ce cadre d'emplois ainsi que les capacités attendues des candidats et sur lesquelles ils seront évalués.

4 Le concours

1. Les étapes du concours

La plupart des concours se passent en deux temps :

- L'admissibilité, consistant souvent en une ou plusieurs épreuves écrites.

Si le candidat est déclaré admissible par le jury, il pourra accéder à la seconde étape :

- L'admission, qui consiste en une ou plusieurs épreuves, pour la plupart, orales. Sont déclarés admis les candidats qui ont obtenu les meilleures notes.

Certains concours ne comportent qu'une épreuve orale d'admission.

Sur les sites organisateurs des concours sont renseignés les conditions d'accès, le type d'épreuves et le contenu de ces épreuves, différents pour chaque concours. Vous y trouverez aussi les dates des prochains concours organisés dans votre département.

2. Concours ou examen, quelle différence ?

Pour réussir un examen, il suffit d'avoir la note moyenne, en général 10/20, mais le jury, étant souverain, peut éventuellement en décider autrement.

En revanche, pour un concours, s'il est déclaré deux cents postes vacants, il n'y aura que deux cents lauréats, et ce seront les deux cents meilleurs. Même si la note du 201ᵉ est au-dessus de la moyenne, il ne sera pas reçu !

5 Qui sera votre futur employeur dans la fonction publique territoriale ?

Vous allez passer un concours de la fonction publique territoriale, vous serez donc amené(e) à travailler dans une collectivité territoriale ou un établissement public local. Vous pourrez effectuer vos missions au sein d'une commune comme personnel municipal, au sein d'un conseil départemental comme personnel départemental ou au sein de la collectivité région, et vous serez personnel régional. Mais vous pouvez aussi travailler dans un établissement public local comme un syndicat intercommunal ou un centre communal d'action sociale (CCAS), par exemple.

Votre futur employeur sera donc le maire, ou l'un des présidents de ces conseils.

Le candidat qui souhaite être recruté doit au minimum connaître l'organisation et les missions prises en charge par son futur employeur. Ce sera l'objet d'une partie des questions du jury du concours qui devient de plus en plus exigeant dans ce domaine.

6 Avant l'épreuve orale, il y a l'épreuve écrite d'admissibilité

Il semble aux jurys que de nombreux candidats n'ont manifestement pas une connaissance suffisante des collectivités territoriales pour répondre de manière éclairante aux attentes du destinataire du rapport (la note de synthèse de beaucoup de concours). Ils synthétisent des informations mais dans la méconnaissance du contexte local, en ne valorisant pas les informations du dossier qui répondent le mieux aux enjeux locaux et la note s'en ressent !

C'est aussi l'objectif de cet ouvrage que de vous permettre de prendre connaissance de ces diverses structures publiques, de leurs organisations, de leurs pouvoirs respectifs et bien sûr de leurs missions destinées à répondre aux besoins de la population locale.

PARTIE 1

L'État

1 L'organisation administrative de l'État 6

2 Les actes administratifs 11

3 La hiérarchie des normes 13

4 Le préfet de département et le préfet de région 19

5 La mise en œuvre de la réorganisation de l'administration territoriale de l'État 22

6 Les élections 24

7 La déconcentration et la décentralisation 37

Entraînement 42

1 FICHE

L'organisation administrative de l'État

OBJECTIFS

Pour votre concours, vous devez être capable de :

- Définir les trois pouvoirs existants dans une société démocratique.
- De différencier les notions de personne physique, morale et de personnalité juridique.
- D'expliquer succinctement le cheminement du vote d'une loi.

L'État est une personne morale (juridiquement responsable), représentant la Nation et dont l'autorité souveraine s'exerce sur l'ensemble d'une population et d'un territoire déterminés. Il est le fruit de la volonté d'un peuple.

L'État est le résultat de la volonté d'une communauté d'hommes qui a un projet, une image de l'avenir attendu, une volonté d'affronter ensemble un destin commun. Pour cela la communauté va se doter d'outils susceptibles de donner force, cohésion et pérennité à ce projet.

1 La notion de personnalités morale et juridique

En droit, une **personne morale** est une entité, généralement un groupement d'individus. Une **personne physique** (un individu) ou une personne morale peut être dotée de la **personnalité juridique**, c'est-à-dire qu'elle est titulaire de droits et d'obligations et donc en capacité d'être responsable devant la société des actes qu'elle va poser. Les personnes morales de droit public sont investies d'une mission d'intérêt général. Elles comprennent l'État, les collectivités territoriales – communes, départements, régions, collectivités d'outre-mer et les établissements publics parmi lesquels il convient de citer les établissements d'assistance – hôpitaux, CCAS –, les établissements culturels – universités, lycées –, et certains établissements corporatifs – chambres de commerce et d'industrie, des métiers ou d'agriculture.

L'État, personne morale, est représenté par des personnes physiques (président de la République, préfet...) qui exercent une autorité au nom de l'État.

Quant à la notion de Nation, de nos jours souvent synonyme d'État, on pourrait la définir comme étant une communauté humaine caractérisée par la conscience de son identité commune historique et/ou culturelle et formant une entité politique, une histoire commune, une langue commune. Un État peut être constitué de plusieurs nations ayant chacune leur langue : la Suisse, l'ex Yougoslavie. Le terme « politique », qui vient du grec *politikos*, est utilisé dans cet ouvrage dans son sens premier : art ou science des affaires de la cité, c'est-à-dire l'organisation du pouvoir dans la cité.

Dans toutes les sociétés humaines, des règles existent qui établissent, de façon plus ou moins contraignante, les rôles et les pouvoirs des uns et des autres. Les règles qui fixent les rapports entre les individus, les personnes privées entre elles constituent ce que nous appelons le **droit privé**. Mais à côté, voire au-dessus de ce droit, s'est développé un droit qui, lui, prend en compte la structure sociale dans son ensemble : ce droit est le **droit public** qui organise le pouvoir politique et administratif aux divers échelons de la société.

Pour pérenniser ces règles, il est nécessaire de mettre en place des écrits. Ainsi, un texte fondateur défini les rôles et pouvoirs de chacun, c'est la **Constitution**. Des lois et bien d'autres textes vont compléter, préciser et adapter le droit français en fonction de différents facteurs comme l'évolution de la société ou du droit international. L'État va ainsi créer du droit, droit qui s'impose aux individus. Ces « individus » sont considérés à la fois comme des « hommes » titulaires de droits fondamentaux et comme des « citoyens » titulaires de droits politiques ou civiques.

D'autre part, il faut installer des structures de gestion de ce pouvoir, de cette souveraineté. Ainsi la Constitution de 1958, qui fonde la Ve République, prévoit *la mise en place des différents éléments du pouvoir, leurs liens entre eux, leurs attributions, leurs limites, leurs responsabilités…*

La souveraineté nationale (le pouvoir) appartient au peuple français et est exercée par les représentants qu'il a élus. Et afin d'éviter que tous les pouvoirs ne soient concentrés dans les mains d'un seul homme ou d'un seul groupe (ce serait une dictature), le principe de la *séparation des pouvoirs* a été institué. Nous sommes bien dans un système démocratique.

Il coexiste ainsi trois pouvoirs.

1. Un pouvoir législatif composé de deux assemblées

- L' **Assemblée nationale**, élue au suffrage universel direct. Les députés qui y siègent sont élus par la population pour cinq ans.
- Le **Sénat**, élu au suffrage universel indirect. Les sénateurs sont élus pour six ans et l'assemblée renouvelés par moitié tous les trois ans.

Ces deux assemblées constituent le **Parlement**. Il est chargé de voter les lois.

Si le Parlement est chargé de contrôler l'action du gouvernement (Constitution, art. 24), seule l'Assemblée nationale a pouvoir de le renverser par le vote d'une motion de censure (Constitution, art. 49.2).

2. Un pouvoir exécutif, bicéphale

Comme dans tout régime parlementaire, l'exécutif est bicéphale (à deux têtes), représenté par un président de la République, élu au suffrage universel direct, pour cinq ans et un gouvernement dirigé par un Premier ministre.

Le président de la République nomme le Premier ministre, puis, sur proposition de celui-ci, nomme les autres membres du gouvernement.

Remarque

Les ministres ne sont ni des élus, ni des fonctionnaires. Ils ont une mission ponctuelle pour laquelle ils ne perçoivent pas un salaire, mais une indemnité.

3. Un pouvoir judiciaire

Il est chargé de régler les conflits des particuliers entre eux ou avec l'État, ou une autre personne morale. L'indépendance de ce pouvoir judiciaire par rapport aux deux autres pouvoirs est inscrite dans la Constitution. Ce pouvoir judiciaire est constitué d'un grand nombre d'instances spécialisées dans des domaines précis du droit, par exemple : le Conseil d'État ou la Cour de cassation, le tribunal d'instance, le tribunal de commerce, de police, les Prud'hommes, etc.

2 Schéma simplifié de l'organisation des trois pouvoirs en France

Pouvoir législatif
Chargé de faire la loi

Le Parlement est composé de deux assemblées :

- **L'Assemblée nationale** 577 députés élus au suffrage universel direct.
- **Le Sénat** 348 sénateurs élus au suffrage universel indirect.

Pour être appliqués, les textes doivent être votés dans les **mêmes termes** par les deux assemblées.

Pouvoir exécutif
Chargé de proposer les règles puis, une fois votées par le pouvoir législatif, de les mettre en application, on dit : « de les exécuter ».

Pouvoir bicéphale, représenté par :

- **Le président de la République** (élu au suffrage universel direct).
- **Le Premier ministre** et son gouvernement (nommés).

Puis, les **représentants de l'État** sur le territoire national :
Les préfets de région (nommés sur le territoire d'une région).
Les préfets de département (nommés sur le territoire d'un département).
Les maires (élus) agissant au nom de l' État sur le territoire d'une commune.

Pouvoir judiciaire
Chargé de régler les conflits ou de sanctionner en cas de non ou mauvaise application des règles.

Constitué **de nombreuses instances spécialisées :**

Par exemple :
- le Conseil d'État ;
- la Cour de cassation.

Mais aussi :
- le tribunal des conflits ;
- les tribunaux d'instance, de grande instance, de police, de commerce ;
- les Conseils des ordres des médecins, des architectes, des avocats... ;
- le tribunal des Prud'hommes ;
- etc.

3 Le parcours d'une loi, du projet au décret d'application

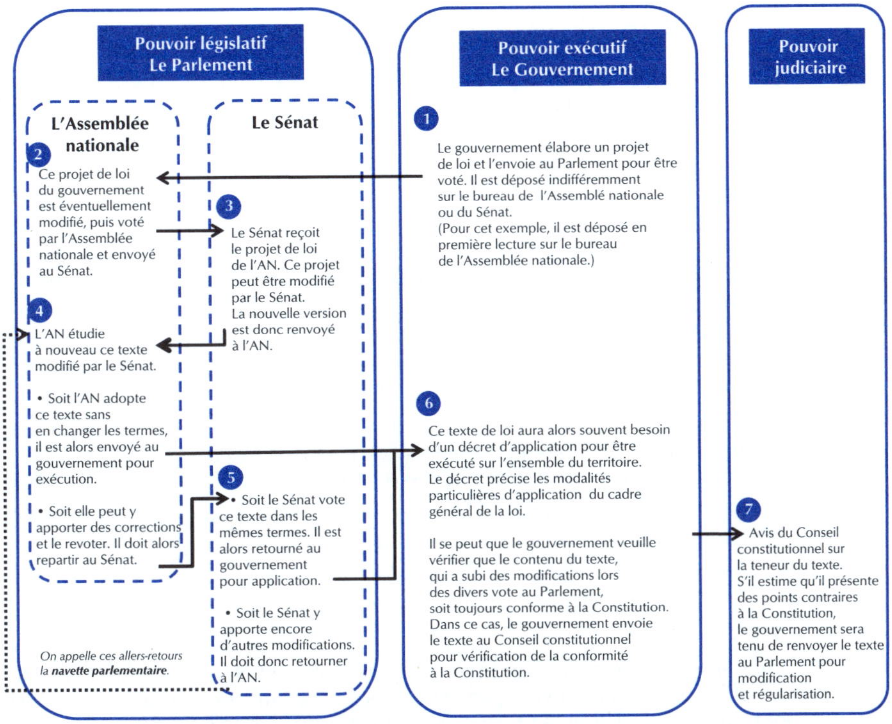

La Commission mixte paritaire (CMP)

Dans le cas où le gouvernement veut faire passer la loi plus rapidement, sans attendre de multiples allers-retours, la Constitution a prévu une solution : le gouvernement peut demander la mise en place d'une commission mixte paritaire (CMP).

La CMP est composée de 7 députés et 7 sénateurs. Ces 14 représentants vont tenter d'élaborer un texte commun. Ce texte est envoyé dans les deux assemblées pour vote.

- Si les deux assemblées votent cette version du texte, il est enfin adopté définitivement et retourne au gouvernement pour application.
- En cas de nouveau désaccord entre les deux assemblées, la Constitution a prévu que la version du texte qui sera votée par l'Assemblée nationale sera la version qui sera retenue par le gouvernement pour application. Autrement dit l'Assemblée nationale a le dernier mot.

Ainsi s'applique la démocratie pour le bénéfice individuel et collectif des citoyens.

ENCART — Le projet de révision constitutionnelle de 2019-2020 ?

Treize points sont abordés dans le projet du texte qui modifierait notre Constitution.

Concernant le Parlement :

1 – Réduction du nombre des parlementaires. À l'Assemblée Nationale, les députés passeraient au nombre de 404 et au Sénat il n'y aurait plus que 244 sénateurs. Ils seraient élus sur des circonscriptions électorales remaniées et 15 % des députés seraient élus à la proportionnelle. Ces dispositions seraient applicables dès les prochaines élections parlementaires.

2 – Instauration d'une limite dans le temps au cumul des mandats. Désormais les parlementaires et les présidents d'exécutifs locaux ne pourraient pas cumuler plus de trois mandats consécutifs (ce dispositif ne concerne pas les maires de communes de moins de 9 000 habitants).

3 – Rationalisation des procédures parlementaires afin d'éclaircir et accélérer le vote des lois.

4 – Mise en place d'un contrôle et d'une évaluation de la mise en œuvre, de l'application concrète et des effets réels des lois sur l'état du pays et la situation des citoyens. C'est un principe renforcé de responsabilité des acteurs publics.

5 – Les anciens présidents de la République ne siégeraient plus au Conseil Constitutionnel (suppression de l'art. 56 de la Constitution).

6 – Le nombre de parlementaires diminuant, le seuil de 60 députés ou 60 sénateurs réunis pour saisir le Conseil constitutionnel passerait à 40 députés ou 40 sénateurs.

Concernant la Justice :

7 – Le Conseil supérieur de la magistrature verrait son pouvoir renforcé pour la nomination et l'exercice du pouvoir disciplinaire des magistrats du parquet (ceux-ci sont chargés de défendre les intérêts de la Société et l'application de la loi).

8 – Suppression de la Cour de justice de la République. Elle était chargée de juger les ministres et les membres du gouvernement. Désormais ceux-ci seront jugés par la Cour d'appel de Paris.

Concernant le Conseil économique, social et environnemental (CÉSE) :

9 – Il deviendrait la Chambre de la société civile, chargée d'organiser des consultations de citoyens et d'experts sur les projets d'avenir et évaluer les incidences des projets sur les générations à venir ; diminution de moitié du nombre de ses membres, qui passeraient de 233 à 117.

Concernant les collectivités territoriales :

10 – L'expérimentation et un droit à la différentiation seraient inscrits dans la Constitution. Reconnaissance aux collectivités de la possibilité de déroger à la loi pour mettre en place des compétences que les autres collectivités de même catégorie n'ont pas afin de tenir compte des spécificités locales. Quant à l'expérimentation, elle pourrait se pérenniser sans pour autant se généraliser à l'ensemble des collectivités de même catégorie du territoire comme c'était le cas précédemment.

11 – Reconnaissance d'une spécificité à la Corse qui permettrait à cette région d'édicter des règles adaptées aux particularités liées à l'insularité et à ses caractéristiques géographiques, économiques et sociales.

12 – Les collectivités d'outremer pourraient adapter les règles qui régissent leur domaine de compétences à la réalité de leur territoire.

Concernant le climat :

13 – L'obligation de lutte contre le changement climatique serait inscrite dans la Constitution.

FICHE 2

Les actes administratifs

OBJECTIFS

Pour votre concours, vous devez être capable de :
- Définir la portée d'un acte administratif.
- Différencier les actes unilatéraux des contrats.

Assurer la gestion de missions de service public nécessite l'établissement de documents qui vont entériner et officialiser des décisions prises par une autorité publique. L'acte administratif est un acte juridique qui ne peut exister que dans le cadre de l'intérêt général. Il émane d'un organe cadre du pouvoir exécutif administratif d'État (ministère, établissement public national, préfecture) ou local (collectivité territoriale, établissement public local), contrairement aux actes des organes législatifs (Parlement) ou juridictionnels (tribunaux).

Le principe de « prérogative de puissance publique » permet à la personne publique de prendre des décisions de façon unilatérale ou contractuelle. Ces décisions peuvent concerner un ensemble de population ou un individu unique, autoriser ou sanctionner, résulter de l'obligation d'application de textes supérieurs ou être le reflet d'une décision autonome d'une collectivité. Suivant le domaine concerné, elles peuvent relever du régime du droit privé (comme le contrat de maintenance de la chaudière de la mairie) ou du régime du droit public (comme une délégation de service public).

On peut classer ces actes administratifs en deux grandes familles, les actes unilatéraux et les actes contractuels.

1 Les actes unilatéraux

Ce sont des actes élaborés par la personne publique qui vont s'imposer dans leur exécution puisqu'ils ne requièrent pas le consentement des administrés.

On les distingue en deux catégories :

- les **actes réglementaires** concernent une situation générale. Décrets, arrêtés, délibérations des assemblées des collectivités territoriales. Exemples :

arrêté municipal d'interdiction de stationnement, code de la route, documents budgétaires, délibération portant le taux d'imposition de la taxe d'habitation… Ces documents sont soumis à publication et affichage sur des supports publics : Journal officiel, recueils des actes administratifs ou sur les panneaux administratifs dans les communes, pour être portés à la connaissance de la population ;

- les **actes non-réglementaires** ont soit une portée individuelle (arrêté de nomination d'un agent, permis de construire, permis de conduire, décision d'octroi d'une allocation à un usager), soit une portée collective comme les listes d'aptitude suite à concours, ou la reconnaissance d'utilité publique d'une association. Ces actes individuels sont soumis à notification pour être portés à la connaissance du ou des intéressés.

2 Les contrats

Contrairement à l'acte unilatéral, le contrat suppose un accord entre différentes parties contractantes.

- Le **contrat administratif**. Il est conclu soit entre deux personnes publiques, soit entre une personne publique et une personne de droit privé. Il a pour objet l'exécution d'un service public. Ce sont les marchés publics, les contrats d'emprunt public, les contrats d'occupation du domaine public ou les contrats de délégation de service public. C'est le cas du contrat qui lie la commune avec une entreprise spécialisée pour élaguer les arbres de l'avenue, du contrat avec une entreprise de nettoyage pour assurer le ménage des locaux de la mairie ou le contrat de recrutement d'un agent non-titulaire, etc.
- Le **contrat de droit privé**. Quand l'administration agit comme une personne privée, ne faisant apparaître aucune clause de puissance publique, comme l'aurait fait un particulier, il est alors considéré de droit privé. Ce peut être le cas d'achat d'alimentation pour la cantine, de fournitures de bureau…

La personne publique doit exercer un contrôle sur son cocontractant afin de s'assurer que la mission de service public contractualisée, et donc déléguée, est exécutée conformément aux termes du contrat.

FICHE 3
La hiérarchie des normes

OBJECTIFS

Pour votre concours, vous devez être capable de :

- Donner une définition de cette notion.
- Donner des exemples de normes.
- Si vous êtes déjà agents publics : expliquer comment s'applique concrètement ce principe à travers des exemples de votre vécu personnel (votre arrêté de nomination) ou professionnel.

Les décisions prises par les collectivités doivent respecter les textes juridiques qui leur sont supérieurs. Elles sont soumises à ce qui est appelé, la hiérarchie des normes. Ce qui signifie que chaque type de norme doit respecter celles qui lui sont supérieures, sous peine d'annulation par une juridiction. Les délibérations municipales citent les textes (lois, décrets) auxquels elles se réfèrent. Les arrêtés commencent tous par des « Vu la loi du… » qui montrent ainsi que la décision a été prise en conformité à tous les textes qui lui sont supérieurs : lois, décrets d'application, etc.

1 Quels sont les différents types de normes ?

Nous les présentons dans l'ordre hiérarchique.

1. Les règles communautaires/européennes (traités, règlements, directives…)

Le droit européen influence de plus en plus la vie locale (par exemple, en 2008 : l'étiquetage des produits biologiques, ou concernant les produits phytosanitaires, l'harmonisation sur l'apport de substances actives dans la chaîne alimentaire…).

Toutefois, lorsque la France ratifie un texte communautaire (comme le traité de Maastricht) dont certains points s'avèrent contraires aux termes de notre Constitution, la France est tenue de modifier celle-ci afin de se mettre en conformité avec les textes européens.

Si la France n'applique pas sur son territoire les textes qu'elle a signés au niveau de l'Europe, l'Europe peut la condamner à de lourdes peines.

2. La Constitution

Vient ensuite la Constitution qui est LE texte qui définit l'organisation et le fonctionnement des institutions politiques et juridiques de l'État.

Elle s'ouvre par la Déclaration des droits de l'homme et du citoyen. Ainsi, elle énonce la croyance de la Nation à des principes généraux. Elle détermine les compétences des divers organes de l'État et organise leurs rapports. Elle donne au Parlement et au gouvernement le pouvoir de produire des règles de droit.

Notre Constitution actuelle date du 4 octobre 1958, c'est la Constitution de la Ve République. C'est la règle fondamentale, la règle supérieure, ce qui signifie que toutes les autres règles juridiques dans le pays lui sont soumises.

Dans notre système démocratique, il n'y a actuellement que deux possibilités pour éventuellement modifier la Constitution : soit par un vote du Parlement réuni en congrès (à Versailles), soit suite à un référendum national. Le choix appartient au président de la République.

3. Les règles internationales

Les règles autres qu'européennes qui concernent par exemple toutes les règles sur les échanges commerciaux avec le reste du monde, les visas, les textes sur la réduction des gaz à effet de serre, etc.

4. Les lois

Elles sont votées par le Parlement.

L'Assemblée nationale et le Sénat doivent voter le texte dans les mêmes termes. L'article 34 de la Constitution fixe les champs d'intervention de la loi.

Les lois n'indiquent en général que les grandes lignes : lois d'orientation, lois-cadres… Elles doivent donc être complétées par des règlements élaborés par les autorités administratives : décrets, arrêtés…

Toutefois, le Conseil constitutionnel est là pour veiller à la conformité de la loi à la Constitution. C'est le gardien vigilant de la Constitution. Il peut être saisi pour avis par le président de la République, le Premier ministre, les présidents de l'Assemblée nationale, du Sénat ou par 60 députés ou 60 sénateurs.

5. Les décrets

Ils sont signés uniquement par le président de la République et/ou le Premier ministre et contresignés par les ministres intéressés à l'application du texte.

6. Tous les autres actes

Ils sont produits soit par les représentants de l'État (comme un ministre, un préfet) soit par les représentants d'autres personnes morales sur le territoire (comme un maire). Il s'agit ainsi :

- des arrêtés signés par tous les personnages représentant l'État, les collectivités locales ou les établissements publics : arrêtés des ministres, des préfets, des maires, des présidents des conseils départementaux ou régionaux ou des présidents des conseils d'administration des établissements publics ;
- des délibérations prises par les assemblées délibérantes des collectivités territoriales : conseils municipaux, conseils départementaux, conseils régionaux, ou les conseils d'administration des établissements publics ;
- et de tout autre document produisant du droit, donc s'imposant à la société et éventuellement opposable en justice : contrats (d'assurance des véhicules de la commune, de maintenance de la chaudière de la mairie, d'embauche d'un agent en CDD...), conventions (de formation entre un organisme de formation, l'employeur et l'agent), marchés publics (c'est-à-dire la mise en concurrence d'entreprises pour l'achat de matériel ou pour des travaux, par exemple), etc.

2 Les actes des collectivités territoriales

1. Les actes administratifs

Comme nous l'avons déjà vu, les délibérations, les arrêtés, les contrats, les marchés publics... sont des actes administratifs. Ils créent des droits ou imposent des obligations. Ils s'intègrent à la hiérarchie des normes et doivent donc respecter les règles qui leur sont supérieures. Par exemple, un maire ne peut pas prendre un arrêté dont le contenu serait contraire à une loi ou à un décret.

Si la Constitution a prévu la libre administration des collectivités territoriales (art. 72), les actes qu'elles prennent doivent respecter cette hiérarchie. Pour ce faire, un contrôle est effectué par l'État, c'est le contrôle sur la légalité des actes. Se reporter au chapitre sur le contrôle des actes.

2. L'exécution des actes administratifs

Pour être **exécutoires**, c'est-à-dire appliqués, les actes administratifs sont soumis à deux obligations cumulatives :

- pour les actes collectifs, ils doivent être *publiés* afin d'être porté à la connaissance de la population. Pour les actes administratifs individuels, ils seront *notifiés* aux intéressés (par exemple, un agent reçoit personnellement son arrêté de nomination), et

- *transmis* au préfet qui, au nom de l'État, effectuera un contrôle sur la légalité du contenu.

Les actes administratifs les plus importants sont publiés dans un « recueil des actes administratifs » de la collectivité territoriale.

La hiérarchie des normes en schéma

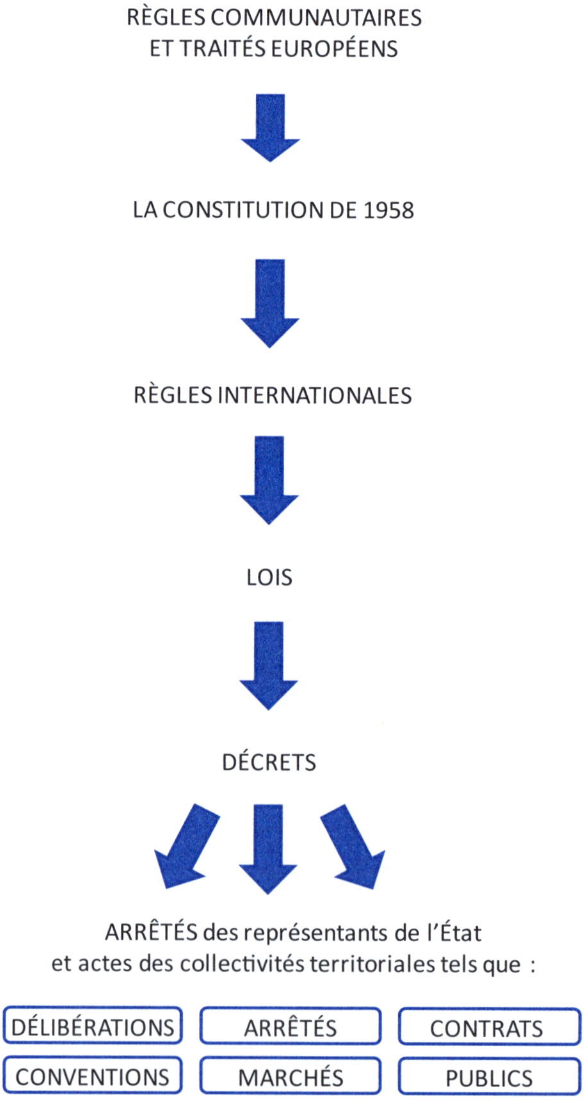

Une délibération d'une commune

DEPARTEMENT DE SEINE ET MARNE
* * *
VILLE DE CESSON

N°85/2013

EXTRAIT du REGISTRE
des DELIBERATIONS
du CONSEIL MUNICIPAL

Date de convocation :
le 13 décembre

Date d'affichage :
Le 27 décembre

Nombre de Conseillers :
En exercice : 29
Présents : 22
Votants : 29

L'an Deux mil treize,

Le vingt décembre, à vingt heures

Le Conseil Municipal légalement convoqué, s'est réuni à la Mairie en séance publique sous la présidence de Monsieur Olivier CHAPLET, Maire.

Présents : M. Olivier CHAPLET, Mme Marie-Annick FAYAT, M. Jacques HEESTERMANS, Mme Liliana MEISTER, M. Jean-Michel BELHOMME, Mme Stéphanie CHILLOUX, M. François REALINI, Mme Reine FASSI, M. André SAURIOT, M. Yves-Marie FRANCOIS, M. Daniel COMPTE, Mme Annick LABAYE, Mme Dominique GINESTIERE, Mme Catherine LEMAIRE, M. Alain DEMANDRE, Mme Nathalie CRISCIONE, M. Etienne DEVAUX, Mme Charline COGET, M. Philippe STEVANCE, M. Pierre LAINEY, M. Bruno COTTALORDA, M. Michel BERTRAND.

Formant la majorité des membres en exercice.

Pouvoirs :

Mme PREVOT à Mme FAYAT
M. DUVAL à M. REALINI
Mme NALINE à Mme CHILLOUX
M. VALVERDE à M. HEESTERMANS
Mme ABOU BAKARE à Mme MEISTER
M. BENOIT à M. BERTRAND
Mme LEDUC à M. STEVANCE

M. HEESTERMANS est nommé Secrétaire de séance.

OBJET : GESTION DES SALLES – TARIFS 2014 DES LOCATIONS DE SALLES

Madame Marie-Annick FAYAT, Adjointe au Maire chargée de la Culture, de la Vie associative et de la Démocratie locale, propose à l'assemblée d'adopter les tarifs de location des salles pour l'année 2014.

Après avoir entendu l'exposé de Mme FAYAT,
Vu l'avis de la commission « Finances, Administration générale, développement économique » du

1

Après en avoir délibéré,

LE CONSEIL MUNICIPAL,

FIXE les tarifs de location des salles communales à compter du 1er janvier 2014 tels qu'ils sont annexés à la présente délibération ;

DIT que les recettes correspondantes seront inscrites à l'article 752 du budget.

Vote :
23 voix pour
6 abstentions *(M.Stévance, Mme Leduc, M.Lainey, M.Cottalorda, M.Bertrand, Mme Benoit)*

Les jours, mois et an susdits et ont signé au registre les membres présents pour copie conforme.

Pour le Maire empêché et par délégation,
Le 2ème Adjoint au Maire,

Jean-Louis DUVAL

2

État

Un arrêté

7008

POLE « RESSOURCES »
Service de Gestion des Carrières
PM – Poste : 7 8494
Adresse électronique :
Affaire suivie par

République Française

CRETEIL le 01/07/2005

474

A R R E T E

LE PRESIDENT DU CONSEIL GENERAL
DU VAL DE MARNE

- **Vu** le statut général des fonctionnaires et notamment ses titres I et III définis par les lois n° 83-634 du 13 juillet 1983 et n° 84-53 du 26 janvier 1984 modifiées ;
- **Vu** le décret n° 91-875 du 6 septembre 1991 modifié pris pour l'application du premier alinéa de l'article 88 de la loi du 26 janvier 1984 modifié portant dispositions statutaires relatives à la Fonction Publique Territoriale ;
- **Vu** le décret n° 88-552 du 6 mai 1988 modifié portant statut particulier du cadre d'emplois des agents d'entretien territoriaux ;
- **Vu** le décret n° 2002-61 du 14 janvier 2002 relatif à l'indemnité d'administration et de technicité ;
- **Vu** l'arrêté interministériel du 14 janvier 2002 fixant les montants de référence de l'indemnité d'administration et de technicité ;
- **Vu** le décret n° 2003-1013 du 23 octobre 2003 modifiant le régime indemnitaire des fonctionnaires territoriaux ;
- **Vu** la délibération n° 02-136-09S-15 du 16 décembre 2002 relative à la mise en œuvre de l'indemnité d'administration et de technicité ;
- **Vu** la délibération n° 05-120 du 27 juin 2005 portant extension de l'indemnité d'administration et de technicité (IAT) au cadre d'emplois des agents d'entretien ;
- **Considérant** que cette indemnité d'administration et de technicité se substitue au dispositif actuellement en vigueur au Département prévoyant le versement mensuel des indemnités horaires pour travaux supplémentaires aux agents concernés, pris en application de l'article 5 du décret du 6 septembre 1991 modifié ;
- **Sur** la proposition du Directeur Général des Services Départementaux du Val de Marne ;

ARRETE

Article 1er : **MADAME**
GRADE : **AGENT D'ENTRETIEN**
SITUATION ADMINISTRATIVE : STAGIAIRE
BENEFICIE D'UNE INDEMNITE D'ADMINISTRATION ET DE TECHNICITE
A COMPTER DU : **1er juillet 2005.**

Article 2 : CETTE INDEMNITE EST ATTRIBUEE AVEC UN COEFFICIENT MULTIPLICATEUR DE 7.

Article 3 : LE VERSEMENT DE CETTE INDEMNITE CESSERA DE PLEIN DROIT DES LORS QUE L'AGENT
NE REMPLIRA PLUS LES CONDITIONS AU TITRE DESQUELLES IL EN EST ATTRIBUTAIRE A CE JOUR.

Article 4 : LE PRESENT ARRETE PEUT ETRE CONTESTE DANS UN PREMIER TEMPS PAR RECOURS GRACIEUX FORME AUPRES DE MONSIEUR LE PRESIDENT DU CONSEIL GENERAL, PUIS PAR RECOURS CONTENTIEUX FORME AUPRES DU TRIBUNAL ADMINISTRATIF DE MELUN DANS UN DELAI DE DEUX MOIS A COMPTER DE LA NOTIFICATION.

Article 5 : LE DIRECTEUR GENERAL DES SERVICES DEPARTEMENTAUX DU VAL DE MARNE EST CHARGE DE L'EXECUTION DU PRESENT ARRETE.

Fait à CRETEIL, le 01/07/2005
LE PRESIDENT DU CONSEIL GENERAL

DESTINATAIRES :
- *Paierie départementale : (1 exemplaire)*
  (certifie le caractère exécutoire du présent arrêté).
- *Intéressé(e) : (2 exemplaires)*
  S/C CRECHE ARCUEIL BERTHOLLET
- *Dossier : (1 exemplaire).*

POUR AMPLIATION
Le Chef de Section
Patrick

Sur cet arrêté qui attribue une prime à un agent, le président ne prend pas directement sa décision (le président arrête : une prime est accordée à…) mais fait d'abord référence aux textes qui sont supérieurs à cet arrêté : lois sur le statut de la Fonction publique autorisant les fonctionnaires à percevoir un régime indemnitaire, décrets d'application de ces lois, délibération du Conseil départemental mettant en place un régime indemnitaire (facultatif) pour les agents de cette collectivité, et délibération autorisant la mise en place de cette prime spécifique pour tel type de cadre d'emploi dans cette collectivité.

FICHE 4

Le préfet de département et le préfet de région

OBJECTIFS

Pour votre concours, vous devez être capable de :

- Donner les principales missions d'un préfet.
- Distinguer le rôle et la place du préfet par rapport au président du conseil départemental.
- Connaître le mode de nomination d'un préfet.
- Expliquer les fonctions spécifiques d'un préfet de région.

Le préfet de département est le représentant de l'État sur la circonscription géographique du territoire d'un département.

Le préfet est un fonctionnaire de l'État, nommé en Conseil des ministres. Il est chargé de veiller au respect des lois et règlements sur la circonscription administrative du territoire du département dont il a la charge.

1 Le préfet de département

1. Les fonctions politiques

Le préfet de département assure la représentation de l'État dans toutes les cérémonies officielles. Il informe ses supérieurs hiérarchiques sur tous les événements locaux, sur l'évolution de l'opinion publique et, en sens inverse, informe les administrés de la politique gouvernementale qu'il doit expliquer et défendre.

Il assure la direction des services de l'État dans le département. Les services déconcentrés de l'État (Direction Départementale de la Cohésion Sociale et de la Protection des Populations ou DDCSPP ; DDT ou Direction Départementale des Territoires…), etc. ainsi que les services de la préfecture sont sous sa direction. Il dispose de tous les pouvoirs de décision déconcentrés.

Toutefois, certains services échappent à l'autorité du préfet : l'autorité militaire, l'éducation nationale, les finances, la justice…

2. Les fonctions de représentation juridique

Il signe les contrats passés au nom de l'État (contrats d'assurances, de maintenance, d'emploi...), représente l'État en justice devant les tribunaux.

3. La fonction de police

Pour toutes les mesures de bon ordre, de sûreté, de sécurité ou de salubrité publique lorsqu'elles excèdent le territoire d'une commune. Dans les communes où a été instituée une police d'État (la police nationale), il doit prendre les mesures de police en matière de manifestation ou en cas d'atteinte à la tranquillité publique.

Mise en œuvre de certains plans d'urgence : ORSEC, POLMAR (pollution maritime), etc.

4. Le pouvoir de police judiciaire

Constat de crimes et délits concernant la sûreté intérieure ou extérieure du territoire, il doit déférer les auteurs aux tribunaux avec transmission au procureur de la République.

5. Les fonctions de contrôle de légalité

C'est au préfet que revient le rôle de contrôler, *a posteriori* , la légalité des actes pris par les collectivités territoriales ou par un établissement public local (voir le schéma sur le contrôle de légalité, fiche 20 p. 140).

2 Le préfet de région

Le préfet de région est le représentant de l'État sur la circonscription géographique du territoire d'une région.

Le préfet de région est le préfet du département dans lequel se situe le chef-lieu de la région. Il remplit à cet égard, dans ce département, la totalité des prérogatives d'un préfet de département. Il est donc préfet de région *et* préfet de département. C'est un fonctionnaire de l'État.

Il assure un rôle administratif, économique et politique dans le cadre de la région.

1. Fonctions politiques en assurant la représentation de l'État

Il doit relayer la politique du gouvernement sur les grands projets, par exemple celui de l'intercommunalité ou de la mise en place des schémas de services collectifs ou de suivi des programmes de l'Union européenne.

Il prépare, par ses informations et ses propositions, les politiques de développement économique et social et d'aménagement du territoire. Ainsi, est-il chargé de la négociation puis du déroulement des contrats de plan État-régions (contrats de projets depuis 2007).

Afin d'assurer la mise en œuvre de ces politiques, le préfet de région a depuis 1992 le pouvoir de fixer (après consultation du Comité de l'administration régionale, CAR) les « orientations nécessaires » à l'intention des préfets de département qui sont obligés d'y conformer leurs décisions. Le décret du 29 avril 2004 renforce les pouvoirs du préfet de région, désormais chargé de l'animation et de la coordination de l'action des préfets de département.

Il a un rôle de coordination des politiques de l'État en matière culturelle, d'environnement, de la ville et de l'espace rural.

Il assure la direction des services de l'État sur le territoire de la région. Il dirige les services déconcentrés régionaux de l'État ; il préside le comité de l'administration régionale (CAR) qui réunit les préfets de département et les chefs de services déconcentrés régionaux de l'État. C'est après l'avoir consulté qu'il arrête le projet d'action stratégique de l'État dans la région,

2. Fonctions de représentation juridique de l'État dans la région

Il signe les contrats passés au nom de l'État (contrats d'assurances, de maintenance, d'emploi...), représente l'État en justice devant les tribunaux.

3. Fonctions de contrôle de légalité

C'est au préfet que revient le rôle de contrôler, *a posteriori*, la légalité et le respect des règles budgétaires des actes de la collectivité territoriale région et de ses établissements publics.

5 FICHE

La mise en œuvre de la réorganisation de l'administration territoriale de l'État

OBJECTIFS

Pour votre concours, vous devez être capable de :

- Connaître les derniers développements de l'actualité liée à la réorganisation de l'administration territoriale de l'État.

Il s'agit d'une démarche novatrice de réorganisation des services publics de l'État, imaginée dans le cadre de la révision générale des politiques publiques (RGPP). Le Premier ministre, dans une communication du 17 décembre 2008, a présenté la mise en œuvre de la réorganisation de l'administration territoriale de l'État. Cette réforme, qui concerne près de deux cent soixante mille agents des services déconcentrés de l'État, a été engagée dans le cadre du processus de la révision générale des politiques publiques. Le rôle et les responsabilités des préfets vont être modifiés de façon importante :

Le résultat de ce travail marque une évolution profonde qui répond à quatre principes majeurs pour la réforme de l'État dans son ensemble :

- adaptation de l'État aux missions : au niveau départemental, les services administratifs s'organiseront ainsi autour de trois grandes missions : la protection des populations, la cohésion sociale et l'aménagement durable du territoire. L'action de l'État y gagnera ainsi grandement en lisibilité ;
- responsabilisation des préfets et des chefs de service : les préfets proposeront au Premier ministre les directeurs départementaux qu'ils auront retenus ;
- décloisonnement des services : les agents de l'État au niveau départemental travailleront dans des directions interministérielles, ce qui permettra de mieux conjuguer leurs compétences et leur offrira des parcours plus variés et plus personnalisés ;
- modularité de l'organisation en fonction des besoins locaux : au-delà d'un cadrage national – le nombre de direction dépendra de la taille démographique des départements – une grande liberté sera laissée aux préfets pour organiser localement les directions. Ils développeront ainsi des mutualisations permettant de réaliser des économies sur les fonctions

support et d'assurer le bon fonctionnement des nouvelles directions départementales.

Dès début 2009, les préfets ont lancé la constitution des nouvelles directions départementales. Cette nouvelle architecture de l'État dans les régions et les départements préfigure une administration plus réactive, concentrée et efficace au service des Français. Plus lisible, elle devrait permettre aux services de l'État de mieux accompagner les évolutions liées à la réforme des collectivités locales, qui devrait améliorer elle aussi la lisibilité des acteurs publics dans les territoires.

En 2012, le gouvernement Ayrault a lancé la Modernisation de l'action publique (MAP) poursuivant la réflexion sur la réorganisation des services publiques.

Le décret du 30 octobre 2012 a créé le Secrétariat général pour la modernisation de l'action publique (SGMAP), placé sous l'autorité du Premier ministre. Il est au service d'une nouvelle ambition pour les services publics, qui doivent contribuer à la fois au maintien du modèle social français, au redressement des finances publiques et à la compétitivité de l'économie. Le SGMAP remplit cinq missions :

1. L'appui à la transformation : il coordonne et soutient, au niveau interministériel, les travaux conduits par les administrations en vue d'évaluer et de moderniser l'action publique, afin d'améliorer le service rendu aux citoyens et aux usagers et de contribuer à la bonne gestion des deniers publics.
2. Le bon usage du numérique : il veille à ce que les systèmes d'information et de communication concourent à améliorer la qualité, l'efficacité, l'efficience et la fiabilité du service rendu et à simplifier les relations entre les administrations de l'État, les usagers et les autres autorités administratives.
3. La transparence de l'action publique : il coordonne l'action des services de l'État et de ses établissements publics pour faciliter la réutilisation la plus large possible de leurs informations publiques. Il administre le portail unique interministériel destiné à rassembler et à mettre à disposition l'ensemble des informations publiques de l'État, de ses établissements publics et, si elles le souhaitent, des collectivités territoriales et des personnes de droit public ou de droit privé chargées d'une mission de service public.
4. La présence territoriale des services publics : il coordonne les travaux interministériels relatifs à l'amélioration du fonctionnement des services déconcentrés de l'État.
5. L'association des usagers et des agents à la qualité des services publics.

Le Comité interministériel pour la modernisation de l'action publique (CIMAP) est l'instance de décision et d'arbitrage en matière de modernisation de l'action publique. Il vise à rénover le modèle français en alliant cohésion sociale et performance dans le respect des engagements budgétaires du gouvernement.

6 FICHE

Les élections

OBJECTIFS

Pour votre concours, vous devez être capable de :

- Lister les conditions pour être électeur.
- Donner une définition des termes : « scrutin » et « suffrage ».
- Faire la différence entre scrutin majoritaire, proportionnel et mixte.
- Dire à quel type de scrutin sont élus : le président de la République, les députés, les sénateurs, les membres de nos conseils dans les collectivités territoriales.
- Savoir par qui sont élus les maires, présidents des conseils départementaux et présidents des conseils régionaux.
- Expliquer ce qu'est la parité.
- Dire quel est le mode de désignation des adjoints au maire et des vice-présidents des conseils.
- Donner les années où ont eu lieu les dernières élections.

À chaque élection, les citoyens peuvent manifester leur adhésion ou leur désapprobation de la politique locale. Le vote est la première forme d'expression de la démocratie locale.

1 Le citoyen

Être citoyen, c'est appartenir à une communauté nationale (avoir la nationalité d'un État), être conscient d'y appartenir et reconnaître sa juridiction.

Être citoyen suppose en outre d'être responsable, c'est-à-dire :

- avoir une connaissance suffisante des lois et institutions du pays pour assumer son rôle dans la communauté nationale : connaître ses droits et ses devoirs, connaître la loi ;
- respecter la loi et servir la communauté nationale : respecter les libertés d'autrui, être solidaire, participer à la vie de la communauté.

ENCART

Le droit de vote

Le droit de vote est l'un des droits civiques dans une démocratie. Il permet aux citoyens d'un État d'exprimer leur volonté, par le biais d'un scrutin, et ainsi d'élire leurs représentants et leurs gouvernants ou de répondre à la question posée par un plébiscite ou un référendum.

2 La démocratie

C'est le régime politique où le peuple exerce sa souveraineté lui-même. Étymologiquement ce mot vient du grec *dêmos* = peuple et *kratos* = pouvoir, le pouvoir du peuple, exercé par le peuple et pour le peuple.

- Le régime de démocratie directe : le peuple exerce directement sa souveraineté. Le peuple est appelé à voter pour chaque décision. Procédure qui n'est possible que dans une petite communauté.
- Le régime de démocratie représentative : le peuple exerce le pouvoir par l'intermédiaire de représentants (président, députés, conseillers…).

Cela suppose l'existence d'une liberté publique et de partis politiques, dont des partis d'opposition.

Le principe démocratique est inscrit dans la Constitution française. La démocratie fait donc partie des droits fondamentaux protégés (liberté d'expression et d'opinion).

ENCART

Petit historique des élections

1789 : Suffrage censitaire : ne vote que celui qui paye l'impôt (le cens).

1848 : Suffrage universel mais uniquement masculin.

1944 : Suffrage universel masculin et féminin.

1945 : Premier exercice du droit de vote des femmes.

1974 : Droit de vote accordé aux jeunes dès 18 ans.

1977 : Droit de vote accordé aux ressortissants européens pour les élections européennes.

1979 : Élection du Parlement européen.

1998 : Droit de vote accordé aux ressortissants européens pour les élections municipales.

2000 : Mise en place de la parité, autant de candidats homme que femme sur les listes éléctorales.

2005 : La loi pour l'égalité des droits et des chances, la participation et la citoyenneté des personnes handicapées permet à un juge d'accorder le droit de vote aux personnes placées sous tutelle.

2007 : La loi portant réforme de la protection juridique des majeurs accorde de plein droit ce droit de vote aux personnes sous tutelle.

2019 : La loi du 1er août modifie les modalités d'inscription sur les listes électorales et institue un répertoire électoral unique (REU) dont la gestion et confiée à l'INSEE.

3 L'organisation des élections

1. La réglementation – Les caractères du droit de vote

- Le droit de vote est *universel* : tout le monde peut voter, hommes comme femmes.
- Le droit de vote est *égal* : chaque électeur a un vote, donc une voix. Aucune voix n'a plus de valeur qu'une autre (sauf exception).
- Le droit de vote est *facultatif* : c'est un devoir du citoyen qu'il est libre d'exercer.
- Le droit de vote est *secret* : interdiction de savoir pour qui l'électeur a voté. Obligation lui est faite de prendre plusieurs bulletins sur la table à l'entrée du bureau, ou aucun, puisque les électeurs les recevant préalablement à domicile, il a apporté dans son portefeuille le bulletin du candidat de son choix, et d'aller dans l'isoloir pour mettre dans l'enveloppe le bulletin du candidat de son choix.
- Le droit de vote est *personnel* : chaque électeur est titulaire du droit de vote qu'il ne peut donner à personne d'autre. Exception : le vote par procuration, avec justificatif (une procuration par personne au maximum), par exemple, maladie, handicap, hospitalisation, déplacement à l'étranger…

2. Détermination de l'électorat

Les conditions à remplir pour être électeur :

- avoir la *majorité* (18 ans) ;
- avoir la *nationalité* française ou être ressortissant de l'Union européenne pour les élections municipales (depuis une loi du 25 mai 1998) et pour les élections du Parlement européen ;
- jouir de ses *droits civiques* et politiques :
  - ne pas être privé de son droit de vote suite à un jugement (par exemple, certains détenus),
  - aliénation mentale (personne sous tutelle) ;
- être inscrit sur les listes électorales. Par principe, l'électeur est rattaché à la commune dans laquelle il est domicilié et où il paye un impôt local, mais il peut se faire inscrire dans une autre commune à condition qu'il soit aussi inscrit sur un rôle d'impositions locales (par exemple, il loue un local ou est propriétaire d'un terrain). Dans ce cas, il faudra choisir où s'inscrire car on ne peut se faire inscrire que sur une seule liste ;
- depuis 2016, les jeunes majeurs qui atteignent l'âge de 18 ans entre deux tours d'élection peuvent demander à se faire inscrire sur les listes électorales pour participer au second tour du scrutin.

Avec la loi du 1er août 2016, à compter du 1er janvier 2020, l'électeur pourra déposer une demande d'inscription sur les listes électorales à tout moment de l'année (suppression de la limite au 31 décembre) avec toutefois une limite fixée au 6e vendredi précédent la date du scrutin. Désormais, peuvent également s'inscrire sur les listes électorales de la commune les gérants et associés majoritaires d'une société inscrite au rôle des contributions communales, ils seront alors rayés des listes de la commune de leur domicile. Cependant, les Français établis à l'étranger n'ont plus la possibilité d'être inscrits simultanément sur une liste communale et sur une liste consulaire.

3. Les conditions d'éligibilité (pour être élu)

- Être électeur (avec toutes ses caractéristiques).
- Le casier judiciaire ne doit pas porter de mention de privation du droit de vote.
- Remplir des conditions d'âge minimum pour présenter sa candidature :
  - président de la République : 18 ans ;
  - sénateur : 24 ans ;
  - député : 18 ans ;
  - maire : 18 ans.
- Avoir rempli ses obligations militaires.

4. Les inéligibilités (l'élection n'est pas valable)

Elles empêchent d'être valablement élu. C'est le cas, par exemple, des majeurs adultes placés sous curatelle, des personnes ayant fait l'objet d'une condamnation pénale (pour fraude fiscale, par exemple), des agents salariés de la commune où ils souhaitent poser une candidature à l'élection municipale, etc.

5. Les incompatibilités

Elles n'empêchent pas de se présenter et d'être valablement élu, mais elles obligent ensuite à choisir entre le mandat électif et la fonction incompatible avec le mandat : choisir l'un et démissionner de l'autre. Impossibilité de cumuler les fonctions de préfet ou de militaire avec un mandat électif sur le même territoire où ceux-ci exercent leurs fonctions. De même qu'on ne peut être membre de deux conseils municipaux à la fois.

4 La procédure électorale

1. La circonscription électorale

C'est la portion géographique du territoire sur lequel la population peut exercer son droit de vote pour l'élection d'un ou plusieurs représentants.

La portion du territoire pour élire le président de la République est l'ensemble de la France (les présidentielles) ; pour le conseil départemental : le canton (les cantonales) ; le conseil municipal : la commune (les municipales) ; les députés : la circonscription (les législatives).

2. La période électorale

C'est la période qui s'écoule entre la date de fin de dépôt des candidatures et le jour des élections. C'est le temps de la campagne électorale « officielle ».

3. L'acte de candidature

Le candidat respectant les conditions d'éligibilité doit informer l'organisateur des élections qu'il présente sa candidature aux dites élections.

Depuis 2013, tout candidat, même dans les communes de moins de 1000 habitants, doit faire officiellement acte de candidature, qu'il doit déposer en Préfecture avant la date limite.

- *Le principe* : une liberté totale.
- *L'exception* : une condition supplémentaire peut être exigée (par exemple, cinq cents signatures représentant l'intégralité du territoire, pour une candidature présidentielle).

ENCART

Prochaines élections

2020

- Municipales : 15 et 22 mars
- Sénatoriales (l'autre moitié de l'assemblée) : septembre

2021

- Départementales
- Régionales

2022

- Présidentielles
- Législatives
- Sénatoriales (1re moitié)

4. La campagne électorale

a. Ses objectifs

- garantir l'égalité des candidats ;
- garantir la sincérité du scrutin.

b. Ses moyens

- limiter les dépenses de campagne ;
- contrôler ces dépenses ;
- contrôler l'origine des ressources (une entreprise ne peut donner des fonds à un parti politique) ;

- contrôler la propagande écrite et orale (le temps de parole à la télévision et à la radio doit être respecté entre tous les candidats).

5 L'organisation du vote

Le vote a toujours lieu un dimanche. Il est toujours organisé dans un lieu public (ouvert à tous). Le dépouillement doit être public et ininterrompu (on y restera la nuit entière s'il le faut !).

6 Les modes de suffrage

1. Le suffrage universel direct

C'est l'élection des représentants par les citoyens eux-mêmes. C'est le cas pour les élections des assemblées locales : les conseillers municipaux, départementaux et régionaux par exemple, ou pour le président de la République.

2. Le suffrage universel indirect

Le candidat est élu par des personnes elles-mêmes déjà élues par les citoyens. Par exemple, le maire est élu par les membres du conseil municipal, ou les sénateurs qui sont élus par des représentants préalablement élus par le peuple.

7 Les modes de scrutin

- Le scrutin peut être uninominal, il y a un siège à pourvoir (par exemple, le scrutin présidentiel). Les citoyens votent pour un candidat, chaque parti politique pouvant présenter son propre candidat.
- Le scrutin peut être de liste, il y a plusieurs sièges à pourvoir. Chaque parti politique peut présenter sa propre liste de candidats. Les citoyens sont amenés à faire leur choix parmi les différentes listes proposées.
- Il est désormais aussi binominal lors des élections départementales. Il y a deux sièges à pourvoir sur chaque canton. Chaque parti politique peut présenter un binôme qui doit être obligatoirement composé d'un homme et d'une femme.

1. Le scrutin majoritaire

- Uninominal à un tour : est élu le candidat ayant le plus grand nombre de voix.
- Uninominal ou binominal à deux tours :
  - premier tour : est élu (ou sont élus) le candidat (ou les candidats) qui a (ou ont) obtenu 50 % + 1 voix : majorité absolue ;
  - second tour : est élu (ou sont élus) celui qui a obtenu le plus grand nombre de voix, même s'il n'arrive pas à 50 % des voix : c'est la majorité relative.

- De liste (dit aussi plurinominal) :
  - premier tour : est élue la liste ayant obtenu la majorité absolue des voix ;
  - second tour : est élue la liste ayant obtenu le plus grand nombre de voix (majorité relative).

Le scrutin peut désormais être binominal, deux sièges à pourvoir. C'est le cas depuis les élections départementales de 2015 : deux candidats, un homme et une femme sur chaque canton.

2. Le scrutin proportionnel

Chaque liste recueille un nombre d'élus proportionnel au nombre de voix recueillies. Il est évident qu'un scrutin uninominal ne peut donc jamais être à la proportionnelle…

3. Le scrutin mixte

Ce ne peut être qu'un scrutin de liste. Une partie des sièges est donnée à la liste qui a obtenu la majorité des votes, l'autre partie des sièges sera répartie entre toutes les listes, proportionnellement au nombre de voix obtenues par chaque liste (voir tableau page suivante). On parle aussi d'un scrutin avec une prime à la liste majoritaire.

8 Comparez les résultats obtenus en fonction du mode de scrutin

Selon le mode de scrutin, la répartition ne s'opérera pas de la même manière !

1. Élection uninominale ou binominale

C'est toujours un scrutin majoritaire.

Exemple

- Si 15 000 électeurs ont été appelés à voter pour un siège à pourvoir,
- Si 10 800 électeurs se sont présentés aux urnes, mais certains bulletins sont nuls ou blancs,
- S'il ressort qu'il reste 10 200 suffrages exprimés valables,
- En fonction des résultats obtenus par chaque candidat, le candidat élu sera :

Candidats présentés par les partis	😐	🙂	😐	🙂
	A	B	C	D
Nombre de voix obtenues par chaque candidat	5 200	3 000	1 600	400

Pourcentage des voix obtenues	51 %	29 %	16 %	4 %
Candidat élu	A	–	–	–

2. Élection de liste

Exemple

- Si 15 000 électeurs ont été appelés à voter pour 21 sièges à pourvoir.
- Si 10 800 électeurs se sont présentés aux urnes, mais certains bulletins sont nuls ou blancs.
- S'il ressort qu'il reste 10 200 suffrages exprimés valables et répartis ainsi :

Listes présentées par les partis	A	B	C	D
Nombre de voix obtenues par chaque liste	5 200	3 000	1 600	400
Pourcentage des voix obtenues	51 %	29 %	16 %	4 %

Premier cas : le scrutin majoritaire

Nombre de sièges obtenus par la liste en fonction du nombre de voix obtenues avec un scrutin majoritaire :

Nombre de voix obtenues	5 200	3 000	1 600	400
Liste élue	A	–	–	–
Nombre de sièges obtenus par la liste	21	–	–	–

Seule la liste ayant obtenu la majorité des voix est représentée, autrement dit, les 49 % des électeurs ayant effectué un autre choix ne sont pas représentés au sein de cette assemblée.

Deuxième cas : le scrutin proportionnel

Nombre de sièges obtenus par la liste en fonction du nombre de voix obtenues avec un scrutin proportionnel :

Nombre de voix obtenues	5 200	3 000	1 600	400
Nombre de sièges obtenus par les listes	11	6	3	1

C'est la démocratie parfaite : tous les citoyens ont bien un représentant au sein de l'assemblée.

Toutefois, dans ce cas, il y a un risque d'égalité de sièges entre ceux de la majorité et ceux de l'opposition, s'il vient à manquer un conseiller dans le groupe majoritaire, au cours des six années du mandat. Dans le cas ci-dessus, il n'y aurait plus que dix conseillers pour le groupe majoritaire et dix conseillers pour l'opposition. Conséquence : il peut être très difficile pour un exécutif de faire voter les actes nécessaires à la bonne marche de la collectivité, puisqu'ils doivent obligatoirement être votés à la majorité absolue des voix.

Troisième cas : le scrutin mixte

Nombre de sièges obtenus par la liste en fonction du nombre de voix obtenues avec un scrutin mixte :

Premier temps : dans les communes de plus de 1 000 habitants, il est donné la moitié des 21 sièges à la liste qui a obtenu la majorité des voix, on applique le scrutin majoritaire				
Nombre de voix obtenues	5 200	3 000	1 600	400
1e étape	11	–	–	–
Second temps : on distribue les sièges restants en appliquant le scrutin proportionnel entre *toutes* les listes				
2e étape	5	3	2	–
Total des sièges obtenus pour chaque liste	16	3	2	–

Les plus petites listes n'auront pas de représentant, les listes intermédiaires seront présentes au sein des assemblées, mais il y a une vraie majorité de sièges qui permettra de faire voter les actes nécessaires à la vie de la collectivité. Contrairement au scrutin purement proportionnel, même si au cours du mandat, deux ou trois conseillers ne sont plus présents, il y aura toujours une vraie majorité pour gérer la collectivité.

9 La démocratie locale, ou comment s'appliquent ces systèmes aux élections locales

1. Les élections du conseil municipal (élections municipales)

a. Depuis 2014, dans les communes de moins de 1 000 habitants, ce sont des scrutins majoritaires à deux tours

Même si les candidats se présentent sur des listes, le panachage est possible et le décompte est effectué individuellement. Le panachage est la possibilité de rayer sur une liste un nom et d'en ajouter un autre issu d'une autre liste. Malgré ces manipulations, le bulletin est toujours valable, contrairement aux bulletins dans les villes de plus de 1 000 habitants où un bulletin raturé est déclaré nul !

Dans les communes de moins de mille habitants, il y a la possibilité de composer des listes incomplètes, voire que des candidats se présentent isolément. Tous les candidats ont l'obligation de déposer préalablement en préfecture une déclaration de candidature.

Sont élus dès le premier tour les candidats ayant obtenu la majorité absolue (au moins la moitié des voix plus une) des suffrages exprimés, toutes listes confondues. Si tous les sièges ne sont pas pourvus, il y a un second tour. Peuvent alors faire acte de candidature tous les candidats du premier tour (non élus) ainsi que de nouveaux candidats. Les sièges restant à pourvoir le seront à la majorité relative (est élu celui qui a le plus de voix).

Depuis 2001, les Européens peuvent voter aux élections municipales, ils sont inscrits sur une liste complémentaire. Ils peuvent même être candidats et élus au conseil mais ne peuvent être ni maire ni adjoint au maire.

b. Dans les communes de plus de 1 000 habitants, c'est un scrutin mixte

La liste qui obtient la majorité des voix obtient 50 % des sièges. Les sièges restants sont attribués proportionnellement entre toutes les listes.

Si aucune liste n'a eu la majorité absolue des voix au premier tour, il y a alors un second tour où la majorité relative suffit.

En abaissant le seuil du scrutin mixte aux communes dès 1 000 habitants, cette règle va faire entrer plus d'opposition dans les conseils de ces plus petites communes, qui représentent tout de même 73,4 % des communes de France.

c. Élections communautaires

À compter des élections municipales de 2014, les citoyens ont à élire non pas seulement le conseil municipal, mais également le conseil communautaire (l'ancien conseil d'administration des syndicats intercommunaux à fiscalité propre) sur le même bulletin.

Le bulletin des élections municipales se présente sous la forme de deux listes côte à côte. La première liste présente les candidats à l'élection municipale et sur la seconde liste présente ceux qui, si cette liste est élue, représenteront la commune au conseil communautaire des structures intercommunales. Les deux listes doivent se présenter avec une alternance stricte homme/femme.

Un système de fléchage permet de visualiser ceux qui, sur la seconde liste communautaire, représenteront la commune. Ainsi, le premier quart de la liste des candidats communautaires doit obligatoirement être identique à la liste municipale (les deux listes commencent de façon identique). Puis les autres candidats sur la liste communautaire sont pris dans les premiers trois cinquième de la liste municipale, sans besoin de respecter l'ordre de la liste. Cette liste communautaire, comme la liste municipale, doit faire apparaître la parité dans une alternance stricte. Enfin, sur la liste communautaire, doit apparaître le pays européen d'origine des candidats.

Ainsi, lors des élections municipales, nous élisons aussi les conseillers communautaires. Toutefois, nous ne pouvons pas dissocier les listes : je choisis la liste municipale de tel parti politique et je raye leur liste communautaire et je choisis la liste communautaire d'un autre parti politique. Ces bulletins seraient déclarés nuls. En fait, le parti politique nous informe des candidats communautaires qu'il a déjà choisis, avant le dépôt des candidatures en préfecture.

Au sein du conseil communautaire, après l'élection du président communautaire, il est procédé à l'élection des vice-présidents. Élus au scrutin de liste en respectant la stricte parité.

2. Les élections du conseil départemental (élections départementales)

Depuis 2015, les candidats se présentent par binômes, composés d'un homme et d'une femme, sur chaque canton. C'est donc un scrutin bimominal.

- Au premier tour, pour être élu il faut avoir obtenu la majorité absolue des suffrages exprimés. Si aucun des binômes candidats sur le canton n'a obtenu cette majorité, un second tour à lieu.
- Au second tour, des deux binômes restés en lisse, l'un obtiendra la majorité absolue et sera élu. Mais si trois binômes candidats ont pu passer le barrage du premier tour, alors la majorité relative suffit.

3. Les élections du conseil régional (élections régionales)

C'est un scrutin de liste mixte (un quart des sièges à la majorité et trois quarts répartis à la proportionnelle entre toutes les listes).

10 La parité

La loi du 6 juin 2000 a imposé une présence égale de femmes et d'hommes sur les listes électorales, mais les mécanismes n'ont pas permis une arrivée massive des femmes au sein des conseils.

La loi du 17 mai 2013 modifie profondément les scrutins des conseillers municipaux, des conseillers communautaires et des conseillers départementaux en renforçant cette parité. Cela a permis à plus de 20 000 femmes d'entrer réellement dans les conseils locaux.

Toutefois, il n'est toujours pas prévu de parité pour les communes de moins de 1 000 habitants, c'est-à-dire 73,4 % des communes en France et 21 millions d'habitants, soit un tiers de la population !

1. Mécanisme de la parité pour les scrutins de liste

- Pour les municipales (communes de plus de 1 000 habitants), les régionales, les sénatoriales et les européennes, les candidats hommes et femmes doivent strictement alterner sur les listes. Toutefois, on peut dire que la loi n'a pas été au bout du processus en ne prévoyant pas la parité pour l'élection des adjoints au maire.
- Pour les élections départementales, depuis la loi du 31 janvier 2007, la parité devait être respectée entre le candidat et son suppléant. Mais avec la loi du 17 mai 2013, les candidats se présenteront par binômes composés d'un homme et d'une femme par canton. Il y aura donc deux élus, un homme et une femme sur chaque canton. Le suppléant de chaque candidat doit être de même sexe.

2. Mécanisme pour les législatives

Les partis doivent présenter autant de candidates que de candidats, avec un écart maximum de 2 % (différence maximum : 49 % contre 51 %).

À défaut de parité, les partis politiques seront pénalisés financièrement : les fonds qui leur sont accordés sur la base de leurs résultats seront réduits.

11 Les élections européennes

La loi du 11 avril 2003 instaure sur le territoire français huit circonscriptions électorales interrégionales avec un nombre de sièges proportionnel à la population. Ainsi, il y a huit blocs homogènes en termes de taille, garantissant le principe de proportionnalité du scrutin.

Un scrutin de liste à représentation proportionnelle : soixante-huit députés représentent la France au Parlement européen.

12 Les autres modes d'expression de la démocratie locale

1. Le référendum local

Les électeurs sont appelés à se prononcer par *oui* ou par *non* sur une question posée. Cette consultation est à l'initiative des élus ou à la demande d'un cinquième des électeurs. Par exemple, sur une opération d'aménagement du territoire (référendum d'initiative populaire, loi du 4 février 1995).

Il existe des **référendums décisionnels** (les élus de la collectivité ont l'obligation de suivre le résultat des urnes) et des **référendums consultatifs** (les élus ont le choix de suivre ou non l'avis de la population). Les structures intercommunales ne peuvent mettre en place que le référendum consultatif.

En urbanisme, il existe diverses procédures de concertation entre décideurs et habitants, comme par exemple l' **enquête d'utilité publique**.

2. Les conseils de quartier

Quant aux **conseils de quartier**, ce sont de véritables assemblées consultatives par quartiers et présidés par un membre du conseil municipal ou communautaire.

La loi du 27 février 2002 sur la démocratie de proximité les rend obligatoire pour les communes de plus de 80 000 habitants. Chaque quartier est doté d'un conseil dont la dénomination, la composition et les modalités de fonctionnement sont fixées par le conseil municipal. Comité citoyen, conseil de quartier, comité de voisinage, conseil de la vie locale… une multitude de dispositifs aux intitulés variés et aux fonctionnements tout aussi divers a ainsi vu le jour en France.

Selon la loi, les conseils de quartier peuvent être consultés par le maire et lui faire des propositions sur toute question concernant le quartier ou la ville. Le maire peut les associer à l'élaboration, à la mise en œuvre et à l'évaluation des actions intéressant le quartier, en particulier celles menées au titre de la politique de la ville. Le conseil municipal peut affecter aux conseils de quartier un local et leur allouer chaque année des crédits pour leur fonctionnement.

13 Le cumul des mandats

Les conseillers municipaux, départementaux, régionaux de l'assemblée corse, conseiller de Paris ou représentant au Parlement européen ne peuvent pas exercer plus de deux mandats et une seule fonction exécutive locale : maire, président du conseil départemental, régional ou de l'assemblée corse.

Les députés et sénateurs ne peuvent plus cumuler leur mandat avec une autre fonction exécutive locale de maire ou de président de conseil départemental ou régional ou de l'assemblée corse (loi du 17 mai 2013).

14 Le statut des élus locaux

La durée du mandat de l'élu local est de six ans pour les conseillers municipaux, les conseillers départementaux et les conseillers régionaux.

Leurs fonctions sont gratuites, mais ils peuvent percevoir une indemnité variable en fonction de la taille de la collectivité (environ 620 euros bruts pour un maire d'une commune de moins de cinq cents habitants et environ 3 800 euros bruts par mois pour un maire d'une commune de 50 000 à 99 999 habitants).

Si ces élus disposaient de droits (formation, protection sociale…) un véritable statut serait à l'étude, tant au gouvernement qu'au Parlement.

FICHE 7

La déconcentration et la décentralisation

OBJECTIFS

Pour votre concours, vous devez être capable de :

- Définir les termes « décentralisation » et « déconcentration ».
- Citer les représentants de l'État pour chaque territoire.
- Donner des exemples de services illustrant la déconcentration et la décentralisation.
- Citer des exemples de partenariat entre les collectivités territoriales et les services déconcentrés de l'État.

La France est un État unitaire : une population, un président de la République, un gouvernement avec un Premier ministre et un Parlement. Mais les grandes politiques publiques : logement, transports, sécurité, développement économique, politiques sociales, sont prises en charges par les institutions. Quel est donc ce paysage administratif français ? Comment s'y retrouver dans le fonctionnement de notre millefeuille institutionnel ?

La France possède un système d'administration centralisée. La délégation de sa gestion s'effectue par un découpage du territoire en zones géographiques avec un représentant de l'État par zone. C'est ce qu'on appelle **la déconcentration**.

Le représentant de l'État au niveau local est :

- pour la commune : le maire ;
- pour le département : le préfet ;
- pour la région : le préfet de région.

Toutefois, afin de rapprocher la décision le plus près possible de la population et de raccourcir les délais de prise de décision, il a été nécessaire d'instaurer, parallèlement, un autre système de gestion des affaires locales : **la décentralisation**.

Définissons plus précisément ces deux termes, essentiels pour la compréhension de l'organisation de l'administration en France.

1 La déconcentration

1. Définition

La déconcentration est une modalité qui consiste à accorder à des organes locaux de l'administration de l'État, un pouvoir de décision limité, par **délégation** (à retenir comme mot-clé de la déconcentration).

Les services de l'État agissent par délégation de pouvoir. La décision, même localement sur le territoire d'un département ou d'une commune, *est prise au nom de l'État.* Ne pas oublier que celui qui délègue garde toujours la responsabilité.

Le découpage du territoire est fait en zones que sont les circonscriptions administratives de la commune, du département ou de la région.

Chaque ministère ou service de l'État est composé d'une administration centrale. Il délègue à des administrations locales, réparties sur tout le territoire.

Ce sont les services déconcentrés : services des préfectures, direction départementale du travail et de l'emploi, inspection académique, Agence régionale de la Santé (ARS), Services fiscaux… Ils sont chargés de la mise en application des lois et règlements de chaque ministère, sur l'ensemble du territoire national. Ces services sont dirigés par le préfet sous l'autorité des ministres concernés ou ont leur propre hiérarchie (éducation nationale, armée…). Les préfets assurent la représentation de l'État sur leurs territoires et les relations entre l'État et les collectivités territoriales.

Les fonctionnaires travaillant dans tous ces services de l'État sont soumis au pouvoir hiérarchique. L'État va donc déléguer à des fonctionnaires des pouvoirs pour que ceux-ci puissent faire appliquer la loi sur l'ensemble du territoire français.

Dans le cadre de la déconcentration, l'État agit sur le territoire par la mise en œuvre de nombreux service à la population, comme : la sécurité des frontières et la paix sur le territoire, l'éducation des jeunes, une justice égale sur tout le territoire, il prend en charge certains services comme la couverture médicale des plus démunis (CMU), la mise en place du droit opposable au logement, la délivrance des cartes grises, permis de conduire, et permis de séjour, etc.

2. Caractéristiques

- Un État avec un pouvoir centralisé ;
- L'existence de circonscriptions administratives (découpage géographique) ;
- L'existence du pouvoir hiérarchique qui peut se manifester par :
  - le devoir d'obéissance : obligation d'exécuter un ordre (exception : un ordre illégal) ;
  - la confiance : l'État doit avoir confiance dans l'exécution des ordres ;

État

- le pouvoir de nomination : l'État va nommer l'agent qu'il souhaite (choix discrétionnaire, sans aucune justification) ;
- la désinvestiture (destituer quelqu'un de ses fonctions, c'est le déposséder de sa charge, de sa fonction ou de son grade) ;
- le devoir de réserve, le secret professionnel ;
- le pouvoir d'instruction : directive donnée par le supérieur avant que la décision soit prise :
  - le pouvoir de modifier la décision prise ;
  - le pouvoir d'annuler la décision prise.

<table>
<tr><th></th><th colspan="2">Déconcentration</th><th>Décentralisation</th></tr>
<tr><td>Territoire géographique</td><td colspan="2">L'État délègue des pouvoirs et des compétences à des personnes qui agissent en son nom sur des portions de territoire</td><td rowspan="2">Loi du 2 mars 1982
Création de personnes morales :
Les collectivités territoriales qui sont autant de nouveaux centres autonomes de décision (indépendants de l'État)
L'État a transféré à d'autres personnes morales, les collectivités territoriales :
• des pouvoirs de décisions
• des compétences (des charges)
• des moyens (pour faire face à ces charges)
Chacune ayant compétence sur une portion de territoire</td></tr>
<tr><td>Territoire national</td><td>Instances représentatives de l'État ayant compétences sur le territoire national :
• les ministères
• les services publics nationaux :
• CNRS
• CNAM
• CNIL
…</td><td rowspan="4">Toutes ces instances et leurs représentants travaillent au nom de l'État et par délégation</td></tr>
<tr><td>Territoire régional</td><td>Instances représentatives de l'État ayant compétences sur le découpage géographique d'une région :
• le préfet de région
• les ARS
• la DRTE
…</td><td>Les collectivités territoriales régions (18)
Leur organe de pouvoir : le conseil régional
Leur organe d'exécution : le président du conseil régional
Leur organe de conseil : le Conseil économique, social et environnemental</td></tr>
<tr><td>Territoire départemental</td><td>Instances représentatives de l'État sur le territoire d'un département
• le préfet
• les directions départementales interministérielles
• la DDTE
…</td><td>Les collectivités territoriales départements (101)
Leur organe de pouvoir : le conseil départemental
Leur organe d'exécution : le président du conseil départemental</td></tr>
<tr><td>Territoire communal</td><td>Instance représentative de l'État sur le territoire de la commune :
• le maire</td><td>Les collectivités territoriales communes (34 968 communes dont 34 839 en métropole)
Leur organe de pouvoir : le conseil municipal
Leur organe d'exécution : le maire</td></tr>
</table>

2 La décentralisation

1. Définition

La décentralisation : l'État a **transféré** à des personnes morales, juridiquement distinctes de lui, les collectivités territoriales, des pouvoirs, des compétences et des moyens.

C'est un *transfert de pouvoir* : l'État donne des pouvoirs à des personnes morales distinctes de lui, qui ont ainsi la possibilité de décider en toute indépendance de leurs choix propres et deviennent juridiquement responsables de leurs décisions. Contrairement à la délégation, celui qui transfert perd la responsabilité sur l'objet transféré, au profit de celui à qui il a été transféré. Par exemple : l'État n'est plus responsable de la construction et de l'entretien des routes communales, il a transféré cette charge aux communes qui en ont désormais seules la responsabilité.

Ces personnes morales, dotées de la personnalité juridique, s'appellent des « collectivités territoriales » et sont : la commune ; le département et la région.

Remarque

Il ne s'agit plus ici du nom d'un territoire, mais de celui d'une personne. Il eut été certainement plus pratique, lors de leur création, de leur donner un autre nom, mais c'est ainsi. L'article 72 de la Constitution, affirme « la libre administration des collectivités territoriales ». Elles sont donc bien indépendantes de l'État et libres dans leurs choix dans les champs d'intervention qui leur ont été définis. Toutefois, si les textes donnent une certaine autonomie de gestion à ces collectivités territoriales, dans un souci de cohésion nationale, celles-ci ont l'obligation de respecter les lois et sont donc soumises à un contrôle. Ce contrôle est exercé par le représentant local de l'État : le préfet et porte uniquement sur la légalité des décisions prisent par les collectivités territoriales (voir le chapitre sur les contrôles).

2. Historique

La première grande loi de décentralisation date du 2 mars 1982 (dite loi Deferre). Elle a fait évoluer l'organisation administrative française en renforçant le pouvoir et les responsabilités des collectivités locales de l'époque, depuis appelées collectivités territoriales.

- Loi du 2 mars 1982 : loi sur la décentralisation qui pose les grands principes : les régions deviennent des collectivités territoriales à part entière, l'exécutif du département et de la région est retiré des mains du préfet et transféré aux présidents des conseils départementaux et régionaux, la tutelle qu'exerçait le préfet est supprimée.
- Décret de mai 1982 : décret d'application de la loi sur les pouvoirs du préfet envers ces nouvelles personnes morales que sont les collectivités territoriales. Désormais, il n'assure plus que le contrôle de la légalité des actes pris

par toutes les collectivités. Avant 1982, le préfet avait un pouvoir décisionnaire sur la gestion de la commune et du département.

- Les lois des 7 janvier et 22 juillet 1983 précisent le transfert des compétences de l'État vers les collectivités territoriales.
- Les lois de 1984 et 1985 concernent la fonction publique territoriale. Elles créent le statut des fonctionnaires territoriaux (le droit du travail s'appliquant aux fonctionnaires).
- Les lois de 1992 sont relatives à la coopération intercommunale (ou intercommunalité), au référendum communal et au statut des élus.
- Loi du 12 juillet 1999 : loi sur l'intercommunalité (loi Chevènement). Un regroupement volontaire de communes pour exercer ensemble des compétences.
- Loi du 13 août 2004 : Acte II de la décentralisation sur les libertés et responsabilités locales. Nouveaux transferts de compétences.
- 2013-2015 : Acte III de la décentralisation. Il fait l'objet de trois textes.
  - Le premier a fait l'objet de la loi du 27 janvier 2014, dite loi MAPTAM, qui prévoit la création de collectivités chef de file et la création des métropoles et rétablit la clause générale de compétence pour les départements et les régions.
  - Le second texte du 16 janvier 2015 crée 13 régions métropolitaines et modifie le calendrier électoral.
  - Le troisième texte, la loi NOTRe du 7 août 2015 propose une nouvelle organisation territoriale de la République. Il vise à clarifier les compétences des différents échelons territoriaux (régions, départements, intercommunalités, communes), il supprime la clause générale de compétence pour les départements et les régions, et prévoit le renforcement des communes – échelon de proximité – de l'intercommunalité, et de la région.

Il a confirmé la création de la métropole du Grand Paris le 1er janvier 2016.

Délégation : quand on délègue quelque chose, on en garde la responsabilité.

Transfert : à l'inverse, quand on transfère quelque chose à quelqu'un d'autre, on en perd la responsabilité au profit de cette autre personne.

Exemple

Dans le domaine de l'enseignement en France

Avant 1982, l'État prenait tout en charge. Depuis la décentralisation, l'État a gardé la charge de la définition des programmes scolaires qui s'appliquent uniformément sur tout le territoire, du recrutement, de la formation et de la rémunération des enseignants. En revanche, il a transféré aux collectivités territoriales la construction, l'équipement et l'entretien des bâtiments scolaires. Depuis 1982, l'État ne construit plus aucune école primaire, collège ou lycée.

État

ENTRAÎNEMENT

L'organisation des pouvoirs

		Vrai	Faux
1.	Le Parlement peut voter une motion de censure, ce qui oblige le président de la République à démissionner.	❑	❑
2.	Le président de la République a le pouvoir de dissoudre l'Assemblée nationale.	❑	❑
3.	Le gouvernement propose au Parlement des propositions de loi.	❑	❑
4.	Les députés peuvent élaborer des propositions de loi qui seront votées par le Parlement.	❑	❑
5.	Un ministre peut décider et voter une loi.	❑	❑
6.	Une loi peut être validée par le Conseil constitutionnel avant d'être promulguée.	❑	❑
7.	La Commission mixte paritaire comprend autant d'hommes que de femmes.	❑	❑
8.	Promulguer ou voter une loi, c'est la même chose.	❑	❑
9.	Une fois que la Commission mixte paritaire a voté un projet de loi, il peut être immédiatement appliqué par le gouvernement.	❑	❑
10.	Le chef du gouvernement n'est pas le président de la République.	❑	❑
11.	Le Premier ministre est responsable de la sécurité intérieure du territoire.	❑	❑
12.	La démocratie en France s'exerce par la séparation des trois pouvoirs : le pouvoir législatif, le pouvoir exécutif et le pouvoir judiciable.	❑	❑
13.	Le président de la République est élu au suffrage universel et au scrutin mixte.	❑	❑
14.	Les ministres sont des fonctionnaires soumis aux règles de la fonction publique.	❑	❑
15.	On dit que le Parlement se réunit en congrès lorsque l'Assemblée nationale et le Sénat se réunissent pour voter un texte.	❑	❑
16.	Le fait qu'un projet de loi passe de l'Assemblée nationale au Sénat et vice versa s'appelle la navette parlementaire.	❑	❑

Les actes administratifs

	Vrai	Faux
1. Un contrat est un accord passé entre plusieurs parties publiques.	❑	☒
2. Les actes unilatéraux réglementaires ont une portée générale.	☒	❑
3. Les actes unilatéraux réglementaires ont une portée individuelle.	❑	☒
4. Une loi est un acte réglementaire.	❑	☒
5. L'intérêt général doit servir de fondement à un acte administratif.	☒	❑
6. Il existe deux grandes familles d'actes, les actes unilatéraux et les actes bilatéraux.	❑	☒
7. Les actes unilatéraux non-réglementaires peuvent concerner une liste d'individus.	☒	☒
8. Un acte unilatéral est un acte qui n'est pris que par un parti de droite ou de gauche.	❑	☒
9. Un contrat passé entre une personne publique et une personne privée est un contrat de droit privé.	❑	☒
10. L'acte par lequel une collectivité délègue une mission de service public à une personne privée est un acte unilatéral.	❑	☒

La hiérarchie des normes

	Vrai	Faux
1. La France n'est pas obligée d'appliquer les traités européens sur son territoire.	❑	☒
2. Un arrêté municipal ne doit pas contenir d'élément contraire à la Déclaration des droits de l'homme et du citoyen.	☒	❑
3. Dans une commune, le maire peut décider d'appliquer ou non une loi.	❑	☒
4. Les procédures de marché public doivent appliquer les normes européennes.	☒	❑
5. Les circulaires et les notes de services ne sont pas des normes.	☒	❑
6. La directrice de la crèche peut prendre un décret pour recruter une auxiliaire de puériculture.	❑	☒

7. Les lois doivent être conformes aux arrêtés du maire. ☐ ☒
8. La délibération d'un conseil municipal peut être contraire à un décret, mais pas à une loi. ☐ ☒
9. La Constitution est le texte qui définit et organise les pouvoirs. ☒ ☐
10. Un préfet ne peut prendre un arrêté sans en référer au maire de la commune. ☐ ☒
11. Les délibérations des conseils peuvent être communiquées aux habitants. ☒ ☐
12. Une délibération est une décision adoptée par l'organe délibérant d'une collectivité territoriale. ☒ ☐
13. Une délibération est une décision devant être soumise à l'avis de l'organe délibérant. ☐ ☒
14. Le maire peut prendre un arrêté pour réglementer le stationnement des véhicules. ☒ ☐
15. Les discours du maire doivent faire l'objet du contrôle de légalité. ☐ ☒
16. La Constitution n'a pas à être conforme aux lois. ☒ ☐

Les élections

		Vrai	Faux
1.	Scrutin majoritaire veut dire qu'il faut être majeur pour voter.	☐	☒
2.	On élit le président de la République au scrutin proportionnel.	☐	☒
3.	La parité, c'est autant d'hommes que de femmes dans les conseils municipaux.	☒	☒
4.	La parité n'est pas obligatoire aux élections départementales.	☐	☒
5.	La parité est obligatoire sur les listes des élections municipales.	☒	☐
6.	Le référendum décisionnel oblige les élus à appliquer le choix de la population.	☒	☐
7.	Pour élire les conseillers municipaux, c'est un scrutin de liste.	☒	☐
8.	Un agent du conseil départemental peut être candidat aux élections départementales du même territoire.	☐	☒

ENTRAÎNEMENT

9. Un canton est plus petit qu'un département.
10. Le maire n'est pas élu par la population.
11. Panacher les listes veut dire qu'on peut rayer un nom d'une liste et ajouter à cette liste le nom d'un candidat d'une autre liste.
12. Une procuration permet de désigner un mandataire qui votera à la place du mandant.
13. On peut être membre d'un conseil municipal dans une commune et maire dans une autre.
14. Pour être inscrit sur les listes électorales, il faut habiter sur la commune.
15. Pour être inscrit sur les listes électorales, il faut avoir un casier judiciaire vierge.
16. Un Européen peut voter aux élections départementales.
17. Un Européen peut être membre d'un conseil municipal.
18. Un étranger peut voter aux élections municipales.
19. On peut être député ou sénateur et maire.
20. On peut être élu au scrutin à la majorité relative sans avoir obtenu la majorité des suffrages exprimés.
21. Un scrutin mixte, c'est autant d'hommes que de femmes.
22. Dans les communes de moins de 1 000 habitants, les listes peuvent être incomplètes.
23. Dans les communes de moins de 1 000 habitants, on peut ajouter sur une liste incomplète un nom qui n'apparaît sur aucune autre liste.
24. Une procuration ne peut être donnée qu'à un membre de la même famille.

La déconcentration et la décentralisation

Vrai Faux

1. La déconcentration n'existe plus en France depuis la décentralisation.
2. Déconcentration et décentralisation sont deux systèmes d'organisation administrative complémentaires.

3. La déconcentration est une délégation de pouvoirs de l'État vers des agents représentant l'État, sur des portions de territoires plus petites.	☒	❑
4. Le préfet est un élu qui représente l'État.	❑	☒
5. Les services de la préfecture sont des services locaux de l'État.	☒	❑
6. La décentralisation est un transfert de pouvoirs de l'État vers les personnes morales que sont les collectivités territoriales.	☒	❑
7. Les autorités déconcentrées administrent librement les affaires locales.	❑	☒
8. La décentralisation a créé de multiples nouveaux centres de décision sur le territoire.	☒	❑
9. La décentralisation n'est pas une délégation de pouvoirs de l'État vers les communes.	☒	❑
10. Dans les communes, l'état civil est une compétence de l'État.	☒	❑
11. La « double casquette » du maire veut dire qu'il a, sur sa commune, des responsabilités au nom de l'État et d'autres au nom du préfet.	❑	☒
12. En France, la décentralisation date de la loi du 2 mars 1982.	☒	❑
13. La déconcentration, c'est le transfert de compétences des collectivités territoriales à l'État.	❑	☒
14. Les collectivités territoriales sont les communes, les cantons, les départements et les régions.	❑	☒
15. Lorsque l'État transfère des compétences à des collectivités territoriales, il délocalise.	❑	☒
16. Les autorités déconcentrées sont élues au suffrage universel.	❑	☒
17. Les lois du 2 mars 1982, du 7 janvier et du 22 juillet 1983 sont dites « lois Deferre », du nom du ministre de l'Intérieur de l'époque.	☒	❑

CORRIGÉS

L'organisation des pouvoirs

1. **Faux.** Seule l'Assemblée nationale peut voter une motion de censure pour renverser le Gouvernement qui, dans ce cas, doit déposer sa démission sur le bureau du président de la République.
2. **Vrai.**
3. **Faux.** Le Gouvernement envoie des projets de loi. C'est le Parlement qui discute et vote ses propositions de loi.
4. **Vrai.**
5. **Faux.**
6. **Vrai.**
7. **Faux.** La parité ne se fait pas sur le sexe mais sur les deux Chambres : 7 sénateurs et 7 députés.
8. **Faux.** Le Parlement vote la loi, le président de la République la promulgue, c'est-à-dire qu'il reconnaît qu'elle a été régulièrement adoptée par le Parlement et la rend ainsi applicable.
9. **Faux.** Le projet de loi doit à nouveau passer devant les deux Assemblées.
10. **Vrai.** C'est le Premier ministre.
11. **Vrai.**
12. **Faux.** C'est le pouvoir judiciaire.
13. **Faux.** Il est bien élu au suffrage universel, mais au scrutin majoritaire.
14. **Faux.** Les ministres sont nommés pour une mission et perçoivent une indemnité.
15. **Vrai.** Ils se réunissent à Versailles.
16. **Vrai.**

Les actes administratifs

1. **Faux.** Il peut être passé aussi bien entre deux personnes publiques qu'entre une personne publique et une personne privée.
2. **Vrai.**
3. **Faux.** Ce sont les actes non réglementaires qui ont une portée individuelle.
4. **Faux.** Les lois sont faites par le Parlement, elles sont l'émanation du pouvoir législatif.
5. **Vrai.**

6. **Faux.** Les actes unilatéraux ou les contrats.
7. **Vrai.** Ce sont des actes soit individuels soit concernant une liste nominative.
8. **Faux.** C'est un acte qui n'émane que de la puissance publique et s'impose aussi bien à elle-même qu'aux citoyens.
9. **Faux.** Tout dépend de l'objet du contrat. Le législateur est précis sur ce point.
10. **Faux.** Il s'agit d'un contrat administratif entre une personne publique et une personne privée. Vous pouvez consulter la fiche n° 2 (p. 11) pour approfondir ce point.

La hiérarchie des normes

1. **Faux.**
2. **Vrai.** La Déclaration des droits de l'homme et du citoyen est un élément de la Constitution française.
3. **Faux.**
4. **Vrai.**
5. **Vrai.**
6. **Faux.**
7. **Faux.** C'est l'inverse.
8. **Faux.**
9. **Vrai.** C'est le texte de référence.
10. **Faux.**
11. **Vrai.** Elles sont obligatoirement publiées pour être ainsi portées à la connaissance des habitants, sauf si elles ne concernent qu'un individu ; dans ce cas, elles seront notifiées à cette personne.
12. **Vrai.** C'est le reflet du choix fait par la majorité des membres du conseil.
13. **Faux.** La délibération émane de l'organe délibérant. En revanche, elle sera soumise au contrôle de légalité exécuté par le préfet, au nom de l'État.
14. **Vrai.** L'organe délibérant prend des délibérations, le maire prend des arrêtés.
15. **Faux.**
16. **Faux.** Ce sont les lois qui doivent être conforme à la Constitution.

Les élections

1. **Faux.** Cela veut dire qu'il faut avoir obtenu la majorité des voix.
2. **Faux.** Tous les scrutins uninominaux ne peuvent être que majoritaires.

3. **Faux.** La parité, c'est autant d'hommes que de femmes sur les listes électorales.
4. **Faux.** Par le biais du scrutin binomial, il y a désormais autant d'hommes que de femmes au sein des conseils départementaux.
5. **Vrai.** Les listes doivent présenter une alternance stricte entre les hommes et les femmes dans les communes de plus de 1 000 habitants. L'obligation ne s'applique pas dans les communes de moins de 1 000 habitants.
6. **Vrai.**
7. **Vrai.** Quoique dans les communes de moins de 3 500 habitants, et conséquence du panachage possible, même s'ils se présentent par liste, le comptage des voix se fera suivant un mode uninominal majoritaire. Si plusieurs candidats obtiennent le même nombre de suffrage, l'élection est acquise au plus âgé.
8. **Faux.** Pas sur le même territoire.
9. **Vrai.**
10. **Vrai.** Il est élu dans ses fonctions de maire par le conseil municipal.
11. **Vrai.**
12. **Vrai.**
13. **Faux.** Puisque l'on ne peut être inscrit que sur une seule liste électorale, on ne peut être candidat que sur une même circonscription électorale.
14. **Faux.** Il suffit d'être inscrit sur un rôle d'imposition local. Mais on ne peut être inscrit que sur une seule liste.
15. **Faux.** Il suffit de jouir de ses droits civiques.
16. **Faux.** Uniquement pour les élections municipales et européennes.
17. **Vrai.** Toutefois, il ne pourra être ni maire, ni maire-adjoint.
18. **Faux.**
19. **Faux.** À compter de 2017, on ne peut plus cumuler un mandat d'exécutif local avec un mandat national.
20. **Vrai.** Notamment lors du second tour d'élection où trois candidats peuvent se présenter, comme aux élections cantonales.
21. **Faux.** C'est l'addition d'une part des sièges obtenus par le scrutin majoritaire et l'autre part des sièges obtenus avec le scrutin proportionnel (élections municipales et régionales).
22. **Vrai.**
23. **Faux.** Depuis 2014 (loi du 17 mai 2013).
24. **Faux.**

La déconcentration et la décentralisation

1. **Faux**. Les services gérés par l'État sont des services déconcentrés.
2. **Vrai.**
3. **Vrai.**
4. **Faux**. Ce n'est pas un élu mais un fonctionnaire de l'État.
5. **Vrai.**
6. **Vrai.**
7. **Faux**. Ils obéissent aux directives de l'État par délégation.
8. **Vrai.**
9. **Vrai.**
10. **Vrai.**
11. **Faux**. Il a des compétences au nom de l'État et d'autres en qualité de représentant de la collectivité territoriale.
12. **Vrai.**
13. **Faux.**
14. **Faux**. Les communes, les départements et les régions.
15. **Faux**. Avec le transfert, il perd toute responsabilité sur l'objet transféré.
16. **Faux**. Ce sont des fonctionnaires de l'État.
17. **Vrai.**

PARTIE 2

Les collectivités territoriales

8 Qu'est-ce qu'une collectivité territoriale ? 52

9 La commune 56

10 La coopération intercommunale 69

11 Le département 88

12 La région 94

13 Les compétences des collectivités territoriales 104

14 Quels sont les domaines d'intervention d'une commune ? 109

15 Quels sont les domaines d'intervention du département ? 113

16 Quels sont les domaines d'intervention de la région ? 116

17 La réforme des collectivités territoriales 120

18 Qu'est-ce qu'un service public ? 129

19 Les établissements publics 135

20 Les contrôles 138

21 L'Union européenne et la vie locale 145

Entraînement 163

8 FICHE

Qu'est-ce qu'une collectivité territoriale ?

OBJECTIFS

Pour votre concours, vous devez être capable de :

- Donner une définition de ce qu'est une collectivité territoriale et ses éléments constitutifs.
- Donner la date de leur mise en place.
- Citer les trois niveaux de collectivités territoriales.
- Expliquer leur mode d'organisation.
- Citer les représentants de ces institutions décentralisées.
- Expliquer ce que veut dire « libre administration des collectivités territoriales ».

Une collectivité territoriale (on disait autrefois « locale ») est une personne morale organisée en structure administrative de droit public chargée des intérêts des personnes vivant sur son territoire. Elle est distincte de l'administration de l'État.

Elle pourrait se définir par les caractéristiques suivantes :

- un nom : « Lyon », « Tarn », « Île-de-France » ;
- un territoire géographique délimité ;
- une population (celle qui vit sur ce territoire) ;
- une personne morale dotée de la personnalité juridique, ce qui la rend indépendante, responsable et autonome vis-à-vis de l'État ;
- un principe de libre administration. Ainsi, elle a un pouvoir de libre décision dans ses choix quant à la gestion des affaires locales, en respectant toutefois le cadre général de la loi ;
- des organes de gestion élus : les conseils municipaux, départementaux et régionaux ;
- des compétences (des domaines d'intervention définis par la loi et/ou par l'assemblée locale élue) ;

- des moyens (humains, financiers, patrimoniaux) pour faire face à des compétences précises ;
- des droits et des obligations fixés par la loi.

> **Exemples d'obligations :**
> L'entretien de la voirie, la construction et l'entretien des locaux scolaires, le ramassage des ordures ménagères.

> **Exemples de droits :**
> La possibilité de percevoir des impôts ; le droit d'agir en justice...

Nous les étudierons de façon beaucoup plus précise dans la fiche 13 – Les compétences des collectivités territoriales (p. 104).

Sur un même découpage géographique n'oublions pas qu'il y a la coexistence de deux personnes juridiquement distinctes : par exemple le territoire d'une commune, d'un côté l'État prend en charge certains services à la population, et de l'autre, la commune en tant que collectivité territoriale et personne morale prend en charge d'autres services publics.

1 Les éléments constitutifs

Les collectivités territoriales disposent d'une réelle autonomie (par rapport au pouvoir étatique) et d'un pouvoir de décision.

1. Elles disposent d'organes de gestion élus par la population...

Ces personnes morales, les collectivités territoriales, sont dirigées par des autorités élues :

- la commune est dirigée par le conseil municipal et son maire ;
- le département est dirigé par le conseil départemental et son président ;
- la région est dirigée par le conseil régional et son président.

2. ... ayant à charge des domaines de compétences...

Le Parlement, à travers les diverses lois votées, a confié aux collectivités territoriales des **domaines de compétences** pour gérer les affaires locales.

Par exemple, dans une commune la personne morale « collectivité territoriale » doit prendre en charge :

- tout ce qui concerne la gestion du territoire de la commune (par exemple, mise en place du plan local d'urbanisme (PLU), l'assainissement, l'entretien du patrimoine communal...) ;
- tout ce qui concerne les administrés (par exemple, décision sur les nuisances sonores ou les mesures contre le saturnisme, prise en charge d'actions sociales ou culturelles...) ;

- tout ce qui concerne les intérêts de la commune (par exemple, protéger les intérêts du bien commun des habitants devant les tribunaux...).

Mais les collectivités territoriales ont aussi été créées avec une clause de **compétences générales**, ce qui veut dire qu'elles peuvent aller au-delà des compétences obligatoires confiées par les lois, contrairement aux établissements publics qui ne peuvent prendre en charge que les services pour lesquels ils ont été créés.

> **Exemple**
> Aucune loi n'oblige aujourd'hui une collectivité à mettre en place une crèche collective ou une médiathèque sur son territoire. Si elle les met en place cela correspond à un choix délibéré de la majorité des élus de cette collectivité.

3. ... disposant de moyens

Pour faire face à ces obligations, elles sont dotées de moyens :

- humains : le personnel de la fonction publique territoriale ;
- budgétaires : des subventions, des impôts, la contribution des usagers du service public... ;
- matériels et patrimoniaux : elles peuvent acheter en leur nom des bâtiments, des terrains, du gros matériel...

Cette liberté d'agir doit se faire dans l'obligation du respect de la loi posée par l'État. Les collectivités territoriales sont donc soumises à un contrôle sur la légalité des actes qu'elles prennent.

4. Ce sont des personnes morales dotées de la personnalité juridique...

Elles sont ainsi légalement indépendantes de l'État, responsables des décisions qu'elles prennent et de leurs conséquences, autonomes dans leurs choix. Elles disposent ainsi de leur propre personnel et de leur propre budget, contrairement aux ministères ou aux services de l'État qui ne sont pas des personnes morales, mais seulement des administrations, directions ou services, émanant de l'État.

5. ... de la libre administration...

Notion inscrite dans l'article 72 de la Constitution. Elles ont une liberté et un pouvoir de décision dans leurs choix quant à la gestion des affaires de la collectivité, en respectant toutefois le cadre général de la loi.

6. ... et de ressources

Les collectivités vont pouvoir compter sur ces ressources pour faire face aux dépenses qu'elles doivent désormais prendre en charge.

2 Quelles sont les différentes collectivités territoriales ?

- 34 968 communes dont 34 839 en métropole.
- 101 départements dont cinq départements d'outre-mer (Guadeloupe, Martinique, Guyane, Réunion, et depuis le 31 mars 2011, Mayotte.
- 18 régions dont les cinq régions d'outre-mer monodépartementales (Guadeloupe, Martinique, Guyane, Réunion et Mayotte).
- Mayotte a un statut un peu à part puisque c'est la première collectivité unique, à la fois département et région, gérée par un seul conseil élu par la population. Cette collectivité cumule les compétences du département et de la région. Sur le même modèle, la Martinique et la Guyane sont également devenues des collectivités uniques depuis le 1er janvier 2016.

  Au 1er janvier 2018, la Corse est devenue une collectivité unique en fusionnant la collectivité territoriale de Corse (similaire à la région) avec les deux départements de Haute-Corse et Corse-du-Sud.
- La loi MAPTAM, a créé un nouveau type de collectivité territoriale : la métropole de Lyon, fusionnant département et intercommunalité.

Les autres collectivités territoriales sont :

- les collectivités à statut particulier : Paris, Lyon, Marseille ;
- les collectivités d'outre-mer : Saint-Pierre-et-Miquelon, l'archipel Wallis-et-Futuna, la Polynésie française, les îles de Saint-Martin et Saint-Barthélémy.

Collectivités territoriales

3 Les règles de fonctionnement

Les collectivités territoriales sont composées :

- d'une assemblée délibérante, élue au suffrage universel direct (conseil municipal, départemental ou régional) ;
- d'un pouvoir exécutif élu en son sein par les membres de l'assemblée délibérante : le maire, le président du conseil départemental ou régional (suffrage universel indirect) ;

Les régions, en sus de ces deux organes, sont dotées d'un organe consultatif : le conseil économique, social et environnemental régional.

Toutefois, suivant les types de collectivités territoriales, les règles de fonctionnement ne sont pas toutes identiques. Il existe quelques spécificités, notamment pour Paris, Lyon, Marseille, la Corse et les collectivités d'outre-mer que nous n'étudierons pas dans cet ouvrage.

9 FICHE

La commune

OBJECTIFS

Pour votre concours, vous devez être capable de :

- Expliquer l'organisation de cette collectivité.
- Donner le mode d'élection des représentants de la population.
- Faire la distinction entre les élus et les fonctionnaires municipaux et les compétences et rôles de chacun.
- Donner quelques domaines de compétences transférées aux communes.
- Donner des informations précises sur l'organisation et le nombre de conseillers de votre propre commune de résidence (fait référence à votre curiosité de citoyen).
- Expliquer ce qu'on entend par « la double casquette du maire ».
- Avoir une idée approchante du nombre de communes en France.

La commune est une collectivité territoriale de proximité, dotée de la personnalité juridique.

Elle est gérée par des représentants, élus par sa population. Elle a en charge certains services publics de proximité répondant aux besoins de la population de son territoire.

1 Historique

- 1789 : La commune, dans la forme que nous lui connaissons aujourd'hui, est née à la Révolution française. Elle remplace les villes, paroisses, bourgs ou communautés de campagne. Les caractéristiques de la commune en 1789 sont :
  - un nom ;
  - un territoire géographique ;
  - une population.

- 1884 (5 avril) : la loi fixe l'organisation de la commune. La commune s'organise avec un organe délibérant (le conseil municipal) et un organe exécutif (le maire).
- 1983 : suite à la décentralisation, les lois listent les compétences transférées à la commune. Ex : l'urbanisme, la construction et l'entretien des écoles maternelles et primaires, la voirie communale etc.
- 1992 (6 février) : loi sur la démocratisation de la vie locale (référendum local : on demande à la population son avis sur des questions locales).
- 1995 : loi Pasqua sur l'aménagement du territoire. L'État s'assure qu'il y aura sur tout le territoire un certain nombre d'équipements.
- 1999 (12 juillet) : loi sur l'intercommunalité (loi Chevènement). C'est le regroupement volontaire de communes pour exercer ensemble des missions.
- 2000 (12 août) : loi sur les relations des administrations et des administrés (communication des documents). Réponse obligatoire à toutes les demandes dans les trente jours.
- 2010 : La loi sur la création des « communes nouvelles » qui va enfin permettre la fusion de nombreuses communes et ainsi réduire de façon significative leur nombre, passant de plus de 36 700 à 34 968 en 2019. Et ce mouvement se poursuit. Toutefois, 32 000 ont moins de deux mille habitants (dont 60 % ont moins de sept cents habitants), c'est pourquoi on parle de l'extrême morcellement du territoire français. Onze communes seulement ont plus de 200 000 habitants. Nous parlons bien ici de la commune, pas de son agglomération.

Les communes par taille de population au 1er janvier 2006

Répartition des communes métropolitaines par nombre d'habitants au 1er janvier 2018	
Nombre d'habitants	Nombre de communes
0	6 (Communes dites « mortes pour la France » totalement détruites après la bataille de Verdun en 1916 et non reconstruites, gérées par un conseil de 3 membres nommés par le préfet de la Meuse)
1	1 (Rochefourchat, Drôme)
2 à 99	3 347 (2 de 3 habitants 3 de 4 habitants...)
100 à 499	15 410
500 à 999	6 784
1 000 à 2 999	6 239
3 000 à 4 999	1 465
5 000 à 9 999	1 174
10 000 à 19 999	528
20 000 à 29 999	192
30 000 à 99 999	228
plus de 100 000	42

Source Insee au 1er janvier 2018.

2 Le double statut de la commune

Sur le même territoire géographique, *deux systèmes d'administration et de gestion des affaires locales coexistent* : l'administration de l'État dans le système de la déconcentration et une gestion locale autonome avec la décentralisation. Le maire est le seul personnage à posséder ces « deux casquettes » :

- tantôt l'État « emprunte » à la commune son représentant et lui confie des attributions et des fonctions particulières, que celui-ci va effectuer au nom de l'État, donc sous la hiérarchie des représentants de l'État ;
- tantôt le maire est l'exécutif de la collectivité territoriale Commune, élu par la population, avec des fonctions spécifiques.

3 La circonscription administrative de la commune, portion de territoire où l'État agit

Sur le découpage géographique du territoire de la commune, les attributions du maire, en tant que représentant de l'État, sont de deux types.

1. Ses attributions sous l'autorité hiérarchique du préfet (pouvoir exécutif)

Le maire est chargé :

- de veiller à l'application des lois, à la publication et à l'exécution des textes officiels ; par exemple, l'affichage de publications, mise en place du plan « vigipirate » renforcé (exécution), contrôle des PACS ;
- d'organiser les élections (par exemple, élection présidentielle, le maire est obligé d'organiser les élections) ;
- de participer au recensement (connaître le nombre d'habitants) ;
- de légaliser les signatures : documents établis et certifiés par le maire.

Le maire est chargé, sous l'autorité du représentant de l'État dans le département :

- de l'exécution des mesures de sûreté générale et des fonctions spéciales qui lui sont attribuées par les lois (par exemple, sur la publicité, les enseignes). En cas d'urgence ou pour renforcer, dans un but d'ordre public local, la mesure prise par l'autorité supérieure en matière de police, le maire peut être appelé à intervenir au titre de son pouvoir de police administrative générale, en complément des polices spéciales étatiques (police nationale…) ;
- de la délivrance des autorisations au nom de l'État (par exemple, permis de pêche, chasse et la licence IV des débits de boissons).

2. Ses attributions sous l'autorité du procureur de la République (pouvoir judiciaire)

- Le procureur est un **magistrat** qui poursuit les inculpés au nom de l'État.

- Le maire est **officier d'état civil**. Il procède à l'enregistrement des naissances, des mariages, des décès ou des divorces (il ne peut refuser l'enregistrement d'un enfant), et peut célébrer, par exemple, les mariages civils.
- Le maire est **officier de police judiciaire**.
- Le maire concourt par son pouvoir de police à l'exercice des missions de sécurité publique et de prévention de la délinquance.

Il peut diligenter des enquêtes sur la personnalité des personnes poursuivies ainsi que sur leur situation matérielle, familiale ou sociale. Il reçoit les plaintes, constate les infractions, dresse les contraventions. Il peut poursuivre, arrêter, perquisitionner les auteurs d'infractions en matière de drogue, de terrorisme et d'atteinte à la sécurité du territoire. Ce n'est effectivement pas lui qui concrètement dresse les procès-verbaux pour stationnement illicite dans les rues de la commune, mais les policiers municipaux. Toutefois, ceux-ci agissent par délégation, sous la responsabilité du maire.

Mais il peut partager ce pouvoir avec d'autres personnages sur le territoire de la commune, eux-mêmes officiers de police judiciaire, comme les adjoints au maire et en ville : le commissaire de police ou dans les campagnes : la gendarmerie, par exemple.

4 Une collectivité territoriale : la commune, personne morale

Elle est composée d'une assemblée d'élus, appelée le conseil municipal : c'est l'organe délibérant. Et d'un organe exécutif élu en son sein, le maire.

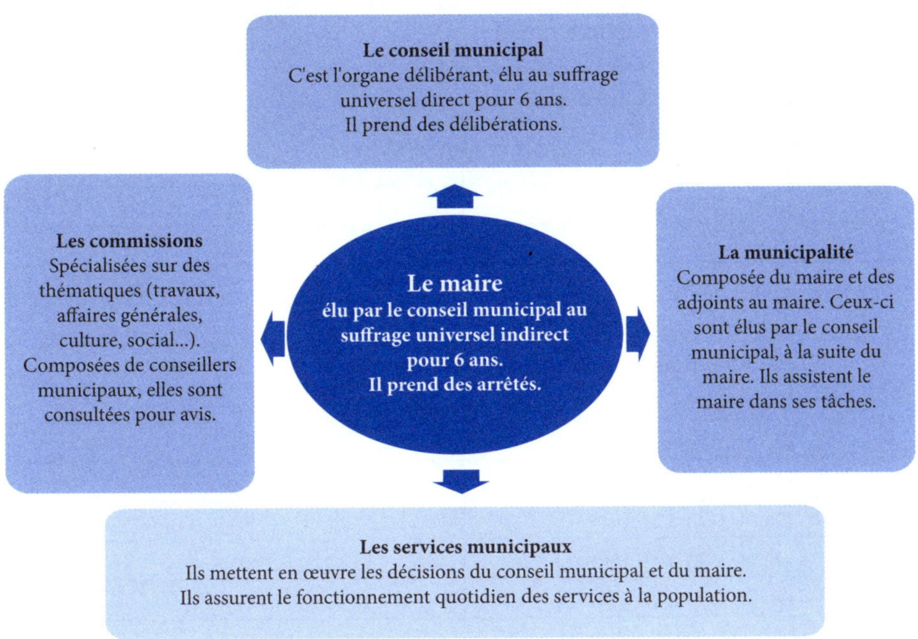

5 Le conseil municipal : organe délibérant

- Mode de désignation : élection au suffrage universel direct.
- Durée du mandat : six ans.
- Voir le détail des élections au chapitre sur la démocratie locale.

1. Le statut du conseil municipal

Le conseil municipal est l'autorité délibérante de la collectivité territoriale. Ses membres ont interdiction de cumuler plus de deux mandats (loi de 1985).

La loi de 1992 a donné un certain nombre de droits aux élus :

- droit à indemnisation ;
- droit à la retraite (les élus cotisent à une caisse de retraite pendant la durée de leur mandat) ;
- droit à la formation ;
- autorisation d'absences de leur employeur pour exercer leur mandat électif ;
- crédit d'heures vis-à-vis de leur employeur (comme les représentants syndicaux) car la plupart des élus ont aussi un emploi (en effet dans les petites communes le montant des indemnités de maires et adjoints au maire est très faible. Les autres conseillers municipaux ne perçoivent aucune indemnité).

Nombre de membres du conseil municipal selon les seuils de population des communes

Taille des communes (en habitants)	Nombre de membres du conseil municipal
Moins de 100	7
De 100 à 499	11
De 500 à 1 499	15
De 1 500 à 2 499	19
De 2 500 à 3 499	23
De 3 500 à 4 999	27
De 5 000 à 9 999	29
De 10 000 à 19 999	33
De 20 000 à 29 999	35
De 30 000 à 39 999	39
De 40 000 à 49 999	43
De 50 000 à 59 999	45
De 60 000 à 79 999	49
De 80 000 à 99 999	53

Taille des communes (en habitants)	Nombre de membres du conseil municipal
De 100 000 à 149 999	55
De 150 000 à 199 999	59
De 200 000 à 249 999	61
De 250 000 à 299 999	65
300 000 et plus	69
Paris	163
Lyon	73
Marseille	101

2. Les attributions du conseil municipal

La clause générale de compétence : le conseil municipal règle, par ses délibérations, les affaires de la commune.

Une délibération est le document écrit sur lequel est précisément notée la décision qui a été prise à la majorité des élus du conseil. Par exemple, la délibération créant une crèche municipale. C'est un acte administratif qui produit du droit, c'est-à-dire que désormais son contenu s'impose à la collectivité : elle est tenue de tout mettre en œuvre pour réaliser ce qui a été voté à la majorité des élus du conseil. Elle est transmise au préfet pour le contrôle sur la légalité de son contenu.

Le conseil municipal à pouvoir de gestion :

- sur le territoire de la commune ;
- envers les administrés ;
- et chaque fois que l'intérêt de la commune l'exige.

a. Élection du maire et des adjoints au maire

Dans les huit jours suivant l'élection des membres du conseil municipal, il est tenu de procéder à l'élection du maire et des adjoints au maire. Pour ce faire, le plus âgé du conseil vient animer la séance et organise l'élection du maire. Cette élection se fait au scrutin uninominal, majoritaire, à trois tours. Quand le maire est élu par ses pairs, le plus âgé regagne sa place dans la salle et le maire vient siéger pour six ans, en qualité de maire, exécutif de la collectivité territoriale. Pour rappel, au départ, le maire est un conseiller municipal comme les autres, il n'est pas élu maire par la population, mais bien par le conseil municipal. Ensuite, à lui d'organiser les élections, parmi les membres du conseil municipal, des adjoints au maire. Ceux-ci ne sont donc pas nommés par le maire, mais bien issu d'un vote de la majorité du conseil municipal.

b. Vote du budget

C'est l'une des décisions les plus importantes que doit prendre le conseil, car il est le reflet de tout ce qui sera fait sur la commune pour l'année à venir, puisqu'on peut dire qu'aucun euro ne peut être encaissé ou dépensé s'il n'a pas été préalablement voté au budget par le conseil municipal.

c. Vote de la création et de l'organisation des services publics locaux

> **Exemple :**
> L'enlèvement des ordures ménagères, la crèche municipale, la réfection des routes, la cantine scolaire et du personnel des services municipaux....

Le conseil municipal peut voter la suppression de ces services s'ils n'ont plus lieu d'être sur la commune ou s'ils ne correspondent plus aux grandes orientations politiques de l'équipe en place, à la condition, bien sûr, que ces derniers services ne correspondent pas à des compétences obligatoires. C'est dans la suite logique de la compétence donnée au conseil de voter le budget, puisque créer un service aura forcément une incidence sur le budget de la commune. En parallèle de la création du service, le conseil devra voter les dépenses liées à la vie de ce service.

d. Vote de toutes les mesures liées à la gestion des services publics locaux

Notamment les décisions nécessaires à l'exécution des compétences obligatoires et facultatives votées précédemment par le conseil. Par exemple, il vote la construction, l'entretien et l'équipement des bâtiments scolaires maternelles et primaires ainsi que de tous les bâtiments nécessaires à l'administration et aux services techniques de la commune. Leurs mises aux normes (par exemple, pour l'accueil des personnes handicapées) et l'entretien de tout le patrimoine immobilier de la commune (piscine, bibliothèque, église construite avant 1905, terrains en réserve foncière, etc.).

e. Vote de la création et de la suppression des emplois communaux

> **Exemple**
> La création d'un emploi lié à un besoin.

Même remarque que ci-dessus, il faudra bien voter au budget les sommes nécessaires à la rémunération et aux charges sociales liées à ce poste. En revanche, il n'appartient pas au conseil municipal de décider de qui occupera ce poste.

f. Compétence en matière d'urbanisme

Le conseil municipal vote le PLU (plan local d'urbanisme, anciennement POS, plan d'occupation des sols) par lequel le conseil municipal décide des règles, de ce qu'il est possible ou non de faire sur chaque terrain de la commune : zone inconstructible, zone artisanale, zone réservée à l'élevage, zone d'habitation à un étage, à cinq étages, les façades, les toitures doivent présenter telles caractéristiques, etc.

3. Le contrôle sur les actes

Le contrôle de toutes les décisions prises par la commune (délibération du conseil municipal ou arrêté du maire) est exercé par le préfet, au nom de l'État. Le contrôle s'exerce sur la légalité des actes et *a posteriori* (après que l'acte a été voté par l'assemblée ou signé par le maire).

4. Le contrôle sur les personnes

Le conseil municipal peut être suspendu par arrêté du préfet (cas : cumul de trois mandats d'un élu au lieu de deux maximum ; illégalité relevée dans la procédure d'élection, etc.).

Le conseil municipal peut être dissous par décret du président de la République (le conseil municipal est dans l'impossibilité de fonctionner, pas de majorité politique, etc.).

6 Le maire : organe exécutif de la commune

1. Mode de désignation

Le maire est élu par les membres du conseil municipal et il est choisi parmi les conseillers municipaux.

Le mode de scrutin est le suffrage universel indirect, majoritaire à trois tours.

L'élection doit avoir lieu dans les huit jours suivant l'élection du conseil, lors de la première réunion du nouveau conseil municipal. Si cette élection n'est pas acquise après les deux premiers tours de scrutin, il est procédé à un troisième tour de scrutin et l'élection a lieu à la majorité relative des membres du conseil. En cas d'égalité des voix, l'élection est acquise au bénéfice de l'âge.

Durée du mandat : six ans.

2. Le statut du maire

Le maire est l'un des conseillers municipaux, il a le statut d'un conseiller municipal. Il lui est interdit de cumuler plus de deux mandats. Les lois de 2014 interdisent au maire de cumuler son mandat avec la fonction de député national ou européen, de sénateur ou de conseiller départemental. Par ailleurs, il ne peut pas avoir deux mandats locaux – élu local dans deux villes – puisqu'on ne peut être inscrit que sur une seule liste électorale. Il a droit à une rémunération et à la retraite des élus.

3. Les pouvoirs et les attributions du maire

Le maire est l'autorité exécutive de la commune. Le maire prend des **arrêtés** qui produisent du droit et sont transmis au préfet pour le contrôle de la légalité.

4. Les attributions exercées en liaison avec le conseil municipal

Le maire convoque, prépare et dirige les réunions du conseil municipal.

Le maire exécute les délibérations du conseil municipal.

Le maire est l'ordonnateur des recettes et des dépenses après que celles-ci ont été votées au budget par le conseil municipal : quand il décide d'effectuer une recette ou une dépense il donne l'ordre au trésorier-payeur de régler une facture ou d'encaisser une recette sur le compte de la commune (voir le chapitre sur les finances publiques).

Le maire représente la commune :

- il signe les contrats au nom de la collectivité (personne morale) ;
- c'est au maire de défendre les intérêts de la commune devant les tribunaux ;
- il peut recevoir délégation de pouvoir ou de signature du conseil municipal : signer au nom du conseil des contrats d'achat, de maintenance, réaliser un emprunt, etc. ;
- il peut déléguer les pouvoirs qui ne lui sont pas propres à ses adjoints.

5. Les pouvoirs propres du maire agissant au nom de la commune

- Le maire préside le conseil municipal, décide de l'ordre du jour et prépare ses travaux ainsi que le budget.
- Le maire est l'autorité de police municipale dite police administrative (de prévention). Il doit faire respecter l'ordre public. À ce titre, il est le responsable du service de la police municipale ou des gardes champêtres. Ses quatre domaines de responsabilité sont :
  - *bon ordre* : arrêté couvre-feu, police des sépultures, divagation d'animaux, etc. ;
  - *sécurité* : plan « vigipirate », interdiction de stationner en face des écoles, édifices menaçant ruines, prévention incendie, police des baignades, enlèvement des encombrants, inondations, avalanches, etc. ;
  - *tranquillité* : tapage injurieux ou nocturne, troubles du voisinage, rassemblement nocturne, voire nuisances sonores de salles de fêtes, etc. ;
  - *salubrité* : ordure ménagère, amiante, saturnisme, prévention des épidémies, épizooties, etc..
- Il dirige les services municipaux : il est le chef hiérarchique du personnel communal et il dispose d'un pouvoir d'organisation des services :

- il recrute le personnel (après que l'assemblée délibérante a voté la création d'un poste), il prend alors l'arrêté de nomination. Même s'il existe une commission de recrutement et/ou que l'arrêté porte la signature d'un fonctionnaire de la collectivité, cette commission, comme la signature, sont prises par délégation, c'est-à-dire que la responsabilité de l'acte incombe bien toujours à celui qui a délégué, ici le maire ;
- il procède à l'affectation dans un service, c'est-à-dire qu'il affecte tel agent à travailler dans tel service de la collectivité ;
- il procède à l'évaluation du travail et à la notation ;
- il délivre les sanctions disciplinaires (du blâme à la révocation) après avis de la CAP (commission administrative paritaire).

- Il délivre les autorisations d'urbanisme (dans le cadre du PLU).
- Il publie des arrêtés municipaux pour, par exemple, réglementer la circulation, le stationnement, la baignade et la navigation sur la commune, autoriser l'ouverture des établissements recevant du public, prescrire des travaux en cas de mise en danger de la population ou de l'environnement, la police des marchés, des fêtes, etc.

Remarque

Il ne faut pas confondre le pouvoir de police judiciaire qui a un but répressif avec le pouvoir de police administrative qui a un but préventif.

Élus	Les électeurs élisent pour six ans les conseillers municipaux, qui constituent : LE CONSEIL MUNICIPAL qui a pour tâches de :				
	Élire en son sein le MAIRE, Puis, un par un, les adjoints au maire	Créer les commissions de travail	Voter de budget	Créer les services municipaux et les postes	Créer les établissements publics locaux (CCAS, OPH...)
	Le maire nomme (arrêté de nomination) et dirige l'administration avec à sa tête :				
Fonctionnaires	Un directeur général (DG) puis tous les agents placés dans les directions et services de la collectivité :				
	Direction générale adjointe chargée du personnel de la commune	Direction générale adjointe chargée des services techniques	Direction générale adjointe chargée de l'enfance et la jeunesse	Direction générale adjointe chargée de l'urbanisme	Direction générale adjointe chargée de la culture et des sports
	Services municipaux sous la hiérarchie de cette DGA	Services municipaux sous la hiérarchie de cette DGA	Services municipaux sous la hiérarchie de cette DGA	Services municipaux sous la hiérarchie de cette DGA	Services municipaux sous la hiérarchie de cette DGA

6. Les collaborateurs du maire

Le maire est seul responsable de l'administration de la commune. Toutefois, il est assisté de ses adjoints. Ceux-ci ont été élus comme lui par le conseil municipal. Leur nombre ne peut être supérieur à 30 % des conseillers municipaux. Il peut leur déléguer une partie de ses pouvoirs. Les adjoints au maire sont aussi officiers de police judiciaire.

Le maire va s'appuyer sur une fonction publique, les fonctionnaires, chargée de mettre en œuvre les décisions du conseil municipal. Ces personnels sont, après le maire, placés sous l'autorité du directeur général. Celui-ci est le premier fonctionnaire, collaborateur direct du maire.

Le directeur général, n'est pas un élu, le maire a pris un arrêté de nomination, comme pour tous les autres fonctionnaires de la commune.

Organigramme simplifié de l'organisation des pouvoirs et de l'administration dans une commune. Ceci n'est qu'un exemple de possibilités. Tout dépend de la taille de la collectivité où le personnel peut se réduire à un secrétaire à mi-temps et un « cantonnier » ou aller jusqu'à plusieurs milliers d'agents.

Si vous travaillez déjà dans une administration territoriale, vous devez vous reporter à votre propre organigramme. Votre jury pourra vous poser des questions sur l'organisation de votre collectivité, puisqu'il ne peut admettre qu'un candidat déjà fonctionnaire, ne connaisse pas l'organisation de sa propre administration. Il n'est bien sûr pas demandé de le connaître par cœur, mais d'être capable d'expliquer succinctement l'organisation des services de votre collectivité et de savoir vous situer dans cette hiérarchie.

7 Le regroupement de communes

Il ne s'agit pas ici d'intercommunalité – la mutualisation des moyens communaux par des EPCI pour la mise en place de missions au service de la population – mais de la fusion de plusieurs communes pour qu'il n'en reste qu'une seule de taille beaucoup plus importante. Comme cela s'est fait en son temps pour Paris où les limites de la ville se sont déplacées au cours de l'histoire afin d'y intégrer les villages et faubourgs limitrophes.

1. La commune nouvelle

À l'occasion de l'adoption de la loi n° 2010-1563 de la réforme des collectivités territoriales du 16 décembre 2010, l'article 21 de celle-ci a créé «la commune nouvelle».

Le législateur crée un «outil supplémentaire» au service du regroupement communal qui vient s'ajouter aux mécanismes de coopération intercommunale.

Ce nouveau dispositif de fusion de communes veut être une relance du processus de fusion des communes, la loi «Marcellin» du 16 juillet 1971 sur les fusions de communes n'ayant pas donné les résultats escomptés. De 1971 à 2009, 1 100 communes ont été supprimées la France comptant au 1er janvier 2009, 36 686 communes. On constate dans les autres pays européens engagés à la même époque, dans le même mouvement, que le nombre de communes a été sérieusement diminué. Par exemple :

- de 87 % en Suède (passant de 2 281 à 290 communes) ;
- de 80 % au Danemark (passant de 1 387 à 277 communes) ;
- de 79 % au Royaume-Uni (passant de 1 118 à 238 communes) ;
- de 75 % en Belgique (passant de 2 359 à 596 communes) ;
- de 42 % en Autriche (passant de 4 039 à 2 357 communes) ;
- de 42 % en Norvège (passant de 744 à 431 communes) ;
- de 41 % en Allemagne (passant de 14 338 à 8 414 communes).

Au 1er janvier 2017, on ne compte plus désormais en France métropolitaine que 35 416 communes auxquelles il faut ajouter les 129 communes des DOM. Une commune nouvelle peut être créée en lieu et place de communes contiguës ; celles-ci peuvent subsister sous forme de «communes déléguées», mais l'article L. 2113-10 dernier alinéa est clair « la commune nouvelle a seule qualité de collectivité territoriale ».

Collectivités territoriales

2. Modalités de création d'une commune nouvelle

Le projet de création d'une commune nouvelle peut être engagé :

- soit à la demande de tous les conseils municipaux ;
- soit à la demande des deux-tiers au moins des conseils municipaux des communes membres d'un même EPCI à fiscalité propre, représentant plus des deux-tiers de la population de celle-ci ;
- soit à la demande de l'organe délibérant d'un EPCI à fiscalité propre, en vue de la création d'une commune nouvelle en lieu et place de toutes ses communes membres ;
- soit à l'initiative du représentant de l'État dans le département.

Lorsque l'initiative relève des deux derniers cités, le conseil communautaire ou le préfet, la création est subordonnée à l'accord favorable des deux-tiers au moins des conseils municipaux des communes concernées, représentant plus des deux-tiers de la population totale de celles-ci. Dans les deux premiers cas d'initiative, le projet et les délibérations correspondantes sont directement transmises au préfet.

Si l'ensemble des conseils municipaux des communes concernées est favorable à la création d'une commune nouvelle, le préfet peut décider la création de la commune nouvelle.

3. L'organisation de la commune nouvelle

Celle-ci est une collectivité territoriale soumise sous réserve de quelques règles spécifiques aux règles applicables à toutes les communes ; elle dispose donc d'un organe exécutif : le maire, et d'un organe délibérant : le conseil municipal.

La loi a prévu un régime transitoire jusqu'aux élections municipales suivantes : le maire et les adjoints de chacune des anciennes communes entrent obligatoirement dans la composition du conseil municipal de la nouvelle commune pendant la période transitoire.

La commune nouvelle bénéficie de la fiscalité communale. Les taxes communales sont soumises à une unification progressive pendant 12 ans maximum. En ce qui concerne la dotation globale de fonctionnement, la commune nouvelle bénéficie des différentes parts de la dotation des communes. Lorsque la commune nouvelle regroupe toutes les communes membres d'un EPCI, les ressources de l'ancien EPCI lui sont également transférées.

Depuis la loi du 16 décembre 2010 ouvrant la possibilité de création de ces communes nouvelles, 819 communes nouvelles ont été créees en France métropolitaine, regroupant ainsi 2 554 communes. D'autres sont prévues en 2020/2021 puisqu'il n'est pas possible de modifier la situation durant l'année précédant des éléctions territoriales

La coopération intercommunale

OBJECTIFS

Pour votre concours, vous devez être capable de :
- Définir l'utilité de l'intercommunalité.
- Citer quelques exemples de structures intercommunales.
- Expliquer le fonctionnement d'un établissement intercommunal.
- Donner quelques missions qui peuvent être confiées à un établissement intercommunal.

La France, par rapport à ses voisins, se caractérise par le nombre élevé de ses communes, fruit de son histoire. Devant cet éparpillement, ce morcellement communal, des formules plus ou moins souples de regroupements de communes ont été imaginées afin d'assurer certains services ou de financer des équipements que les communes ne peuvent assumer individuellement. L'intercommunalité, ou coopération intercommunale, c'est donc la mutualisation des moyens. Le coût lié au transfert des compétences de l'État vers les communes ne leur permet pas de prendre directement en charge l'intégralité des missions. En se mutualisant, elles se partagent les coûts et délèguent à une autre personne morale qu'elles vont créer, la gestion d'un ou de plusieurs services à la population.

En effet, trente-deux mille communes en France ont moins de deux mille habitants (et 60 % de ces communes ont moins de 700 habitants). Individuellement, et à plus fortes raisons, ces petites communes rurales ne peuvent prendre en charge un certain nombre de services à la population. Services, qui pour certains font partie des transferts de l'État vers les communes, qu'elles ont donc l'obligation d'assurer. Par exemple, la construction et l'entretien d'équipements sportifs, l'aménagement du territoire, le retraitement des eaux usées, des ordures ménagères, etc.

Ce n'est pas une idée récente puisque cette notion de coopération intercommunale est apparue il y a plus de cent vingt ans (loi du 22 mars 1890).

Les établissements publics de coopération intercommunale (EPCI) constituent la forme institutionnelle de l'intercommunalité (voir plus loin le chapitre sur les établissements publics).

L'acte II de la décentralisation (loi du 13 août 2004) ajoute la possibilité de fusionner les groupements de communes, pour rationaliser la carte intercommunale.

À la différence des collectivités territoriales qui bénéficient d'une clause de compétence générale, les structures intercommunales n'ont que des compétences limitées (principe de spécialité).

1 Les intercommunalités montent en puissance

L'intercommunalité désigne les différentes formes de coopération existant entre les communes au service de projets de territoire. Depuis 2014, toutes les communes de France avaient l'obligation d'adhérer à un EPCI et depuis 2017, toutes font dèsormais partie d'une intercommunalité : communauté de communes, agglomérations urbaines ou encore métropoles. Lors des dernières élections municipales, les citoyens ont élu pour la première fois leurs conseillers communautaires. Mais de tailles différentes, certaines de ces intercommunalités ont aujourd'hui des moyens trop faibles pour porter des projets d'envergure. La réforme amplifie le processus d'intégration des communes pour faire changer les intercommunalités d'échelle.

Le relèvement du seuil d'intercommunalité de 5 000 à 15 000 habitants (hors exceptions) permet d'avoir davantage de capacités à agir au niveau des bassins de vie d'aujourd'hui, plus étendus que ceux d'hier. Il s'accompagne d'un mouvement d'augmentation des compétences des intercommunalités (tourisme, aires d'accueil des gens du voyage, maisons de services au public), qui permettra la diminution du nombre de syndicats intercommunaux (11 576 actuellement) et devrait générer des économies de gestion dans des services utilisés au quotidien par nos concitoyens comme l'eau, les déchets ou les transports. Des adaptations sont prévues pour les territoires à caractéristiques spécifiques.

2 Organisation de ces structures

Un établissement public intercommunal est une structure dotée de la personnalité juridique qui en fait donc une personne morale responsable et juridiquement indépendante des communes qui se sont regroupées pour le créer.

Le fonctionnement de ces établissements publics est assuré par :

- une assemblée délibérante rassemblant les délégués des communes adhérentes. Ces délégués ont été élus au sein de chaque conseil municipal de chaque commune adhérente. Ce système prend fin avec la loi du 17 mai 2013 ;
- un président, organe exécutif, élu parmi les délégués des communes adhérentes.

Ils se réunissent au moins une fois par trimestre et à chaque fois que le président le juge nécessaire.

En termes de financement, on distingue deux types d'intercommunalité :

- une **forme dite sans fiscalité propre** : le financement est assuré par les contributions des communes qui en sont membres ;

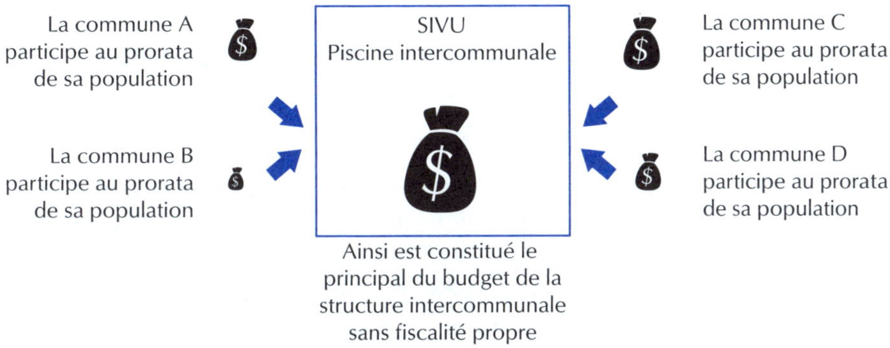

- une **forme fédérative à fiscalité propre** : ces établissements intercommunaux sont caractérisés par l'existence de compétences obligatoires et par des recettes ne transitant pas uniquement par les collectivités adhérentes mais par la possibilité qui leur est donnée de lever directement l'impôt local (une colonne spécifique apparaît sur les feuilles d'impôts locaux). Ces établissements intercommunaux à fiscalité propre sont appelés à de grandes modifications dans les années à venir. Nous verrons plus loin les évolutions envisagées.

À ces recettes, s'ajouteront la part des usagers s'acquittant de leur ticket d'entrée (infime par rapport au coût réel) et éventuellement une subvention du conseil départemental ou de la région.

L'établissement intercommunal permet ainsi aux collectivités de gérer ensemble des activités ou des services publics qu'elles n'auraient pu assumer seules.

3 Les commissions départementales de coopération intercommunale

Ces commissions ont pour rôle d'aider les communes à choisir le meilleur type de coopération intercommunale en fonction de leur taille ou des services qu'elles souhaitent mutualiser.

Créée dans chaque département, la commission est présidée par le préfet du département et se compose de membres représentant des collectivités territoriales.

Ses attributions sont :

- de proposer aux communes un type de coopération parmi toutes les possibilités actuellement existantes ;

- de se tenir informée de tout projet de création de coopération intercommunale dans le département ;
- d'élaborer, à titre indicatif, le schéma départemental de coopération intercommunale.

4 Les dispositifs les plus communément mis en place

1. Les syndicats de communes (SIVU et SIVOM)

Créés par la loi du 22 mars 1890, il s'agit de la forme la plus ancienne et aussi la plus courante de coopération intercommunale. Les syndicats de communes ont pour objet de permettre à des communes de mettre en commun certains crédits en vue de la réalisation d'équipements collectifs. Ils sont créés à la demande des conseils municipaux soit pour une durée limitée, soit à perpétuité. Un comité de représentants des communes membres l'administre. Les syndicats se composent de conseillers municipaux élus pour six ans par tous les conseillers municipaux des communes membres. Leur financement est assuré par une cotisation versée par chaque commune et par les taxes ou redevances payées par les usagers des services qu'ils gèrent.

Il existe deux types de syndicats :

- les **syndicats à vocation unique** (SIVU) sont une association de communes, même non limitrophes, se regroupant afin de gérer une seule activité d'intérêt intercommunal. Généralement de taille réduite, sont le plus souvent compétents en matière de ramassage et traitement des ordures, d'adduction d'eau, d'assainissement, d'activités scolaires et périscolaires, etc.
- les **syndicats à vocation multiple** (SIVOM) (loi du 5 janvier 1959) permettent aux communes de gérer conjointement plusieurs services. Les compétences les plus répandues relèvent, en sus des domaines ci-dessus, des domaines du tourisme ou d'équipements publics.

2. Les syndicats mixtes

Créés par le décret du 20 mai 1955, ils doivent comprendre au moins une collectivité et permettent l'association de communes avec des départements, des régions ou des établissements publics, à la différence des SIVU ou SIVOM n'associant que des communes entre elles. Leur financement est assuré par les cotisations et les redevances. Ils ne peuvent instituer d'impôts ou de taxes.

3. Le pôle métropolitain

Le pôle métropolitain a été créé par la loi du 16 décembre 2010. Le pôle métropolitain, qui peut déborder le cadre départemental, compte 300 000 habitants dont 100 000 issus d'un même EPCI à fiscalité propre. C'est « un établissement public constitué par accord entre des établissements publics de coopération intercommunale à fiscalité propre » (art. L5731-1 CGCT). Il se crée sur le mode du volontariat des EPCI, les assemblées délibérantes de chaque EPCI se prononçant par délibérations concordantes sur l'intérêt métropolitain des compétences à transférer au pôle métropolitain.

Son objectif est de promouvoir « un modèle de développement durable du pôle métropolitain et d'améliorer la compétitivité et l'attractivité de son territoire, ainsi que l'aménagement du territoire infra-départemental et infra-régional ». Il est compétent « en vue d'actions d'intérêt métropolitain en matière de développement économique, de promotion de l'innovation, de la recherche, de l'enseignement supérieur et de la culture, d'aménagement de l'espace et de développement des infrastructures et des services de transports ».

4. Les communautés de communes (CC)

Créées par la loi du 6 février 1992, les communautés de communes regroupent des communes d'une même agglomération de moins de vingt mille habitants.

Les communautés de communes doivent obligatoirement assurer certains services en matière :

- d'aménagement de l'espace ;
- de développement économique.

Elles peuvent en outre se voir confier d'autres services facultatifs dans les domaines de l'environnement, du logement et du cadre de vie, de la voirie ou des équipements éducatifs, culturels et sportifs.

Les communautés de communes disposent d'une fiscalité additionnelle (c'est-à-dire qu'une partie des impôts locaux leur est directement destinée), d'une dotation globale de fonctionnement propre (somme versée par l'État) et peuvent percevoir la contribution économique territoriale à la place des communes.

5. Les communautés d'agglomération

Créées par la loi du 12 juillet 1999, elles remplacent les communautés de ville. Elles associent plusieurs communes urbaines, regroupant plus de cinquante mille habitants autour d'une ou plusieurs communes de plus de quinze mille habitants.

Elles exercent des compétences obligatoires dans les matières suivantes :

- développement de l'espace ;
- aménagement de l'espace communautaire ;
- équilibre social de l'habitat ;
- politique de la ville dans la communauté.

Elles exercent également au moins trois compétences, au choix, parmi les cinq suivantes :

- création ou aménagement et entretien de voirie et de parcs de stationnement d'intérêt communautaire ;
- assainissement ;
- eau ;
- protection et mise en valeur de l'environnement et du cadre de vie ;
- construction, aménagement, entretien et gestion d'équipements culturels et sportifs d'intérêt communautaire.

6. Les communautés urbaines (CU)

Créées par la loi du 31 décembre 1966, elles regroupent des communes d'une agglomération de plus de 250 000 habitants. (la loi MAPTAM a abaissé le seuil de 450 000 à 250 000 habitants) Administrées par un conseil de communauté qui se compose de représentants de communes, elles doivent obligatoirement assurer des services en matière :

- de développement et d'aménagement économique, social et culturel de l'espace communautaire ;
- d'équilibre social de l'habitat sur le territoire communautaire ;
- de politique de la ville dans la communauté ;
- de gestion des services d'intérêt collectif ;
- de protection et de mise en valeur de l'environnement et de politique du cadre de vie.

Elles interviennent également en matière de plan d'urbanisme, de création et d'équipement des zones industrielles et d'habitation, de développement économique, de construction de lycées et de collèges, d'offices HLM, de la lutte contre l'incendie, de transport urbain… Elles peuvent se voir confier des services facultatifs (création et entretien d'espaces verts, par exemple). Leur financement provient principalement d'un impôt global (voté par le conseil de communauté), de la dotation globale de fonctionnement, de taxes et de subventions de l'État.

Depuis quelques années, le regroupement de communes au sein d'EPCI est à l'origine d'une baisse du nombre des syndicats intercommunaux.

7. Les métropoles

Une métropole est un établissement public de coopération intercommunale (EPCI) à fiscalité propre créée par la loi de réforme des collectivités territoriales de 2010 et dont le statut est remanié par la loi de modernisation de l'action publique territoriale et d'affirmation des métropoles (loi MAPTAM) de 2014.

La métropole est la forme la plus intégrée d'intercommunalité. Elle ne concerne que les territoires de plus de 400 000 habitants situés dans une aire urbaine de plus de 650 000 habitants.

La métropole est un établissement public de coopération intercommunale à fiscalité propre regroupant plusieurs communes d'un seul tenant et sans enclave au sein d'un espace de solidarité pour élaborer et conduire ensemble un projet d'aménagement et de développement économique, écologique, éducatif, culturel et social de leur territoire afin d'en améliorer la cohésion et la compétitivité et de concourir à un développement durable et solidaire du territoire régional. Elle valorise les fonctions économiques métropolitaines, ses réseaux de transport et ses ressources universitaires, de recherche et d'innovation, dans un esprit de coopération régionale et interrégionale et avec le souci d'un développement territorial équilibré.

La métropole Nice Côte d'Azur est la seule métropole créée le 1er janvier 2012 dans le cadre de la loi de 2010.

Par décret en date des 22 et 23 décembre 2014, il est procédé à la création au 1er janvier 2015 de dix métropoles de droit commun. C'est la transformation en métropole des intercommunalités de plus de 400 000 habitants se situant au centre d'une aire urbaine de plus de 650 000 habitants, ou étant capitales régionales. Pour rappel, la métropole de droit commun est un nouvel établissement public de coopération intercommunale (EPCI) et non un nouvel échelon de collectivité territoriale.

Les 21 métropoles (statut EPCI) et Lyon (statut Coll. Terr) au 1er janvier 2019

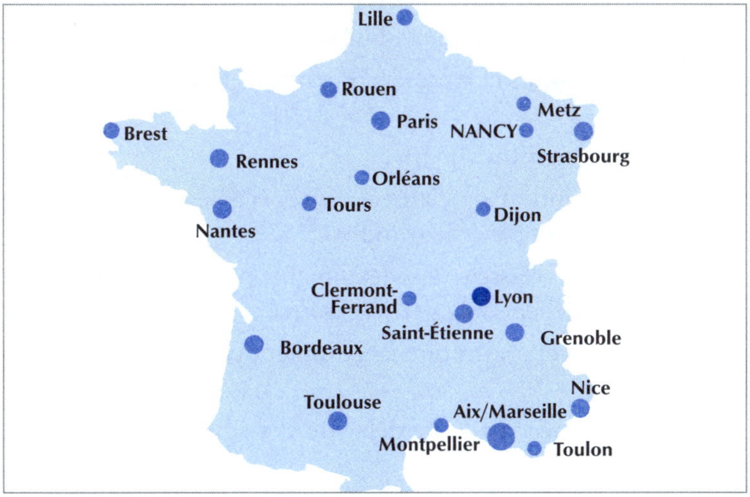

En décembre 2016, l'Assemblée nationale, lors de l'examen du projet de loi relatif au « statut de Paris et à l'aménagement métropolitain », a adopté une modification au Code général des Collectivités territoriales prévoyant qu'une

Collectivités territoriales

Métropole peut être constituée à la demande « des établissements publics de coopération intercommunale à fiscalité propre centres d'une zone d'emplois comptant plus de 400 000 habitants, telle que définie par l'Insee et dans le périmètre desquels se trouve le chef-lieu de région » (modifiant ainsi les critères de la loi MAPTAM). Sur cette nouvelle base, ont été constituées sept nouvelles métropoles. En 2017 : Dijon, Orléans, Tours et Saint-Étienne ; et en 2018 : Metz, Toulon et Clermont-Ferrand. Au 1er janvier 2019, la France compte 21 métropoles ayant le statut d'EPCI.

a. L'organisation de la métropole

Comme pour tous les établissements de coopération intercommunale, le conseil communautaire et élu au suffrage universel, lors des élections municipales.

b. Compétences

La métropole exerce de plein droit, en lieu et place des communes membres, les compétences suivantes :

1. En matière de développement et d'aménagement économique, social et culturel ;
2. En matière d'aménagement de l'espace métropolitain ;
3. En matière de politique de la ville ;
4. En matière de gestion des services d'intérêt collectif.

Par convention passée avec le département, à la demande de celui-ci ou de la métropole, la métropole exerce à l'intérieur de son périmètre, en lieu et place du département, tout ou partie des compétences en matière :

1. D'attribution des aides au titre du fonds de solidarité pour le logement ;
2. De missions confiées au service public départemental d'action sociale ;
3. D'adoption, adaptation et mise en œuvre du programme départemental d'insertion ;
4. D'aide aux jeunes en difficulté ;
5. D'actions de prévention spécialisée auprès des jeunes et des familles en difficulté ou en rupture avec leur milieu ;
6. De gestion des routes classées dans le domaine public routier départemental ainsi que de leurs dépendances et accessoires ;
7. De zones d'activités et promotion à l'étranger du territoire et de ses activités économiques.

La convention est signée dans un délai de dix-huit mois à compter de la réception de la demande.

Par convention passée avec la région, à la demande de celle-ci ou de la métropole, la métropole exerce à l'intérieur de son périmètre, en lieu et place de la région la compétence en matière de construction, de reconstruction, d'aménagement, d'entretien et de fonctionnement des lycées. À ce titre, la métropole assure l'accueil, la restauration, l'hébergement ainsi que l'entretien général et technique.

La convention est signée dans un délai de dix-huit mois à compter de la réception de la demande.

La métropole est associée de plein droit à l'élaboration, la révision et la modification des schémas et documents de planification en matière d'aménagement, de développement économique et d'innovation, de transports et d'environnement, d'enseignement supérieur et de recherche, dont la liste est fixée par décret en Conseil d'État et qui relèvent de la compétence de l'État, d'une collectivité territoriale ou de leurs établissements publics, lorsque ces schémas et documents ont une incidence ou un impact sur le territoire de la métropole.

La métropole est associée de plein droit à l'élaboration du contrat de plan conclu avec l'État, en application de la loi n° 82-653 du 29 juillet 1982 portant réforme de la planification, qui comporte un volet spécifique à son territoire.

À Strasbourg, ce contrat est signé entre l'État et l'eurométropole de Strasbourg. Il prend en compte la présence d'institutions européennes et internationales.

Pour assurer à l'eurométropole de Strasbourg les moyens de ses fonctions de ville siège des institutions européennes, conférées en application des traités et des protocoles européens ratifiés par la France, l'État signe avec celle-ci un contrat spécifique, appelé « contrat triennal, Strasbourg, capitale européenne ».

L'État peut transférer à la métropole qui en fait la demande la propriété, l'aménagement, l'entretien et la gestion de grands équipements et infrastructures. Ces transferts sont effectués à titre gratuit et ne donnent lieu au paiement d'aucune indemnité ou taxe, ni d'aucun droit, salaire ou honoraires.

Le transfert est autorisé par décret. Une convention conclue entre l'État et la métropole précise les modalités du transfert.

Afin de renforcer et de développer ses rapports de voisinage européen, la métropole peut adhérer à des structures de coopération transfrontalière.

8. La métropole du Grand Paris

La métropole du Grand Paris (MGP) est une intercommunalité (EPCI) définie dans la loi du 27 janvier 2014 de modernisation de l'action publique territoriale et d'affirmation des métropoles (MAPTAM) dans le cadre de l'Acte III de la décentralisation et confirmée par la loi NOTRe du 7 août 2015. Elle a été créée au 1er janvier 2016.

La métropole regroupe les communes de Paris, les 123 communes des trois départements de la petite couronne (Hauts-de-Seine, Seine-Saint-Denis et Val-de-Marne) et les communautés franciliennes appartenant à un EPCI comprenant au moins une commune dans la petite couronne. Ont pu s'y ajouter sept communes en continuité de territoire.

« Ce projet métropolitain définit les orientations générales de la politique conduite par la métropole du Grand Paris. Il participe à la mise en œuvre du schéma directeur de la région d'Île-de-France. Il comporte un diagnostic général, social, économique et environnemental du territoire métropolitain, des orientations stratégiques pour le développement de la métropole ainsi que des domaines d'intervention prioritaires. Le projet métropolitain peut être élaboré avec l'appui de l'Agence foncière et technique de la région parisienne, de l'Atelier international du Grand Paris, des agences d'urbanisme et de toute autre structure utile. » (Paragraphe I-5 de l'article L. 5219-1 du Code général des collectivités territoriales.)

Comme pour tous les établissements de coopération intercommunale, le conseil communautaire de la MGP est élu au suffrage universel, lors des élections municipales.

a. Les établissements publics territoriaux

Dans le but d'une meilleure proximité, la métropole du Grand Paris est subdivisée en 12 territoires (voir la carte page suivante) d'un seul tenant et sans enclave, d'au moins 300 000 habitants. Les conseillers métropolitains sont également conseillers de territoires. Le ressort territorial de la commune de Paris constitue un seul territoire. Les EPT sont des personnes morales dotées d'une fiscalité propre. Il y a donc un double niveau d'intercommunalité où les transferts de compétences des communes vers ces deux niveaux vont pouvoir s'effectuer. La MGP récupérant les compétences de planification alors que les EPT ont plutôt des compétences de mise en oeuvre et de gestion.

Les 12 territoires de la Métropole du Grand Paris

- 1 **T1** : Paris
- 2 **T2** : Sud Hauts-de-Seine
- 3 **T3** : Grand Paris Seine Ouest
- 4 **T4** : La Défense
- 5 **T5** : Boucle Nord 92
- 6 **T6** : Plaine Commune
- 7 **T7** : Territoire des aéroports
- 8 **T8** : Est Ensemble
- 9 **T9** : Grand-Paris Est
- 10 **T10** : Actep
- 11 **T11** : Plaine Centrale-Haut Val-de-Marne - Plateau Briard
- 12 **T12** : Val de Bièvre - Seine Amont - Grand Orly

Limites départementales
Limites des territoires
NANTERRE Préfecture
Saint-Denis Sous-préfecture

Source : www.parismetropole.fr.2016 *Auteur : T. Derambure, 2016*

Collectivités territoriales

Dans chaque territoire, il est créé un conseil de territoire composé des délégués communautaires des communes incluses dans le périmètre du territoire.

Le président du conseil de territoire est élu en son sein. Le conseil de territoire désigne également en son sein un ou plusieurs vice-présidents.

Les présidents des conseils de territoire sont, de droit, vice-présidents du conseil de la métropole du Grand Paris.

b. Les compétences de la métropole de Paris

Après d'importants débats parlementaires, le régime juridique de la MGP prévu par la loi MAPTAM a été profondément modifié par la loi NOTRe.

Elle exerce de plein droit, en lieu et place de ses communes membres, principalement les compétences suivantes :

- En matière d'aménagement de l'espace métropolitain ;
- En matière de politique locale de l'habitat ;
- En matière de politique de la ville ;
- En matière de développement et d'aménagement économique, social et culturel ;
- En matière de protection et de mise en valeur de l'environnement et de politique du cadre de vie;
- Etc.

La métropole du Grand Paris élabore un plan local d'urbanisme, elle définit et met en œuvre des programmes d'action en vue de lutter contre la pollution de l'air et de favoriser la transition énergétique.

La métropole du Grand Paris propose à l'État et aux collectivités territoriales un plan de rationalisation des outils d'aménagement et des syndicats intervenant sur son ressort territorial.

c. Les services administratifs de Paris et leurs agents

Les services ou parties de services qui participent à l'exercice des compétences de la commune de Paris, du département de Paris et de leurs établissements publics administratifs, ci-après dénommés « les administrations parisiennes », transférées à la métropole du Grand Paris sont mis à disposition et transférés.

Dans un délai de deux ans à compter de la date du transfert des services auxquels ils sont affectés, les fonctionnaires des administrations parisiennes exerçant leurs fonctions dans un service ou une partie de service transféré à la métropole du Grand Paris peuvent opter soit pour l'intégration dans un cadre d'emplois territorial, soit pour le maintien dans leur corps de fonctionnaire des administrations parisiennes. Dans ce cas, ils sont placés en position de détachement sans limitation de durée.

Le montant total des dépenses et des recettes de chaque conseil de territoire est inscrit dans le budget de la métropole du Grand Paris.

d. Les retombées économiques

Des contrats de développement territorial (CDT) visant à créer des pôles de développement spécifiques ont été créés dès la loi du 3 juin 2010 relative au Grand Paris. Pour permettre au nouveau réseau de transports (Grand Paris Express) et à ses gares de produire pleinement les effets du développement attendus, ils doivent être accompagnés d'une politique d'aménagement de l'espace pensée à l'échelle de la région, avec des territoires ciblés pour leur potentiel économique.

Des pôles économiques comme :

- le Plateau de Saclay, le Grand Paris de la recherche et de l'innovation ;
- Grand Roissy, Cœur économique Roissy Terres de France ;
- Grand-Paris Est Noisy Champs, Territoire de la transition énergétique ;
- ou encore Le Pôle métropolitain du Bourget, Pôle d'excellence aéronautique, etc.

sont édifiés autour des futures grandes gares. Les CDT sont la déclinaison locale des objectifs de mise en œuvre du Grand Paris en matière d'urbanisme, de transports, de déplacements, de lutte contre l'exclusion sociale, de développement économique, sportif et culturel, de protection des espaces agricoles et forestiers et des paysages. En matière de logement, la loi relative au Grand Paris a inscrit l'objectif de construire 70 000 logements par an. Le CDT est l'outil de territorialisation de cette ambition. Les retombées économiques attendues sont donc très importantes.

e. La Société du Grand Paris

Il est créé un établissement public de l'État à caractère industriel et commercial dénommé Société du Grand Paris. La SGP a pour mission principale de concevoir et d'élaborer le schéma d'ensemble et les projets d'infrastructures composant le réseau de transport public du Grand Paris, d'en assurer la réalisation et le financement, qui comprend la construction des lignes, ouvrages et installations fixes, la construction et l'aménagement des gares, y compris d'interconnexion, ainsi que l'acquisition des matériels roulants conçus pour parcourir ces infrastructures.

f. Création d'un pôle scientifique et technologique Paris-Saclay

Il est créé un établissement public de l'État à caractère industriel et commercial, dénommé : « établissement public de Paris-Saclay ».

Il a pour objet l'impulsion et la coordination du développement du pôle scientifique et technologique du plateau de Saclay, ainsi que son rayonnement international. L'établissement est chargé de conduire toute action susceptible de favoriser les activités d'enseignement, de recherche et d'innovation ainsi que leur valorisation industrielle, et de réaliser des opérations d'aménagement du pôle scientifique et technologique.

g. L'Atelier international du Grand Paris

Il a pour mission de favoriser débats, recherches, initiatives et propositions sur les enjeux urbains du Grand Paris, pour prolonger, faire fructifier et développer le capital d'idées rassemblées lors de la consultation internationale de 2008 sur « Le Grand Pari(s) de l'agglomération parisienne ». Dix équipes d'architectes urbanistes travaillent sur le projet depuis le printemps 2008. Ils constituent le conseil scientifique de cet Atelier dont la première pierre a été la proclamation d'une charte du Grand Paris. L'atelier associe des architectes mais aussi des ingénieurs, des agents de l'État, des collectivités locales, des fonctionnaires et des experts indépendants. L'Atelier international du Grand Paris est créé sous la forme d'un groupement d'intérêt public (GIP).

9. Paris Métropole

Important

À ne pas confondre avec la métropole du Grand Paris créée avec la loi du 27 janvier 2014.

Paris Métropole n'est pas une nouvelle collectivité, il s'agit d'une structure qui permet de poursuivre les travaux d'échange et d'études engagés auparavant par la Conférence métropolitaine mise en place en 2006. Créé en juin 2009, c'est un syndicat mixte d'études. Paris Métropole regroupe, au 1er janvier 2015, 161 communes, 42 établissements publics de coopération intercommunale, les 8 départements et la région. Le comité syndical (conseil d'administration) de Paris Métropole est constitué d'un délégué de chaque collectivités membres selon le principe « une collectivité = une voix ».

Sa mission est d'organiser une coopération entre ses membres qui sont invités à proposer des initiatives dans les domaines culturels, économiques, urbains, sociaux, etc. Ces initiatives sont exposées et débattues publiquement lors de forums locaux.

Paris Métropole associe à ses travaux les grands syndicats techniques, les chambres consulaires, les représentants des milieux socio-économiques et universitaires, les dix équipes de l'Atelier international sur le Grand Paris et des acteurs de la société civile au sein d'un comité des partenaires.

Il participe ainsi aux travaux sur :

- le réseau de transport « Grand Paris Express » qui a été conclu entre l'État et le conseil régional le 26 janvier 2011 ;

- la création de pôles économiques majeurs autour de Paris ;
- il travaille en lien avec la Société du Grand Paris qui est un établissement public chargé de construire ce nouveau métro automatique dans la banlieue parisienne ;
- il participe à la recherche sur l'évolution vers une structure institutionnelle englobant la fusion de Paris et des départements de la petite couronne, dont la création est recommandée par plusieurs rapports (Comité pour la réforme des collectivités locales présidé par Édouard Balladur remis en mars 2009, et le rapport du sénateur Philippe Dallier, vice-président de la délégation sénatoriale aux collectivités territoriales et à la décentralisation).

10. La métropole de Lyon

La métropole de Lyon résulte de la fusion de la communauté urbaine de Lyon (EPCI) et de la portion du département du Rhône située sur le périmètre urbain (collectivité territoriale). Son territoire recouvre la commune de Lyon et les 59 communes de la zone urbaine lyonnaise. Contrairement aux 11 autres métropoles de droit commun, cette métropole n'est pas dotée du statut d'EPCI, **mais a le statut de collectivité territoriale**. Elle a été créée le 1er janvier 2015. Cette métropole cumule les compétences d'aménagement urbain de l'EPCI du Grand Lyon, celles du conseil départemental et d'autres compétences supplémentaires issues des communes et prévues par la loi. Comme toute collectivité, elle s'administre librement.

Ainsi :

1. La référence au département est remplacée par la référence à la métropole de Lyon ;
2. La référence au conseil départemental est remplacée par la référence au conseil de la métropole ;
3. La référence au président du conseil départemental est remplacée par la référence au président du conseil de la métropole ;
4. La référence au représentant de l'État dans le département est remplacée par la référence au représentant de l'État dans la métropole.

« La métropole de Lyon forme un espace de solidarité pour élaborer et conduire un projet d'aménagement et de développement économique, écologique, éducatif, sportif, culturel et social de son territoire, afin d'en améliorer la compétitivité et la cohésion ».

a. Le conseil de la métropole

Les conseillers métropolitains sont élus au suffrage universel direct.

Le président du conseil de la métropole est élu au scrutin secret, à la majorité absolue des membres du conseil de la métropole. Si cette élection n'est pas acquise après les deux premiers tours de scrutin, il est procédé à un troisième tour et l'élection a lieu à la majorité relative. En cas d'égalité de suffrages, l'élection est acquise au bénéfice de l'âge.

Le conseil de la métropole élit les membres de la commission permanente. La commission permanente est composée du président et d'un ou plusieurs vice-présidents du conseil de la métropole ainsi que, le cas échéant, d'un ou plusieurs conseillers métropolitains.

Le conseil de la métropole peut déléguer une partie de ses attributions à la commission permanente.

Des conférences territoriales des maires sont instituées sur le territoire de la métropole de Lyon. Leurs avis sont communiqués au conseil de la métropole.

b. Les compétences de la métropole de Lyon

La métropole de Lyon exerce de plein droit, en lieu et place de la communauté urbaine de Lyon, du département, de la région ou définie dans la loi, les compétences suivantes :

Les compétences issues de la communauté urbaine sont principalement :

- aménagement urbain, habitat et logement, développement durable et énergie, planification territoriale, transports et mobilité, développement économique, relations internationales, propreté (nettoiement et gestion des déchets), eau et assainissement, voirie, tourisme, agriculture.

Les compétences issues du département sont principalement :

- insertion, personnes âgées, personnes en situation de handicap, logement et développement urbain, mobilité, famille, collèges, enfance, culture et sport, aménagement du territoire, voirie, tourisme, agriculture.

Les autres compétences prévues par la loi sont principalement :

- création et gestions d'équipements culturels, construction et entretien des réseaux de chaud et froid, construction et entretien des réseaux très haut débit, concession de distribution d'électricité et de gaz, gestion des milieux aquatiques et prévention des inondations, prévention de la délinquance et accès aux droits, participation à la gouvernance des gares, co-pilotage des pôles de compétitivité, politique locale de l'habitat, création et entretien des services pour les véhicules électriques, hygiène et de santé,

Le conseil de la métropole approuve le plan local d'urbanisme (PLU).

La métropole de Lyon peut déléguer aux communes situées sur son territoire, par convention, la gestion de certaines de ses compétences.

La région Rhône-Alpes peut déléguer à la métropole de Lyon certaines de ses compétences.

Par convention passée avec la région Rhône-Alpes, à la demande de celle-ci ou de la métropole de Lyon, cette dernière exerce à l'intérieur de son territoire, en lieu et place de la région, certaines compétences.

L'État peut déléguer par convention à la métropole de Lyon, sur sa demande, dès lors qu'elle dispose d'un programme local de l'habitat exécutoire, les compétences dans l'attribution des aides au logement locatif social, et diverses compétences dans le domaine du logement locatif, d'aménagement, de développement économique, de transport, d'enseignement supérieur, etc.

Les biens et droits, à caractère mobilier ou immobilier, situés sur le territoire de la métropole de Lyon et utilisés pour l'exercice des compétences sont mis de plein droit à la disposition de la métropole par les communes situées sur son territoire et par le département du Rhône.

Derniers textes : ordonnance n° 2014-1539 du 9 décembre 2014 relative à l'élection des conseillers métropolitains de Lyon. Ordonnance n° 2014-1543 du 19 décembre 2014 portant diverses mesures relatives à la création de la métropole de Lyon.

11. La métropole d'Aix-Marseille-Provence

La métropole d'Aix-Marseille-Provence a été créée au 1er janvier 2016. Elle regroupe l'ensemble des communes membres de la communauté urbaine Marseille Provence métropole, de la communauté d'agglomération du Pays d'Aix-en-Provence, de la communauté d'agglomération Salon Etang de Berre Durance, de la communauté d'agglomération du Pays d'Aubagne et de l'Étoile, du syndicat d'agglomération nouvelle Ouest Provence et de la communauté d'agglomération du Pays de Martigues.

Pour l'organisation et les compétences attribuées à cette métropole, elles sont sensiblement les mêmes que pour les autres métropoles de droit commun.

12. Évolution de l'intercommunalité

À la suite des premiers textes de 2010, un acte III : la décentralisation se met en place :

Une première loi du 17 mai 2013 modifie les élections des conseillers départementaux, municipaux et communautaires.

Un deuxième texte, la loi du 27 janvier 2014, renforce particulièrement les métropoles.

Un troisième texte, la loi NOTRe du 7 août 2015 s'intéresse aux transferts de compétences et de moyens et vise à renforcer les compétences des régions et des établissements publics de coopération intercommunale.

La loi 2010-1563 du 16 novembre 2010 met en place de nouvelles structures intercommunales et intensifie la place de l'intercommunalité en France, la rendant obligatoire. Depuis 2017, toutes les communes de France sont rattachées à un EPCJ, hors 4 dérogations pour insularité.

a. Les conseils communautaires des structures intercommunales

C'est la nouvelle dénomination des conseils d'administration des structures intercommunales.

- Les métropoles, communautés urbaines, communautés d'agglomération et communautés de communes sont administrées par un organe délibérant composé de délégués des communes membres :
  - ils seront élus lors des élections municipales ;
  - au suffrage universel direct ;
  - un fléchage des premiers des listes permettra de les distinguer dès la campagne électorale.
- Pas d'élections directes pour les autres établissements publics de coopération intercommunale :
  - ils seront délégués par les conseils municipaux des communes membres.

b. Un schéma départemental de coopération intercommunale

Dans chaque département, il est établi, au vu d'une évaluation de la cohérence des périmètres et de l'exercice des compétences des groupements existants, un schéma départemental de coopération intercommunale prévoyant une couverture intégrale du territoire par des établissements publics de coopération intercommunale à fiscalité propre et la suppression des enclaves et discontinuités territoriales.

Ce schéma prévoit également les modalités de rationalisation des périmètres des établissements publics de coopération intercommunale et des syndicats mixtes existants.

Il peut proposer la création, la transformation ou la fusion d'établissements publics de coopération intercommunale.

Tableau des Établissements publics de coopération intercommunale (EPCI)

Type	Date de création	Fiscalité propre	Nombre au 1/1/2019	Remarques
SIVU	1890	Non	6 423	En milieu rural
SIVOM	1959	Non	974	En milieu rural
Syndicat mixte	1955	Non	2 781	Peut comprendre des communes, d'autres collectivités, d'autres syndicats intercommunaux ou des établissements publics
Pôle métro-politain	2010	Non	134	Espace d'au moins 300 000 habitants, créé par d'autres EPCI
CC	1992	Oui	1 001	Espace d'un seul tenant et sans enclave
CA	1999	Oui	223	Espace d'un seul tenant et sans enclave d'au moins 50 000 habitants avec une commune centre d'au moins 15 000 habitants
CU	1966	Oui	13	Espace d'un seul tenant et sans enclave, au moins 250 000 habitants
Métropole	2010	Oui	21	Espace d'un seul tenant et sans enclave d'au moins 400 000 habitants sur une zone urbaine d'au moins 650 000 habitants, sauf exception
Total			11 570	

Source : DGCL.

11 FICHE

Le département

OBJECTIFS

Pour votre concours, vous devez être capable de :

- Citer les représentants de la population siégeant au conseil départemental.
- Expliquer le système d'élection mis en place pour les conseillers départementaux.
- Donner la durée du mandat d'un conseiller départemental et du président du conseil départemental.
- Citer la compétence principale transférée aux départements.
- Expliquer ce qu'est un canton.
- Expliquer les rôles des deux organes du département.
- Distinguer le rôle du préfet de celui du président du conseil départemental.

Du vieux français « départir », qui veut dire « action de partager », le département est une portion du territoire français. Le Val-d'Oise, la Haute-Savoie ou la Martinique sont des départements français. Le département est aussi une collectivité territoriale plus particulièrement chargée des actions de solidarité. Les départements, en tant que territoires, sont nés en 1790, au lendemain de la Révolution française. Ils sont dotés d'une assemblée élue au suffrage universel censitaire en 1833, puis au suffrage universel masculin en 1848 mais le président n'y est élu par l'Assemblée que depuis 1871. La France compte 101 départements : 96 départements métropolitains et cinq départements d'outre-mer : la Martinique, la Guadeloupe, la Guyane, la Réunion, et en mars 2011, un 101e département a été ajouté : Mayotte.

La loi de décentralisation de 1982 a largement bénéficié au département puisqu'elle lui a donné son autonomie en le dotant de la personnalité juridique et d'un exécutif élu.

1 Le rôle du département

Le département se voit confier la responsabilité des actions et services mettant particulièrement en œuvre localement les mécanismes de la solidarité nationale.

2 Son organisation

La collectivité territoriale Département est composée d'une assemblée d'élus, désormais appelée assemblée départementale ou conseil départemental, c'est l'organe délibérant et d'un organe exécutif élu en son sein, le président du conseil départemental.

1. Le conseil départemental : organe délibérant

Le territoire de chaque département est découpé en cantons. Chaque canton d'un même département doit avoir un volume de population approchant. Certains cantons recouvrent donc plusieurs communes quand les villes à forte densité peuvent, cependant, être découpées en plusieurs cantons. Par exemple (voir exemple ci-après), sur le Val-de-Marne, il y a quarante-sept communes et vingt-cinq cantons.

Exemple

Les communes du département du Val-de-Marne

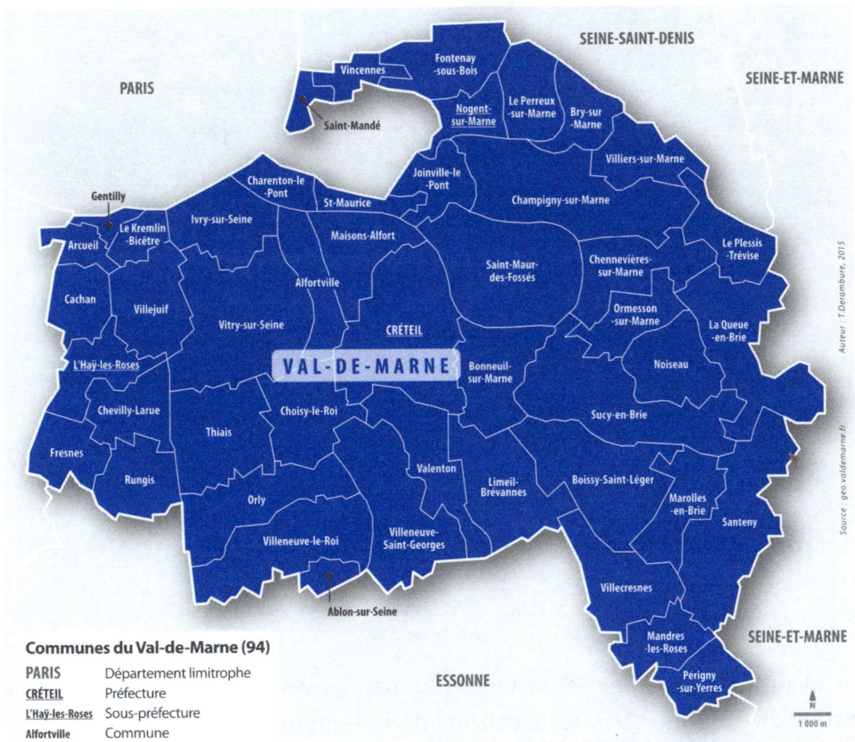

On constate sur la carte suivante que le canton n° 16 de Villecresnes (en bas à droite) recouvre huit communes à faible densité de population, alors que les communes de Créteil (au centre) ou Champigny, par exemple, ont été scindées en deux cantons : Créteil-Nord et Créteil-Sud... Chaque canton de ce département représente à peu près le même volume de population. Ainsi, le vote au sein du conseil porté par chaque conseiller a à peu près le même poids puisque représentant à peu près le même volume de population.

Les cantons du département du Val-de-Marne

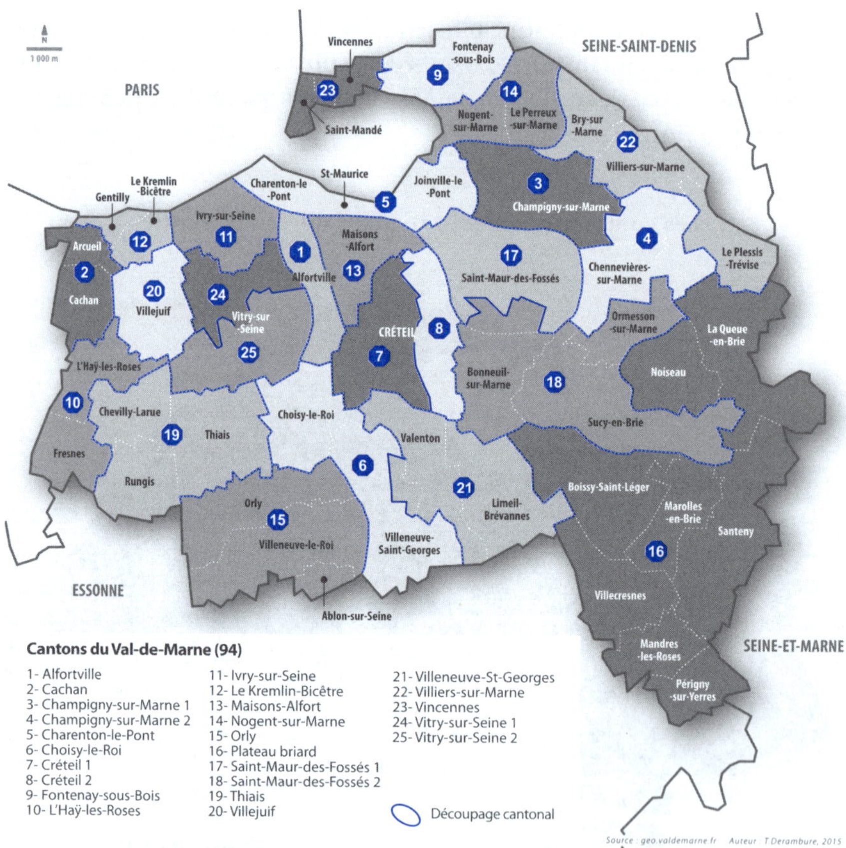

Il y avait un conseiller départemental par canton, élu lors des élections cantonales. Depuis 2015, les élections départementales sont binominales, ce qui signifie qu'il y a deux conseillers départementaux par canton, et obligatoirement une femme et un homme. Les élections ont lieu tous les 6 ans et l'assemblée est intégralement renouvelée.

Les décisions du conseil départemental s'appellent des délibérations. Elles sont soumises au contrôle de légalité opéré par le préfet. Le conseil départemental règle par ses délibérations les affaires relevant des compétences du département.

a. Principales attributions de l'assemblée délibérante

Après chaque élection des membres de l'assemblée délibérante, celle-ci procède à l'élection du président du conseil départemental et des vice-présidents et met en place les membres de la commission permanente.

La *commission permanente* est un organe de délibération restreint, composée : du président, de vice-présidents et de conseillers départementaux élus par le conseil. Le conseil départemental peut déléguer une partie de ses attributions à cette commission permanente, sauf en matière budgétaire.

Comme le conseil municipal, le conseil départemental peut aussi créer des commissions pour suivre certains dossiers. (On trouve souvent des commissions telles que : finances ; personnel et affaires générales ; aménagement du territoire ; droits sociaux et solidarités ; affaires culturelles, jeunesse et sports ; environnement et développement durable ; enseignement et formation, etc.).

b. Le rôle du conseil départemental

Son rôle est de :

- voter le budget du département, puisque c'est à travers lui que s'inscrit toute la politique votée par les élus de chaque collectivité ;
- créer et organiser les services publics départementaux : transports scolaires, PMI, services sociaux d'aide sociale, RSA, voirie départementale, etc. ;
- créer et supprimer les emplois départementaux (mais pas les nominations à ces emplois) (par exemple, création d'un poste d'adjoint administratif « X » au service « RSA ») ;
- élaborer la politique sociale : aide à l'enfance, aux familles, aux handicapés, PMI, mesures d'insertion des bénéficiaires du RSA, etc. ;
- prendre les décisions concernant l'entretien et la construction des collèges, la voirie départementale, etc.

Le conseil départemental se réunit soit dans sa totalité, soit dans sa forme plus restreinte : la commission permanente.

2. Le président du conseil départemental : organe exécutif

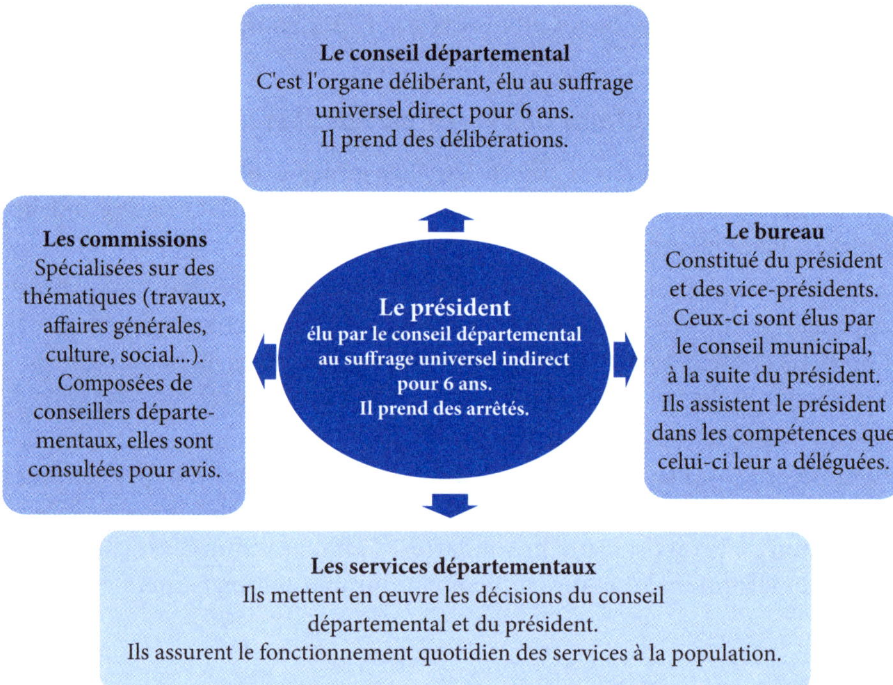

Le président du conseil départemental est l'organe exécutif du département. La règle du cumul interdisant l'addition de deux mandats exécutifs, un président du conseil départemental ne peut être en même temps président du conseil départemental et maire.

a. Élection du président

Pour cette élection, le conseil est présidé par son doyen d'âge, le plus jeune membre faisant fonction de secrétaire.

Le conseil départemental ne peut dans ce cas délibérer que si les deux tiers de ses membres sont présents. Si cette condition n'est pas remplie, la réunion se tient de plein droit trois jours plus tard. La réunion peut alors avoir lieu sans condition de quorum.

Le président est élu à la majorité absolue des membres du conseil départementall pour une durée de six ans parmi les membres du conseil départemental. Si cette élection n'est pas acquise après les deux premiers tours de scrutin, il est procédé à un troisième tour de scrutin et l'élection a lieu à la majorité relative des membres du conseil départemental. En cas d'égalité des voix, l'élection est acquise au bénéfice de l'âge. Puis l'assemblée réélit en son sein, ses vice-présidents et les membres de la commission permanente.

b. Rôle du président

En tant qu'exécutif du département :

- il prépare, convoque et préside les réunions du conseil départemental ;
- il en exécute les délibérations ;
- il prépare, présente et exécute le budget. C'est lui qui ordonne les dépenses et les recettes ;
- il peut recevoir des délégations du conseil pour passer des marchés ou signer des contrats ;
- il est autorité de police administrative sur la voirie départementale hors agglomération, donc avec des pouvoirs beaucoup moins étendus que ceux du maire.

Le président du conseil départemental est assisté de vice-présidents qui sont membres de la commission permanente. Ils peuvent remplacer le président, par suppléance ou par délégation.

Mais il possède aussi des pouvoirs qui lui sont propres.

1. Il est seul chargé de l'administration.

2. Il est le chef hiérarchique du personnel. À ce titre, il :

- recrute et nomme aux emplois publics ;
- procède à l'affectation dans un service, c'est-à-dire qu'il affecte tel agent à travailler dans tel service de la collectivité ;
- procède à l'évaluation du travail ;
- délivre les sanctions disciplinaires (du blâme à la révocation) après avis de la CAP (commission administrative paritaire).

3. Il établit chaque année un rapport sur l'état de la collectivité, son action, sa situation, notamment financière, et sur l'état de l'activité et du financement des services et des organismes qui dépendent de lui (comme la MDPH par exemple).

> **Exemple**
> C'est lui qui signe l'arrêté de nomination de Monsieur Z dans le grade d'adjoint technique. Puis affecte cet agent sur un poste X, dans le service Y qui avait été préalablement créé et voté par l'assemblée délibérante (voir plus haut). Même si l'arrêté porte la signature d'un autre fonctionnaire de la collectivité, cette signature est bien par délégation, c'est-à-dire que la responsabilité de l'acte incombe bien toujours à celui qui a délégué, ici le président du conseil départemental.

Plus généralement, il prend toutes les mesures nécessaires au bon fonctionnement de l'administration du département.

12 FICHE

La région

OBJECTIFS

Pour votre concours, vous devez être capable de :

- Dater l'existence de cette collectivité.
- Expliquer le système d'élection mis en place pour les conseillers régionaux.
- Donner la durée du mandat d'un conseiller régional et du président du conseil régional.
- Expliquer les rôles des trois organes de la région.

Créée en 1956 en tant que découpage administratif du territoire, c'est en 1972 que la région est dotée d'un conseil et qu'elle devient un « établissement public à vocation régionale ». Si la loi de décentralisation de 1982 prévoit sa transformation en collectivité territoriale, il a fallu attendre les élections au suffrage universel des premiers conseillers régionaux, en mars 1986, pour concrétiser son existence. C'est donc la plus jeune des collectivités territoriales. De 27 régions dont 22 métropolitaines au départ, la France est passée, par la loi n° 2015-29 du 16 janvier 2015, à 18 régions dont 13 métropolitaines. Des régions de taille similaire aux autres régions des pays européens comme les *Länders* en Allemagne, les *Counties* en Grande-Bretagne, les *Regioni* en Italie, les *Comunidades Autónomas* en Espagne ou les *Provinces* en Belgique. Chacune des désormais treize régions métropolitaines regroupe plusieurs départements.

Quant aux deux régions d'outre-mer, Guadeloupe et Réunion, elles sont monodépartementales. Ce qui signifie que sur le même territoire deux collectivités territoriales coexistent, mais chacune avec ses propres élus et ses propres compétences : le département et la région.

En revanche, les départements de Martinique et Guyane, suite à un référendum favorable, sont devenus collectivité unique à la suite des élections régionales de décembre 2015.

Une seule collectivité qui rassemble les compétences du département et de la région.

La Guadeloupe avait refusé ce choix lors des référendums précédents.

Quant à Mayotte, elle n'a pas eu à choisir, son statut de collectivité unique date de son passage en collectivité territoriale en mars 2011.

La Corse est passée collectivité unique au 1er janvier 2018 fusionnant 3 entités précédentes, la collectivité territoriale de Corse et les deux départements de Haute-Corse et Corse-du-Sud.

Collectivité	Date de création	Loi	Disposition applicable	Assemblée délibérante	Exécutif
Mayotte	31 mars 2011	Lois organiques n° 2010-1486 et n° 2010-1487 du 7 déc. 2010 relative au département de Mayotte	Art. 73 de la Constitution	Conseil départemental de Mayotte	Président du conseil départemental
Guyane	18 décembre 2015	Loi organique n° 2011-883 du 27 juillet 2011 relative aux collectivités régies par l'art. 73 de la Constitution Loi n° 2011-884 du 27 juillet 2011 relative aux collectivités territoriales de Guyane et de Martinique	Art. 73 de la Constitution	Assemblée de Guyane	Président de l'assemblée de Guyane
Martinique	18 décembre 2015		Art. 73 de la Constitution	Assemblée de Martinique	Président du conseil exécutif de Martinique
Corse	1er janvier 2018	Article 30 de la loi n° 2015-991 du 7 août 2015 portant nouvelle organisation territoriale de la République	Art. 72 de la Constitution	Assemblée de Corse	Président du conseil exécutif de Corse

Le nom et le chef-lieu définitifs des nouvelles régions ont été fixés par décret en Conseil d'État publié au Journal Officiel le 29 septembre 2016.

Les nouvelles régions regroupées, avec le nombre de conseillers sont :

- Alsace, Lorraine et Champagne-Ardenne renommé Grand Est, 169 élus, chef-lieu : Strasbourg ;
- Aquitaine, Limousin et Poitou-Charentes renommé Nouvelle-Aquitaine, 183 élus, chef-lieu : Bordeaux ;
- Bourgogne et Franche Comté renommé Bourgogne-Franche-Comté, 100 élus, chef-lieu : Dijon ;
- Midi-Pyrénées et Languedoc-Roussillon renommé Occitanie, 158 élus, chef-lieu : Toulouse ;
- Nord-Pas-de-Calais et Picardie renommé Hauts-de-France, 170 élus, chef-lieu : Lille ;
- Normandie (Haute-Normandie et Basse-Normandie), 102 élus, chef-lieu : Rouen ;
- Rhône-Alpes et Auvergne renommé Auvergne-Rhône-Alpes, 204 élus, chef-lieu : Lyon.

8 régions restent inchangées :

- Bretagne, 83 élus ;
- Centre, 77 élus ;
- Corse, 51 élus ;
- Île-de-France, 209 élus ;
- Pays de la Loire, 93 élus ;
- Provence-Alpes-Côte d'Azur, 123 élus ;
- Guadeloupe, 41 élus ;
- Réunion, 45 élus.

Le statut des régions est fortement calqué sur celui des départements.

1 Le rôle de la région

Il s'agit surtout de programmer et d'organiser le développement économique du territoire dans le respect des compétences attribuées aux autres collectivités.

Elle est constituée :

- d'une assemblée délibérante : **le conseil régional**, élu au suffrage universel direct ;
- d'un organe exécutif, **le président du conseil régional**, élu au suffrage universel indirect ;
- de plus, à côté de ces deux organes, il en existe un troisième : une assemblée consultative, **le conseil économique, social et environnemental**, qui comme son nom l'indique, donne des avis au conseil régional.

2 Le conseil régional : organe délibérant

Le nombre de conseillers varie en fonction de la population, de quarante et un à deux cent neuf.

Les conseillers régionaux sont élus pour six ans au scrutin mixte (un quart des sièges à la liste majoritaire et les trois quarts suivant la répartition proportionnelle entre toutes les listes). La circonscription géographique électorale est la région.

Avec la nouvelle loi réformant le nombre de régions, les dernières élections régionales ont eu lieu exceptionnellement en décembre 2015. Les suivantes devraient avoir lieu normalement, en mars.

Les attributions du conseil régional :

- L'élection du président du conseil régional et des vice-présidents ;
- Le vote du budget régional ;
- La création et la suppression des services publics régionaux (musées…) ;
- La création et la suppression des emplois du conseil régional ;
- L'élaboration de la politique de formation professionnelle, de l'aménagement du territoire (transports, interventions économiques…) ;
- La construction et l'entretien des lycées ;
- Le suivi des contrats de plan passés entre l'État et les régions.

Le découpage régional de la France

Ainsi, les régions recensent les actions de l'État et s'engagent à les mener conjointement, dans le cadre de la planification régionalisée et des plans de localisation des établissements.

- La région définit et développe des pôles technologiques régionaux. Elle détermine des programmes pluriannuels d'intérêt régional.
- La région est associée à l'élaboration de la politique nationale de la recherche et de la technologie ; elle participe à sa mise en œuvre.
- Elle veille en particulier à la diffusion et au développement des nouvelles technologies, de la formation et de l'information scientifique et technique, à l'amélioration des technologies existantes, au décloisonnement de la recherche et à son intégration dans le développement économique, social et culturel de la région.

Le conseil régional peut déléguer une partie de ses attributions à une commission permanente (sauf le budget). C'est un organe de délibération restreint composé de conseillers régionaux élus par le conseil, des vice-présidents et du président.

Comme les autres collectivités, le conseil régional peut aussi créer des commissions pour suivre certains dossiers (formation, développement économique…).

3 Le président du conseil régional : organe exécutif

Le président du conseil régional est l'organe exécutif.

Il est élu parmi les membres du conseil régional avec un mandat de six ans.

Il agit en tant qu'exécutif de la région.

Le rôle du président du conseil régional :

- il prépare, convoque et préside les réunions du conseil régional ;
- il en exécute les délibérations ;
- il prépare, présente et exécute le budget. C'est lui qui ordonne les dépenses ;
- il peut recevoir des délégations du conseil pour passer des marchés, des contrats…

Il possède aussi des pouvoirs propres :

- il est le chef hiérarchique du personnel régional ;
- il nomme aux emplois.

En revanche, il ne possède pas, comme le président du conseil départemental ou le maire, de pouvoirs de police dans la région.

4 Le conseil économique, social et environnemental : organe consultatif

Le conseil économique, social et environnemental régional a un rôle consultatif. Il doit être obligatoirement consulté sur le projet de budget régional.

Ses membres (de quarante à cent dix) sont désignés pour six ans par différentes organisations de la région :

- les entreprises et activités non salariées (35 % des sièges) ;
- les organisations syndicales de salariés (35 % des sièges) ;
- les organismes participant à la vie collective de la région (25 % des sièges) ;
- des personnalités qualifiées participant au développement régional (5 % des sièges).
- Ils sont désignés (et non élus) pour six ans renouvelables.

Il donne obligatoirement son avis, avant que le conseil ne délibère, sur :

- la préparation et l'exécution du plan national dans la région ;
- le projet de plan régional ;
- les orientations générales du budget régional ;
- les orientations dans le domaine des compétences transférées ;
- mais peut aussi être saisi par le président pour toute demande d'avis et d'études sur tout projet à caractère économique, social ou culturel.

5 La régionalisation des services de l'État

La fusion des régions touche aussi l'État, qui va devoir réorganiser ses services régionaux. Les préfets sont chargés de préparer la reconfiguration des services de l'État sur ces nouveaux territoires, et notamment en termes de proximité.

Tableau récapitulatif de l'organisation des trois niveaux de collectivités territoriales

	Commune	Département	Région
Nom des élections	**Municipales**	**Départementales**	**Régionales**
Fonctionnement	Scrutin de liste (2 tours) Communes de : < 1 000 h, majoritaire avec panachage > 1 000 h : mixte majoritaire + proportionnel	Scrutin binominal majoritaire (2 tours) 2 élus par canton (1 homme et 1 femme)	Scrutin de liste (2 tours) mixte majoritaire + proportionnel
Organe délibérant	**Le conseil municipal**	**Le conseil départemental**	**Le conseil régional**
Durée du mandat de l'organe délibérant	6 ans	6 ans	6 ans

Collectivités territoriales

	Commune	Département	Région
Attributions de l'organe délibérant	• Gère par ses délibérations les affaires de la commune. • Élit l'organe exécutif. • Vote le budget • Crée ou supprime les emplois communaux.	• Gère par ses délibérations les affaires du département. • Élit l'organe exécutif. • Vote le budget. • Crée ou supprime les emplois départementaux.	• Gère par ses délibérations les affaires de la région. • Élit l'organe exécutif. • Vote le budget. • Crée ou supprime les emplois régionaux.
Organe exécutif	**Le maire**	**Le président du conseil départemenatal**	**Le président du conseil régional**
Durée du mandat de l'organe exécutif	6 ans	6 ans	6 ans
Attributions	• Prend des arrêtés. • Prépare et préside les réunions. • Prépare et exécute le budget. • Ordonne les dépenses et les recettes. • Est le chef du personnel communal. • Est autorité de police administrative. • Est officier d'état civil et officier de police judiciaire. • Organise les élections, le recensement. • Délivre certains permis.	• Prend des arrêtés. • Prépare et préside les réunions. • Prépare et exécute le budget. • Ordonne les dépenses et les recettes. • Est le chef du personnel départemental. • Est officier de police administrative.	• Prend des arrêtés. • Prépare et préside les réunions. • Prépare et exécute le budget. • Ordonne les dépenses et les recettes. • Est le chef du personnel régional.
Organe consultatif			**Le conseil économique, social et environnemental**
			Obligatoirement consulté avant que le conseil régional ne puisse délibérer sur les affaires de la région.
Nature du contrôle exercé sur les décisions	Contrôle sur la légalité des actes pris, exercé *a posteriori* par le préfet du département.	Contrôle sur la légalité des actes pris, exercé *a posteriori* par le préfet du département.	Contrôle sur la légalité des actes pris, exercé *a posteriori* par le préfet de la région.

Exercice

Le fonctionnement de la démocratie locale

Le mode d'élection des assemblées délibérantes :	Commune	Département	Région
Quel type de suffrage ?	universel	"	"
Quel type de scrutin ?	Dans les communes de moins de 1 000 hab. ? scrutin de list	binominal majoritaire à 2 tours	uninominal scrutin majoritaire + proportionnel = mixte
	Dans les communes de plus de 1 000 hab. ? scrutin majoritaire + proportionnel = mixte		
Durée du mandat de l'organe délibérant ?	6	6	6
Quel est le mode de suffrage de l'organe exécutif ?	indirect	–	–
Quel est le mode de scrutin pour l'élection de l'organe exécutif ?			
Durée du mandat de l'organe exécutif ?	6	6	6

1. Qu'est-ce que des élections municipales partielles ?
2. Pourquoi ne peut-on pas élire un conseiller départemental aux scrutins mixte ou proportionnel ?
3. Quelle est la première tâche des conseils juste après leurs élections par la population ?
4. Quelle différence y a-t-il entre un service administratif de la préfecture et les services municipaux ?

Corrigé

Le fonctionnement de la démocratie locale

Le mode d'élection des assemblées délibérantes :	**Commune**	**Département**	**Région**
Quel type de suffrage ?	Universel direct.	Universel direct.	Universel direct.
Quel type de scrutin ?	Dans les communes de moins de 1 000 h. : Scrutin de liste, majoritaire à deux tours, panachage possible. Dans les communes de plus de 1 000 h. : Scrutin de liste, mixte : la moitié des sièges est donnée à la liste qui a obtenu la majorité des voix, l'autre moitié est distribuée entre toutes les listes proportionnellement au nombre de voix obtenues.	Scrutin binominal majoritaire.	Scrutin de liste mixte : Un quart des sièges est donné à la liste qui a obtenu la majorité des voix, Les trois-quarts restant sont distribués entre toutes les listes, proportionnellement au nombre de voix qu'elles ont obtenues par chacune.
Durée du mandat de l'organe délibérant ?	6 ans.	6 ans.	6 ans.

Le mode d'élection des assemblées délibérantes :	Commune	Département	Région
Quel est le mode de suffrage de l'organe exécutif ?	Suffrage universel indirect.	Suffrage universel indirect.	Suffrage universel indirect.
Quel est le mode de scrutin pour l'élection de l'organe exécutif ?	Scrutin uninominal majoritaire à 3 tours.	Scrutin uninominal majoritaire à 3 tours.	Scrutin uninominal majoritaire à 3 tours.
Durée du mandat de l'organe exécutif ?	6 ans.	6 ans.	6 ans.

1. Ce sont des élections qui n'ont lieu que dans une commune sur l'ensemble du territoire national. Soit les élections ont pu être annulées suite à malversations reconnues par le juge, soit le nombre des conseillers est passé en dessous du quorum (plus de la moitié des conseillers ont démissionné...), soit il y a eu dissolution du conseil, etc. Ce nouveau conseil ne durera que le temps d'aller de la date de son élection à la date des prochaines élections nationales.
2. Le conseiller départemental est élu au scrutin binominal : Il ne peut donc se partager.
3. Ils doivent procéder à l'élection de l'exécutif de la collectivité puis à l'élection des adjoints au maire ou des vice-présidents.
4. Les services de la préfecture sont des services de l'État qui travaillent par délégation, alors que les services municipaux ont été créés par le conseil municipal et sont sous la hiérarchie du maire.

Collectivités territoriales

13 FICHE

Les compétences des collectivités territoriales

OBJECTIFS

Pour votre concours, vous devez être capable de :

- Définir ce qu'est une compétence.
- Différencier les compétences obligatoires des compétences facultatives.
- Donner des exemples de compétences obligatoires par niveaux de collectivités.
- Citer les compétences principales des trois niveaux de collectivités territoriales.
- Si vous travaillez actuellement dans une collectivité territoriale, citer, dans vos propres missions, ce qui relève de compétences obligatoires et ce qui relève de compétences facultatives.

Les compétences des collectivités territoriales sont les charges qui ont été confiées par l'État aux collectivités locales par les lois de décentralisation du 2 mars 1982 et les suivantes. Toutefois, la loi NOTRe du 7 août 2015 a définitivement supprimé la clause de compétences générales aux départements et aux régions, ne leur laissant en libre gestion que les domaines de la culture, du tourisme, du sport, la promotion des langues régionales et l'éducation populaire, qui sont des compétences partagées entre les trois niveaux de collectivités.

On distingue deux sortes de compétences : celles qui sont obligatoires, la collectivité est donc tenue de les mettre en place, et celles qui sont facultatives résultant de la mise en œuvre de la clause générale de compétence.

1 Les compétences obligatoires

Elles sont énumérées par une multitude de lois qui ont été votées par le Parlement au fil des années depuis 1982.

Il a été prévu :

- soit la collectivité est tenue d'exécuter cette charge en direct, en mettant en place les services adéquats : l'état civil, la PMI (protection maternelle et infantile), la police municipale… Une commune ne peut confier la tenue des registres de l'état civil ni à une association, ni à un département ; elle ne peut pas confier non plus la gestion de l'attribution du RSA ou de l'aide sociale aux personnes âgées à une personne privée. Ces collectivités sont tenues de prendre en charge ces services au sein de leur propre organisation, sur leur budget, avec leur propre personnel. L'aide sociale relève obligatoirement des services des conseils départementaux, l'état civil, des services municipaux… ;

- Soit elle n'est pas obligée de l'assumer directement mais a l'obligation de s'assurer que le service est bien rendu à la population. Dans ce cas, elle peut en confier l'exécution à un établissement public créé pour l'occasion, ou s'adresser à une entreprise privée, avec qui elle passera un contrat, par exemple, le ramassage scolaire, l'élagage des arbres des avenues ou l'enrobage des routes sont souvent confiés à une entreprise privée spécialisée.

Parmi les compétences obligatoires, il revient aux collectivités de mettre à la disposition de l'État des locaux scolaires (construction, équipement, entretien) :

- à la commune ➡ les écoles maternelles et primaires ;
- au département ➡ les collèges ;
- à la région ➡ les lycées.

Toutefois, les collectivités ne construisent pas les bâtiments avec leur propre personnel, mais, après une procédure de mise en concurrence qu'on appelle procédure de marchés publics, elles font appel à des entreprises privées de construction. Après avoir été choisies et avoir passé un contrat, ces entreprises procéderont à la construction des locaux conformément au cahier des charges. Sur présentation de leur facture, elles seront payées sur le budget de la collectivité.

En revanche, l'État garde à sa charge l'enseignement : programmes, recrutement, formation et rémunération des enseignants. Un maire ne peut pas définir le programme d'histoire ou de géographie que les enfants de sa commune étudieront cette année ! Il y a donc uniformité des programmes sur l'ensemble du territoire national.

2 À chaque niveau de collectivité, des compétences particulières

Quand la loi a attribué une compétence obligatoire à un niveau de collectivité, aucune autre collectivité ne peut la prendre en charge à sa place. Elle ne peut qu'aider la première pour sa réalisation.

Exemple
Une commune, devant l'évolution de sa population, souhaite l'ouverture d'un collège sur son territoire. Elle ne peut en aucun cas décider, seule, d'en être le maître d'ouvrage. En effet, comme on l'a vu plus haut, c'est une compétence obligatoire dévolue au département. Elle ne peut que se tourner vers ce dernier, et éventuellement lui apporter son aide, comme lui verser une subvention, ou lui offrir un terrain pour 1 euro symbolique…

3 Les compétences facultatives

Dans le cadre de la libre administration des collectivités, la clause générale de compétence permet aux collectivités de mettre en œuvre d'autres services à la population que ceux qui lui ont été transférés par les lois. Il s'agit de choix faits par la collectivité, décidés et votés par l'assemblée délibérante, qui répondent à des besoins d'intérêt général, spécifiques à la population concernée sur le territoire de la collectivité.

Les crèches municipales en sont un exemple. Mais aussi les bibliothèques municipales, les conservatoires de musique, les cantines scolaires, les centres de loisirs, les manifestations culturelles (festivals) ou sportives…

Le tableau indique sommairement quelques compétences exécutées par les collectivités. Les compétences en gras sont celles qui sont obligatoires, les autres sont des exemples de choix courants faits par les organes délibérants. Ces compétences peuvent être mises en œuvre par délégation à une structure inter-communale (ex. : la piscine intercommunale).

4 Quelques exemples de compétences prises en charge dans les collectivités territoriales

COMPÉTENCES	COMMUNE	DÉPARTEMENT	RÉGION
Enfance, jeunesse	*Crèche, halte-garderie, centre aéré, cantine scolaire.*	*Crèche départementale* **Protection de l'enfance en danger.**	
Enseignement	**Construction, équipement, entretien et fonctionnement des écoles primaires.**	**Construction, équipement, entretien et fonctionnement des collèges.**	**Construction, équipement, entretien et fonctionnement des lycées.**
Sport	*Patinoire, piscine olympique, golf, ranch, piste de ski...* **Stade, piscine, gymnase notamment associés aux équipements scolaires.**		
Formation professionnelle		**Frais de fonctionnement des IUFM.**	**Formation professionnelle et apprentissage. Formation continue. En 2018, l'apprentissage est passé au secteur privé.**

COMPÉTENCES	COMMUNE	DÉPARTEMENT	RÉGION
Transports	**Financement et organisation dans le périmètre urbain.**		**Financement et organisation hors du périmètre urbain. Schéma régional des infrastructures et des transports.**
Actions sanitaire et sociale	**Création d'un CCAS** *Mise en œuvre d'actions en faveur des personnes âgées, et en difficulté sur la commune, en lien avec le Département (repas livrés à domicile...).*	**Aide sociale à l'enfance, aux familles, aux personnes âgées, aux personnes handi-capées, le RSA, l'APA, le FSH, la PMI... Mise en place des MDPH.**	
Environnement	*Création et entretien de parcs, squares ou jardins.*	**Protection des espaces naturels sensibles.**	*Parcs naturels régionaux.*
Voirie, propreté	**Construction, entretien des voies communales. Ramassage et traitement (voire tri) des ordures ménagères. Création et entretien des réseaux d'eau potable et assainissement. Possibilité de création et exploitation de ports de plaisances et aérodromes.**	**Construction, entretien des voies départementales. Gestion et entretien des cours d'eau domaniaux et des ports de commerce (maritimes ou fluviaux) et de pêche.**	**Plan régional de prévention et de gestion des déchets.**
Urbanisme	**Élaboration du PLU, soit dans la commune, soit en intercommunalité.**		**Schéma régional d'aménagement et de développement du territoire.**
Logement	**Programme local de l'habitat et logements sociaux.**		

Collectivités territoriales

COMPÉTENCES	COMMUNE	DÉPARTEMENT	RÉGION
Culture	**Conservatoires municipaux de musique, danse, art dramatique** *Archives, musée, bibliothèque, festivals.*	**Archives départementales Bibliothèque centrale de prêts. Schéma de développement des enseignements artistiques.** *Musée départemental Actions culturelles, festivals… Aides aux communes.*	**Chef de file pour le tourisme** *Musées, archives* (**prise en charge obligatoire si incluse dans le patrimoine de la collectivité : musée régional**). *Actions culturelles, aides aux communes…*
Économie, développement local	*Aides financières directes aux entreprises après accord de la région.*	**Élaboration d'un programme d'aide à l'équipement rural.** *Aides financières directes aux entreprises après accord de la région.*	**Schéma régional de développement économique, d'innovation et d'internationa lisation.** *Aides financières directes aux entreprises.*
Sécurité	**Sécurité des personnes et des biens (Police).**	**Service d'incendie et de secours (SDIS) (Délégué à l'armée à Paris, sa petite couronne et Marseille).**	

✓ **En gras, quelques exemples de compétences obligatoires (transferts de compétences de l'État vers les collectivités territoriales).**

✓ *En italique, quelques exemples de compétences facultatives.*

✓ En fond tramé, bloc de compétences principales de ce niveau de collectivité, leur « cœur de métier ».

FICHE 14

Quels sont les domaines d'intervention d'une commune ?

OBJECTIFS

Pour votre concours, vous devez être capable de :
- Définir les compétences d'une commune.

Les compétences des communes sont identiques, quelle que soit leur taille. Elles ont une vocation générale instituée par la loi du 5 avril 1884 : « Le conseil municipal règle, par ses délibérations, les affaires de la commune. »

Avec la décentralisation, les missions de la commune ont été élargies.

On peut ainsi distinguer :

1 Les compétences traditionnelles

Elles sont en partie liées à la fonction du maire, représentant de l'État dans la commune, dont :

- les fonctions d'état civil : enregistrement des naissances, mariages, décès… ;
- les fonctions électorales : organisation des élections, révision des listes électorales… ;
- l'action sociale : gestion des garderies, crèches, foyers de personnes âgées ;
- l'enseignement : depuis la loi Ferry de 1881, l'école primaire est communale, elle gère la construction, l'entretien et l'équipement des établissements ;
- l'entretien de la voirie communale ;
- l'aménagement (logement social, zones d'activités, assainissement, protection des sites, etc.) ;
- la protection de l'ordre public grâce aux pouvoirs de police du maire.

2 Les compétences décentralisées

1. L'urbanisme

C'est pour l'essentiel une compétence des communes. L'objectif de l'urbanisme est de donner une lecture de la ville et d'un territoire.

Il porte sur l'aménagement des espaces publics et privés, sur l'organisation du bâti et des activités économiques, la répartition des équipements (services publics) et d'une manière générale sur la morphologie de la ville et l'organisation des réseaux qui la composent. L'urbanisme, loin de se réduire à un aspect réglementaire, vise à mettre en forme le projet territorial des collectivités. Son rôle est d'anticiper les besoins des populations afin de proposer un développement urbain efficace sur le plan socio-économique, et durable sur le plan environnemental.

Les collectivités élaborent et approuvent les plans locaux d'urbanisme (PLU) (qui ont remplacé en 2000 les plans d'occupation des sols), qui permettent de planifier les équipements nécessaires (espaces publics, espaces verts, réseaux d'eau potable, d'assainissement, éclairage public, électricité, gaz, réseaux de communication).

Le maire peut délivrer des permis de construire au nom de la commune, et non plus au nom de l'État. Les communes ou leurs groupements compétents ont l'initiative de l'élaboration d'un schéma de cohérence territoriale présentant le projet d'aménagement et de développement durable retenu et fixant les objectifs des politiques d'urbanisme dans certains domaines (habitat, développement économique, déplacement des personnes et des marchandises…).

Toutefois, dans un souci de cohérence, d'aménagement du territoire et de pertinence des problématiques qui s'y rattachent, l'échelle la plus appropriée est désormais l'échelon intercommunal. Ainsi, de plein droit les communautés urbaines et les métropoles avaient déjà la compétence pour élaborer le PLUI (Plan local d'urbanisme intercommunal), le SCOT (Schéma de cohérence territorial), les documents d'urbanisme en tenant lieu, et la carte communale. La loi ALUR du 24 mars 2014 rend obligatoire le transfert de cette compétence aux communautés de communes et aux communautés d'agglomération. Elles avaient trois ans après la promulgation de la loi pour la mettre en place, c'est-à-dire avant le 27 mars 2017.

2. L'enseignement

La commune a la charge des écoles publiques primaires et maternelles. Elle en est propriétaire et en assure la construction, la reconstruction, l'extension, les grosses réparations, l'équipement et le fonctionnement. Les établissements publics de coopération intercommunale (EPCI), ou bien une ou plusieurs communes, peuvent également créer, selon la loi du 13 août 2004 relative aux libertés et responsabilités locales, à titre expérimental, des établissements publics d'enseignement primaire pour cinq ans maximum et avec l'accord de l'autorité académique. La commune intervient, par ailleurs, dans la définition de la carte scolaire.

3. L'action économique

Depuis la loi du 27 février 2002 portant sur la démocratie de proximité, les communes et leurs groupements, tout comme les départements, peuvent participer au financement des aides directes aux entreprises, dans le cadre d'une convention passée avec la région, et leur attribuer des aides indirectes (par exemple : garantie d'emprunt). La loi du 13 août 2004 leur permet désormais, en plus de la participation au financement des aides économiques aux entreprises, de mettre en œuvre leurs propres régimes d'aides avec l'accord de la région qui coordonne sur son territoire les actions concernant le développement économique.

4. Les ports de plaisance et les aérodromes

Les communes sont compétentes pour la création, l'aménagement et l'exploitation des ports de plaisance. Depuis la loi du 13 août 2004, les communes et leurs groupements, comme les autres collectivités ou groupement de collectivités, pouvaient demander jusqu'au 1er janvier 2006 à devenir propriétaire, à aménager, à entretenir et gérer tout port non autonome relevant de l'État situé sur son territoire. De plus, les communes et certains groupements sont compétents pour aménager et exploiter les ports de commerce et de pêche qui leur ont été transférés.

5. Le logement

Les communes au sein d'un EPCI participent à la définition d'un programme local de l'habitat qui fixe, pour six ans au moins, les objectifs et les principes d'une politique destinée à répondre aux besoins en logements et à favoriser le renouvellement urbain et la mixité sociale à l'intérieur d'une commune mais aussi entre les communes de l'EPCI. Depuis la loi du 13 août 2004, la commune a aussi des compétences en matière de logements sociaux et étudiants.

6. La santé

Depuis la loi du 13 août 2004, les communes, qui en font la demande dans l'année qui suit l'entrée en vigueur de la loi, peuvent exercer la responsabilité de la politique de résorption de l'insalubrité dans l'habitat, à titre expérimental pour quatre ans. Elles peuvent également, tout comme les autres collectivités territoriales, dans le cadre d'une convention conclue avec l'État exercer des activités en matière de vaccination, de lutte contre la tuberculose, la lèpre, le sida et les infections sexuellement transmissibles.

7. L'action sociale

La commune a une action complémentaire de celle du département avec les centres communaux d'action sociale (CCAS), qui analysent notamment les besoins sociaux de la population et interviennent dans les demandes d'aides sociales (aides aux plus démunis, maison de retraite, repas à domicile pour les personnes âgées…). De plus, depuis la loi du 13 août 2004, le président du conseil départemental peut, par une convention, confier tout ou partie de la gestion du fonds d'aide aux jeunes, pour lequel le département est compétent, à une ou plusieurs communes ou EPCI.

8. La culture

La commune joue un rôle important à travers les bibliothèques de prêts, les musées, les conservatoires municipaux, les activités diverses culturelles. Avec la loi du 13 août 2004, les communes ou leurs groupements sont chargés de l'organisation et du financement de l'enseignement artistique initial (musique, danse, art dramatique), les établissements qui en ont la responsabilité étant intégrés dans un schéma départemental. Les communes ou leurs groupements peuvent aussi, s'ils en font la demande et comme pour toute collectivité territoriale ou groupement de collectivités, se voir transférer la propriété de monuments classés ou inscrits, et des objets qu'ils renferment, appartenant à l'État ou au Centre des monuments nationaux et figurant sur une liste établie par décret en Conseil d'État.

FICHE 15

Quels sont les domaines d'intervention du département ?

OBJECTIFS

Pour votre concours, vous devez être capable de :

- Définir les compétences d'un département.

Le département apparaît comme le principal bénéficiaire des transferts de compétences effectués depuis 1982. Il exerce désormais des responsabilités dans les domaines d'action suivants, dont le principal étant l'action sociale (le département étant considéré comme l'échelon de la solidarité). Toutefois, la loi NOTRe a supprimé aux départements et aux régions la clause générale de compétence hors culture, tourisme et sport, ce qui les limite à leurs compétences obligatoires, quoique des possibilités de délégation soient prévues.

1 L'action sociale et sanitaire

Depuis la loi du 22 juillet 1983, il a la charge de l'ensemble des prestations d'aide sociale, à l'exception de quelques-unes restant à la charge de l'État et précisément énumérées par la loi.

La loi du 13 août 2004 relative aux libertés et responsabilités locales a renforcé le rôle du département dans ce domaine.

Les actions sociales sont diverses :

- l'aide sociale à l'enfance (par exemple, gestion des dossiers d'adoption, soutien aux familles en difficulté financière) ;
- l'aide aux personnes handicapées (par exemple, politiques d'hébergement et d'insertion sociale) ;
- l'aide aux personnes âgées, par exemple la création et la gestion de maisons de retraite, l'allocation personnalisée d'autonomie. Depuis la loi du 13 août 2004, il définit et met en œuvre l'action sociale en leur faveur ;
- l'insertion sociale et professionnelle :
  - le revenu de solidarité active (ou RSA) est un dispositif de revenu minimum et d'aide sociale. Le RSA est destiné à remplacer le revenu

minimum d'insertion (RMI), l'allocation de parent isolé (API), la prime pour l'emploi (PPE) pour les allocataires des minima sociaux et les travailleurs pauvres ainsi que l'allocation de solidarité spécifique (ASS),

- dans chaque département, il a été créé un fonds d'aide aux jeunes (FAJ) placé sous l'autorité du président du conseil départemental, qui se substitue aux précédents FAJ, institués par la loi du 29 juillet 1992, qui étaient cogérés avec l'État. Ces nouveaux FAJ sont toujours chargés de favoriser l'insertion sociale et professionnelle des jeunes en difficulté, âgés de 18 à 25 ans, en leur attribuant des aides et en leur apportant des secours temporaires en cas de besoins urgents. Son financement est assuré par le département, mais les autres collectivités, leurs groupements ou les organismes de protection sociale peuvent y participer. Enfin, le président du conseil départemental peut confier par convention tout ou partie de la gestion du FAJ à une ou plusieurs communes ou EPCI ;

- l'aide au logement, avec la création dans chaque département, depuis la loi du 13 août 2004, d'un nouveau Fonds de solidarité pour le logement, uniquement financé par les départements et non plus cofinancé avec l'État ;
- la protection judiciaire de la jeunesse, notamment avec la loi du 5 mars 2007 qui place le département comme chef de file dans la protection « des mineurs en danger ou qui risquent de l'être ».

Dans le domaine sanitaire, le département est notamment responsable de la protection sanitaire de la famille et de l'enfance (PMI, par exemple). Les départements peuvent également, tout comme les communes et les régions, et dans le cadre d'une convention conclue avec l'État, exercer des activités en matière de vaccination et de lutte contre la tuberculose, la lèpre, le sida et les infections sexuellement transmissibles.

2 L'aménagement de l'espace et l'équipement

Cela recouvre notamment :

- les dépenses d'entretien et les investissements concernant la voirie départementale ;
- la création, l'équipement et la gestion des ports maritimes de commerce et de pêche, généralement confiés aux chambres de commerce et d'industrie ;
- l'établissement d'un programme d'aide à l'équipement rural. Par ailleurs, l'avis du conseil départemental du département est nécessaire lors de l'élaboration et de l'approbation du schéma régional d'aménagement et de développement du territoire par la région ;
- l'aménagement, l'entretien et l'exploitation des cours d'eau, lacs et plans d'eau domaniaux transférés aux départements ;

- l'élaboration et la mise en œuvre d'une politique de protection, de gestion et d'ouverture au public des espaces naturels sensibles, boisés ou non. Le département établit aussi un plan départemental des itinéraires de promenades de randonnées.

3 L'éducation, la culture et le patrimoine

Les compétences du département comprennent notamment :

- la construction, la reconstruction, l'extension, les grosses réparations, l'équipement et le fonctionnement des collèges. Avec la loi du 13 août 2004, il devient propriétaire des collèges, automatiquement quand ils appartenaient à l'État, après l'accord des communes ou du groupement de communes lorsque ce sont eux les propriétaires. Il définit aussi désormais, après avis du conseil départemental de l'Éducation nationale, les secteurs de recrutement des collèges, mais l'affectation des élèves dans les collèges publics relève toujours de l'État. Enfin, le département devient par cette loi responsable du recrutement et de la gestion, et notamment de la rémunération, des personnels non enseignants des collèges (personnels techniciens, ouvriers et de service, dits TOS) ;
- la responsabilité des bibliothèques centrales de prêt, de la gestion et de l'entretien des archives et des musées départementaux ;
- l'adoption dans les deux ans suivants l'entrée en vigueur de la loi d'un schéma départemental de développement des enseignements artistiques dans les domaines de la musique, de la danse et de l'art dramatique, en concertation avec les communes concernées. Ce schéma fixe les principes d'organisation des enseignements artistiques pour améliorer l'offre et les conditions d'accès à cet enseignement.

4 Les actions économiques

Depuis 1983, le département pouvait attribuer des aides directes au développement économique, à condition que l'aide régionale n'ait pas dépassé les plafonds autorisés et qu'elles complètent celles de la région. Depuis la loi du 27 février 2002 portant sur la démocratie de proximité, il peut, tout comme les communes et leurs groupements, participer au financement des aides directes aux entreprises, définies par le conseil régional, dans le cadre d'une convention passée avec la région. Le département peut aussi attribuer des aides indirectes aux entreprises. La loi du 13 août 2004 lui permet désormais, en plus de la participation au financement des aides économiques aux entreprises, de mettre en œuvre ses propres régimes d'aides avec l'accord de la région qui coordonne sur son territoire les actions concernant le développement économique.

16 FICHE

Quels sont les domaines d'intervention de la région ?

OBJECTIFS

Pour votre concours, vous devez être capable de :
- Définir les grandes lignes des compétences d'une région.

Les missions de la région sont caractérisées par un rôle important en matière de développement économique, social et culturel. Ses missions ont été renforcées par la loi NOTRe qui précise :

« Le conseil régional a compétence pour promouvoir le développement économique, social, sanitaire, culturel et scientifique de la région, le soutien à l'accès au logement et à l'amélioration de l'habitat, le soutien à la politique de la ville et à la rénovation urbaine et le soutien aux politiques d'éducation et l'aménagement et l'égalité de ses territoires, ainsi que pour assurer la préservation de son identité et la promotion des langues régionales, dans le respect de l'intégrité, de l'autonomie et des attributions des départements et des communes ». Art L4221-1 du Code général des collectivités.

Toutefois, la loi NOTRe a également supprimé la clause générale de compétences aux régions, hors culture, tourisme et sport. Ainsi, la loi entend établir des compétences précises pour chaque niveau de collectivité.

Les principaux domaines d'action de la région sont actuellement les suivants :

1 Le développement économique

C'est le domaine d'intervention principal de la région, qui a été confirmé par la loi du 13 août 2004. En effet, toutes les collectivités interviennent économiquement, mais désormais la région « coordonne sur son territoire les actions de développement économique des collectivités territoriales et de leurs groupements ». Elle n'est cependant pas « chef de file » comme envisagé dans le texte de départ. L'action économique de la région comprend entre autres :

- la définition du régime des aides économiques aux entreprises et la décision de leur octroi, depuis la loi du 13 août 2004. Cette loi a supprimé la distinction qui existait jusqu'ici entre aides directes (par exemple, prime régionale à l'emploi) et indirectes (par exemple, garantie d'emprunt) aux entreprises, remplacée par la distinction entre aides économiques et aides à l'immobilier. Par ailleurs, les communes, leurs groupements et les départements peuvent désormais mettre en œuvre leurs propres régimes d'aides économiques avec l'accord de la région ;

- l'élaboration d'un schéma régional de développement économique, après concertation avec les départements, les communes et leurs groupements, afin de coordonner les actions de développement économique, promouvoir un développement économique équilibré de la région et à développer l'attractivité de son territoire. Elle anime ainsi les Pôles de compétitivités[1].

2 L'aménagement du territoire et la planification

Cela comprend notamment :

- la consultation des régions lors de la détermination de la politique nationale d'aménagement et de développement durable ;
- l'élaboration du plan de la région constitué par un schéma régional d'aménagement et de développement du territoire (SRADT), qui fixe les orientations à moyen terme du développement durable du territoire régional. Il définit notamment les objectifs de localisation des grands équipements, des infrastructures et des services d'intérêt général de la région et veille à la cohérence des projets d'équipement avec les politiques de l'État et des autres collectivités. Il intègre le schéma régional de transport. Des schémas interrégionaux peuvent être élaborés à l'initiative des régions concernées ;
- la signature de contrats de plan entre l'État et les régions recensant les actions qu'ils s'engagent à mener ensemble (par exemple, plan Université 2000 pour la construction d'universités). Les contrats de plan permettent la mise en œuvre d'orientations définies dans le SRADT ;
- l'aménagement, l'entretien et la gestion des aérodromes civils appartenant à l'État pour les régions qui en ont fait la demande. Les régions peuvent être en concurrence avec d'autres collectivités dans cette demande. La loi du 27 février 2002 sur la démocratie de proximité permettait déjà l'expérimentation pour les collectivités qui en feraient la demande des compétences concernant l'aménagement, l'entretien et l'exploitation des aérodromes civils ;
- la propriété, l'aménagement, l'entretien et la gestion des ports non autonomes relevant de l'État pour les régions, mais également toute collectivité ou groupement, qui en a fait la demande. La loi du 27 février

1 Rapprochement sur un territoire donné, de centres de formation et de recherches engagés dans une démarche commune autour de projets innovants.

2002 prévoyait également d'expérimenter le transfert aux régions uniquement des compétences concernant l'aménagement, l'entretien et l'exploitation des ports d'intérêt national, les départements pouvant pendant cette expérimentation leur transférer leurs compétences concernant les ports de commerce ou de pêche ;

- l'élaboration d'un schéma régional de transport, qui devient avec la loi du 13 août 2004 un « Schéma régional des infrastructures et des transports ». La région organise des services de transport routier non urbain des personnes et, depuis le 1er janvier 2002, est l'autorité organisatrice des transports ferroviaires de la région, sauf en Île-de-France où c'est le Syndicat des transports d'Île-de-France (Île-de-France Mobilités, ex STIF) qui organise les réseaux de transports. La composition et les compétences du syndicat ont été modifiées par la loi du 13 août 2004, l'État se retirant du conseil d'administration, la région Île-de-France disposant désormais de la majorité des sièges.

3 L'éducation, la formation professionnelle et la culture

On peut citer entre autres :

- la construction, la reconstruction, l'extension, les grosses réparations, l'équipement et le fonctionnement des lycées, des établissements d'éducation spéciale et des lycées professionnels maritimes. Depuis la loi du 13 août 2004, la région peut devenir propriétaire de ces locaux, soit automatiquement pour ceux dont elle a assuré la construction ou la reconstruction, soit avec l'accord des communes, groupements de communes, ou départements qui en étaient les précédents propriétaires. La région devient également responsable du recrutement et de la gestion, notamment de la rémunération, des personnels non enseignants de ces établissements (personnels techniciens, ouvriers et de service, dits TOS). Ces personnels ont été fusionnés aujourd'hui dans un cadre d'emplois territorial unique : adjoint technique des établissements d'enseignement, ATEE ;
- la participation au financement d'une part significative des établissements universitaires (plan Université 2000), bien que l'enseignement supérieur relève de l'État ;
- un rôle de premier plan pour la formation professionnelle : depuis la loi du 13 août 2004, la région « définit et met en œuvre la politique régionale d'apprentissage et de formation professionnelle des jeunes et des adultes à la recherche d'un emploi ou d'une nouvelle orientation professionnelle ». Elle n'est donc plus chargée uniquement de sa mise en œuvre. La région élabore un plan régional de développement des formations professionnelles, créé par la loi du 27 février 2002 et modifié par la loi du 13 août 2004, définissant les actions de formation professionnelle des jeunes et des adultes et favorisant un développement cohérent des

filières de formation. Chaque année, les régions arrêtent également un programme d'apprentissage et de formation professionnelle continue, désormais dans le cadre du plan régional de développement des formations professionnelles ;

- l'organisation et le financement des musées régionaux, la conservation et la mise en valeur des archives régionales que la région peut toutefois confier, par une convention, au département ;
- la responsabilité de l'inventaire général du patrimoine culturel, dont la région peut confier, par une convention, aux collectivités ou groupements qui en font la demande, la conduite sur leur territoire. Cette loi offre également la possibilité aux régions, tout comme aux départements, d'engager une expérimentation, un an maximum après l'entrée en vigueur de la loi et pour quatre ans, concernant la gestion des crédits d'entretien et de restauration du patrimoine classé ou inscrit, n'appartenant pas à l'État ou à ses établissements publics. Elles peuvent aussi, si elles en font la demande et comme pour toute collectivité territoriale ou groupement, se voir transférer la propriété de monuments classés ou inscrits, et des objets qu'ils renferment, appartenant à l'État ou au Centre des monuments nationaux et figurant sur une liste établie par décret en Conseil d'État ;
- l'organisation et le financement, depuis la loi du 13 août 2004, du cycle d'enseignement artistique professionnel initial.

Collectivités territoriales

4 La santé

Ce domaine d'intervention, peu développé auparavant, a été enrichi par la loi du 13 août 2004 notamment avec :

- la possibilité pour les régions, tout comme pour les communes et les départements, et dans le cadre d'une convention conclue avec l'État, d'exercer des activités en matière de prévention : vaccination et lutte contre la tuberculose, la lèpre, le sida et les infections sexuellement transmissibles.

5 Le développement durable

La région est chargée de l'élaboration du schéma régional d'aménagement, de développement durable et d'égalité des territoires (SRADDET).

6 Le tourisme

La région est désignée collectivité chef de file pour le tourisme.

17 FICHE

La réforme des collectivités territoriales

OBJECTIFS

Pour votre concours, vous devez être capable de :

- Citer quelques éléments apportés par la réforme des collectivités.
- Apporter quelques indications sur l'objectif et l'intérêt de cette réforme.

Depuis une dizaine d'années, les gouvernements ont engagé de profonds changements dans l'organisation de l'État et de nos collectivités territoriales, dans les financements publics, les transferts de compétences et le renforcement de la démocratie. Il s'agit de moderniser l'action publique, de clarifier les responsabilités entre l'État et les collectivités locales, et entre les collectivités elles-mêmes, pour une action publique simplifiée, plus proche des citoyens, plus efficace et moins coûteuse. C'est l'acte III de la décentralisation. Il se présente sous la forme de trois volets.

Dans un contexte de crise, le premier volet de la réforme organise l'intervention des collectivités territoriales pour adapter leurs compétences à la diversité des territoires et rendre l'action publique plus proche et plus efficace. Il reconnaît le fait urbain en créant des métropoles capables de peser au niveau européen et international.

Le deuxième volet investit les régions et les départements d'une mission de chef de file. Aux régions le soin de coordonner l'action des collectivités en faveur des entreprises. Leur implication dans le domaine de l'emploi est également confortée par des compétences nouvelles dans le champ de la formation professionnelle, de l'apprentissage et de l'orientation. Aux départements la responsabilité d'agir en faveur de l'égalité des territoires, notamment des plus fragilisés, qu'ils soient urbains ou ruraux.

Le troisième volet engage la transition écologique et énergétique, favorise l'intégration communautaire et renforce la démocratie locale en permettant aux citoyens d'avoir une meilleure compréhension de l'organisation de l'action publique et en favorisant leur participation à la vie de leur cité.

Ces trois volets ont fait l'objet de plusieurs grandes lois que nous allons voir.

1 La loi du 16 décembre 2010

La loi n° 2010-1563 du 16 décembre 2010 apporte de profonds changements quant à l'organisation de nos collectivités. Depuis, les lois des 27 janvier 2014 et 17 janvier 2015 ont apporté de nouvelles dispositions et créations afin de finaliser l'acte III de la décentralisation.

1. Suppression de la clause générale de compétence pour les départements et des régions

La loi de 2010 prévoyait la suppression de la clause générale de compétence pour les départements et les régions, ce qui signifiait qu'ils ne pourraient plus assurer que les missions que la loi leur a attribuées, les compétences dites obligatoires. Pour toutes les autres missions, correspondant aux compétences facultatives, soit ils devront les fermer, soit ils pourraient éventuellement les maintenir mais après justification et accord du préfet, donc de l'État. Le Gouvernement a momentanément supprimé cette clause de la loi de 2010, mais elle a été à nouveau votée dans le troisième volet de la réforme avec la loi NOTRe.

2. Création de « communes nouvelles »

La loi du 16 décembre 2010 a créé la commune nouvelle qui peut être créée en lieu et place de communes contiguës. C'est la fusion des communes existantes en une commune unique sur un territoire plus grand.

En cas de création d'une commune nouvelle en lieu et place de communes appartenant à un même établissement public de coopération intercommunale à fiscalité propre, la commune nouvelle se substitue à cet établissement public. L'ensemble des biens, droits et obligations de l'établissement public de coopération intercommunale supprimé et des communes dont est issue la commune nouvelle est transféré à cette dernière.

La commune nouvelle se substitue à l'établissement public de coopération intercommunale supprimé et aux communes dont elle est issue, par une fusion de l'ensemble.

Création, au sein d'une commune nouvelle, de communes déléguées

Dans un délai de six mois à compter de la création de la commune nouvelle, des communes déléguées reprenant le nom et les limites territoriales de l'ensemble des anciennes communes peuvent être instituées au sein de celle-ci.

La commune nouvelle a seule la qualité de collectivité territoriale.

La création au sein d'une commune nouvelle de communes déléguées entraîne de plein droit pour chacune d'entre elles :

- l'institution d'un maire délégué (désigné par le conseil municipal de la commune nouvelle) et après avis de la majorité du conseil municipal, la création de conseillers communaux, dont le nombre est fixé par le conseil municipal de la commune nouvelle et parmi ses membres. Le maire délégué remplit dans la commune déléguée les fonctions d'officier d'état civil et d'officier de police judiciaire ;

- la création d'une annexe de la mairie dans laquelle sont établis les actes de l'état civil concernant les habitants de la commune déléguée.

Le conseil municipal peut également désigner, parmi les *conseillers communaux*, un ou plusieurs adjoints au maire délégué.

Le conseil de la commune déléguée se réunit à l'annexe de la mairie située sur le territoire de la commune déléguée.

Le conseil de la commune déléguée est présidé par le maire délégué.

Le maire de l'ancienne commune en fonction au moment de la création de la commune nouvelle devient de droit maire délégué jusqu'au prochain renouvellement du conseil municipal.

3. Regroupement et modification des limites territoriales

Il est désormais possible de modifier les périmètres des territoires de départements ou de régions ainsi que d'envisager la fusion de certaines collectivités. Ainsi la loi du 16 décembre 2010 autorise :

a. Le regroupement de départements

Plusieurs départements formant, dans la même région, un territoire d'un seul tenant peuvent, par délibérations concordantes de leurs conseils départementaux, demander à être regroupés en un seul département.

b. Le changement de région pour un département

Un département et deux régions contiguës peuvent demander, par délibérations concordantes de leurs assemblées délibérantes, une modification des limites régionales visant à inclure le département dans le territoire d'une région qui lui est limitrophe. Ces dispositions ont été modifiées par la loi du 16 janvier 2015 sur le droit d'option des départements (voir fiche 13, p. 104).

c. Le regroupement de régions

Plusieurs régions formant un territoire d'un seul tenant et sans enclave peuvent, par délibérations concordantes de leurs conseils régionaux, demander à être regroupées en une seule région.

d. La fusion d'une région et des départements qui la composent

Une région et les départements qui la composent peuvent, par délibérations concordantes de leurs assemblées délibérantes, demander à fusionner en une unique collectivité territoriale exerçant leurs compétences respectives.

La fusion de la région et des départements qui la composent en une unique collectivité territoriale est décidée par la loi, qui détermine son organisation et les conditions de son administration. Il n'y a plus ni département ni région, mais une seule et unique collectivité qui prend en charge l'ensemble des missions de deux niveaux de collectivité.

2 La loi du 17 mai 2013

La loi n° 2013-403 du 17 mai 2013 relative à l'élection des conseillers départementaux, des conseillers municipaux et des conseillers communautaires, et modifiant le calendrier électoral.

1. La loi a prévu qu'à compter des élections de mars 2015, les mots : « conseils généraux », « conseiller général » et « conseillers généraux » sont remplacés, respectivement, par les mots : « conseils départementaux », « conseiller départemental » et « conseillers départementaux ».
2. Il est instauré un nouveau système d'élection des conseillers départementaux :
   - « Art. L. 191. - Les électeurs de chaque canton du département élisent au conseil départemental deux membres de sexe différent, qui se présentent en binôme de candidats dont les noms sont ordonnés dans l'ordre alphabétique sur tout bulletin de vote imprimé à l'occasion de l'élection. »
   - « Art. L. 192. - Les conseillers départementaux sont élus pour six ans ; ils sont rééligibles. »
   - « Les conseils départementaux se renouvellent intégralement. »
   - « Les élections ont lieu au mois de mars. »
   - « Dans tous les départements, les collèges électoraux sont convoqués le même jour. »

- les conseillers départementaux se présentent aux élections sur leur canton par binôme. Chaque binôme est composé d'une femme et d'un homme. Ce binôme est solidaire lors de la procédure électorale, c'est-à-dire si l'un n'est pas élu (par exemple pour un cas d'inéligibilité ou de fraude électorale), l'autre candidat ne le sera pas non plus. En revanche, une fois valablement élus, ils retrouveront leur liberté d'action. Par exemple, un conseiller peut en cours de mandat changer d'appartenance politique sans que cela se répercute sur son binôme. Chaque candidat doit avoir un suppléant du même sexe, ce qui permettra, enfin, d'avoir réellement autant d'hommes que de femmes au sein des conseils départementaux ;
- le nombre de cantons a été divisé par deux afin de garder le même nombre de conseillers ;

- les membres de la commission permanente sont élus au scrutin de liste avec une alternance stricte d'un homme et d'une femme ;
- le conseil départemental est élu pour six ans (donc sans alternance).

3. Quelques dispositions relatives au financement des campagnes électorales, à l'élection de la commission permanentes et à l'élection des vice-présidents, mais surtout les nouvelles dispositions relatives à l'élection des conseillers municipaux, des conseillers communautaires et des membres du conseil de Paris.
   - Le nombre minimum de conseillers municipaux est passé de 9 à 7.
   - Le seuil d'élection des conseillers municipaux au scrutin mixte est abaissé des communes de 3 500 habitants aux communes de 1 000 habitants.
   - La mise en place des élections des conseillers communautaires représentant les communes de 1 000 habitants et plus au sein des organes délibérants des communautés de communes, des communautés d'agglomération, des communautés urbaines et des métropoles sont élus en même temps que les conseillers municipaux et figurent sur la liste des candidats au conseil municipal.
4. Les prochaines élections municipales auront lieu en mars 2020, les prochaines élections départementales en mars 2021 et les prochaines élections régionales en mars 2021.

3 La loi du 27 janvier 2014 dite loi MAPTAM

La loi n° 2014-58 du 27 janvier 2014 de modernisation de l'action publique territoriale et d'affirmation des métropoles apporte de nouveaux changements. Elle rétablit la clause générale de compétence des départements et des régions.

La loi reprend en partie les dispositions de la loi de 2010 en la complétant ou la précisant :

- Création au 1er janvier 2015 d'une **collectivité à statut particulier**, la métropole de Lyon, reprenant les compétences auparavant exercées par les intercommunalités du territoire mais aussi par le conseil départemental. Exceptionnellement et contrairement aux autres métropoles, la métropole de Lyon, dite aussi Eurométropole, n'est pas un EPCI mais une collectivité territoriale.
- En Île-de-France, depuis le 31 décembre 2015, les départements des Hauts-de-Seine, de Seine-Saint-Denis et du Val-de-Marne ont l'obligation d'être couverts d'intercommunalités à fiscalité propre formant chacune un ensemble d'au moins 300 000 habitants.

- Création au 1er janvier 2016, par fusion des six groupements de communes existants, de la métropole Aix-Provence-Marseille, qui exerce de plein droit l'ensemble des compétences des métropoles de droit commun, mais peut en déléguer certaines à des conseils de territoire.
- Création au 1er janvier 2016 de la **métropole du Grand Paris** regroupant la capitale et les intercommunalités à fiscalité propre de Paris et les trois départements de la petite couronne (75, 92, 93, 94) avec des compétences élargies en matière de climat-énergie, d'urgence sociale mais aussi d'habitat afin de résorber le retard pris en matière de logements disponibles.

Elle créé des collectivités territoriales « chef de file »

La région devient chef de file notamment pour l'aménagement et le développement durable, le développement économique, l'enseignement supérieur et la recherche.

Le département devient chef de file entre autres pour toutes les mesures sociales et de solidarité.

La commune ou leurs établissements publics intercommunaux, eux, pour les services de proximité, le développement durable, etc.

Création de conférences territoriales de l'action publique. Elles sont chargées de favoriser l'exercice concerté des compétences des collectivités territoriales, de leurs groupements et de leurs établissements publics.

Sont membres de la conférence territoriale de l'action publique :

1. le président du conseil régional ou de l'autorité exécutive de la collectivité territoriale régie par l'article 73 de la Constitution ;
2. les présidents des conseils départementaux ou un représentant de l'autorité exécutive des collectivités territoriales exerçant les compétences des départements sur le territoire de la région ;
3. les présidents des établissements publics de coopération intercommunale à fiscalité propre de plus de 30 000 habitants ayant leur siège sur le territoire de la région ;
4. un représentant élu des établissements publics de coopération intercommunale à fiscalité propre de moins de 30 000 habitants ayant leur siège sur le territoire de chaque département ;
5. un représentant élu des communes de plus de 30 000 habitants de chaque département ;
6. un représentant élu des communes comprenant entre 3 500 et 30 000 habitants de chaque département ;
7. un représentant élu des communes de moins de 3 500 habitants de chaque département.

4 La loi du 16 janvier 2015

La loi n° 2015-29 du 16 janvier 2015 relative à la délimitation des régions, aux élections régionales et départementales et modifiant le calendrier électoral.

Création de 13 régions métropolitaines au lieu des 22 existantes à compter du 1er janvier 2016. La loi prévoit le nombre de sièges qui seront attribués à chacune de ces régions.

Modification du calendrier électoral :

- en mettant en place les premières élections binominales départementales les 22 et 29 mars 2015, y compris pour Mayotte ;
- en reportant l'élection des prochains membres des nouveaux conseils régionaux au mois de décembre 2015 ;
- en prévoyant l'élection des prochains membres des nouvelles collectivités uniques de Guyane et de Martinique en décembre 2015 ;
- en prévoyant le renouvellement des conseillers régionaux et des membres de l'assemblée corse en décembre 2015 ;
- en prévoyant que les élections suivantes régionales, des assemblées Corse, des collectivités uniques de Guyane et de Martinique auront lieu en mars 2021.

5 La loi du 7 août 2015, dite loi NOTRe (Nouvelle organisation territoriale de la République)

Ce que change la loi NOTRe : la clause de compétence générale est supprimée pour les départements et les régions. Ces deux échelons n'ont donc plus le droit d'intervenir sur tous les sujets (sauf à en faire expressément la demande auprès de l'État) et d'intervenir dans tous les domaines de l'action publique. Cela permettra de clarifier « qui fait quoi », d'harmoniser les politiques publiques entre les différents échelons, et d'éviter des dépenses inutiles lorsque plusieurs niveaux de collectivités se concurrencent sur un même domaine d'action.

1. Les communes sont confortées

La commune est l'échelon de base de la République : celui de la démocratie locale. La commune demeure ainsi l'unique échelon de collectivité à disposer de la clause de compétences générale, qui lui permet de répondre à tous les besoins du quotidien des citoyens. Cet échelon est également renforcé par de nouveaux outils encourageant les regroupements de communes. La proposition de loi dite des « communes nouvelles », proposée en parallèle de la loi NOTRe et soutenue par le gouvernement, propose que les communes qui se lanceront dans cette démarche de rationalisation bénéficient d'une incitation financière.

2. Les départements sont centrés sur la solidarité

Les départements sont centrés sur la solidarité sociale avec la réaffirmation de la compétence de prévention et de prise en charge des situations de fragilité, du développement social, de l'accueil des jeunes enfants et de l'autonomie des personnes. Ils sont également centrés sur la solidarité territoriale, avec le développement d'une capacité d'ingénierie avec un soutien d'experts pour accompagner les communes et les intercommunalités dans des domaines techniques pour lesquels elles ne disposent pas de moyens (aménagement, logement…).

Quant à l'avenir des conseils départementaux, trois solutions sont possibles pour s'adapter aux situations existantes :

- Dans les départements dotés d'une métropole la fusion des deux structures pourrait être retenue : comme à Lyon, par exemple.
- Lorsque le département compte des intercommunalités fortes, les compétences départementales pourraient être assumées par une fédération d'intercommunalités.
- Enfin, dans les départements – notamment ruraux – où les communautés de communes n'atteignent pas la masse critique, le conseil départemental serait maintenu, avec des compétences clarifiées.

3. Les régions sont renforcées

Acteurs clés du redressement économique du pays, les régions métropolitaines sont renforcées en passant de 22 à 13.

Elles sont en charge de l'élaboration d'un schéma régional en matière de développement économique, d'innovation et d'internalisation (SRDEII) ; de la coordination sur leur territoire de toutes les actions en faveur de l'économie ; de l'animation des pôles de compétitivité. Elles se voient également confier la gestion des ports et des aéroports, infrastructures nécessaires au développement et à l'emploi. Elles pilotent encore toutes les politiques en matière de transport TER, et transports interurbains, ainsi que la voirie qui sont des politiques complémentaires dont l'efficacité sera renforcée si elles sont confiées à une seule collectivité. Enfin, elles disposent de l'autorité de gestion des fonds européens depuis 2014 dans le cadre de la loi de modernisation de l'action publique territoriale et d'affirmation des métropoles et sont pleinement responsables en matière de formation professionnelle depuis le 1er janvier 2015.

Enfin, depuis le 1er janvier 2018, la collectivité de Corse est devenue une collectivité à statut particulier (de type collectivité unique) en lieu et place de la collectivité territoriale de Corse et des départements de Corse du Sud et de Haute-Corse.

ENCART

Réforme des départements – 2020 ?

Quant à l'avenir des conseils départementaux, leur suppression pure et simple requerrait une révision constitutionnelle. Aussi, trois solutions semblent envisagées pour s'adapter aux situations existantes :

- dans les départements dotés d'une métropole, la fusion des deux structures pourra être retenue soit sur le territoire géographique de la métropole (comme à Lyon par exemple) , soit sur l'intégralité du territoire ;
- lorsque le département compte des intercommunalités fortes, les compétences départementales pourraient être assumées par une fédération d'intercommunalités. Les élus des conseils communautaires constitueront les membres du conseil départemental ;
- enfin, dans les départements - notamment ruraux ou de montagne - où les communautés de communes n'atteignent pas la masse critique, le conseil départemental serait maintenu, avec des compétences clarifiées.

Les élus comme les administrations sont bien conscients de la nécessité d'une évolution de notre empilement administratifs (communes, intercommunalités, départements et régions) illisible pour le citoyen et inadapté au contexte du monde actuel. Les compétences partagées ou les financements croisés nuisent à l'efficacité de l'action publique des territoires. L'objectif est d'obtenir une baisse des dépenses publiques tout en apportant une meilleure prise en compte des besoins citoyens du 21e siècle. Mais la complexité de cette nécessaire réforme et les enjeux, tant politiques qu'économiques, sont tels que ce projet de refonte de l'architecture territoriale prend bien du retard !

FICHE 18

Qu'est-ce qu'un service public ?

OBJECTIFS

Pour votre concours, vous devez être capable de :

- Donner une définition de ce qu'est un service public.
- Donner quelques exemples de mission de service public.
- Citer les trois principes auxquels tout service public doit obéir.
- Donner les deux conditions préalables de mise en place d'un service public.
- Citer les trois modes de gestion possibles d'un service public.

Créer une cantine, un office municipal des sports, une crèche, un conservatoire de musique, organiser l'enlèvement des ordures ménagères, assurer la distribution de l'eau sont des missions de service public. Il s'agit de services rendus à la population répondant à des besoins d'intérêt général.

Dans l'Europe médiévale, la majeure partie de la population était des villageois, dominés par le seigneur. Celui-ci assurait leur protection contre les invasions et percevait en échange l'impôt seigneurial.

Avec le siècle des Lumières est née la notion de contrat social, qui se concrétisa à la Révolution française : le dirigeant n'est plus vu comme un maître, mais comme un organisateur à qui l'on a délégué la gestion et l'administration des biens communs. L'impôt sert alors à assurer cette gestion.

En France, jusqu'à la Seconde Guerre mondiale, les missions qui sont aujourd'hui considérées comme « de service public » étaient fréquemment effectuées par des entreprises privées. C'est à cette époque que des entreprises publiques sont créées pour effectuer une partie importante du service public (comme par exemple la SNCF en 1938), des entreprises privées continuant à assurer un service public par délégation.

Récapitulatif de la mise en place d'un service répondant à un besoin d'intérêt général de la population.

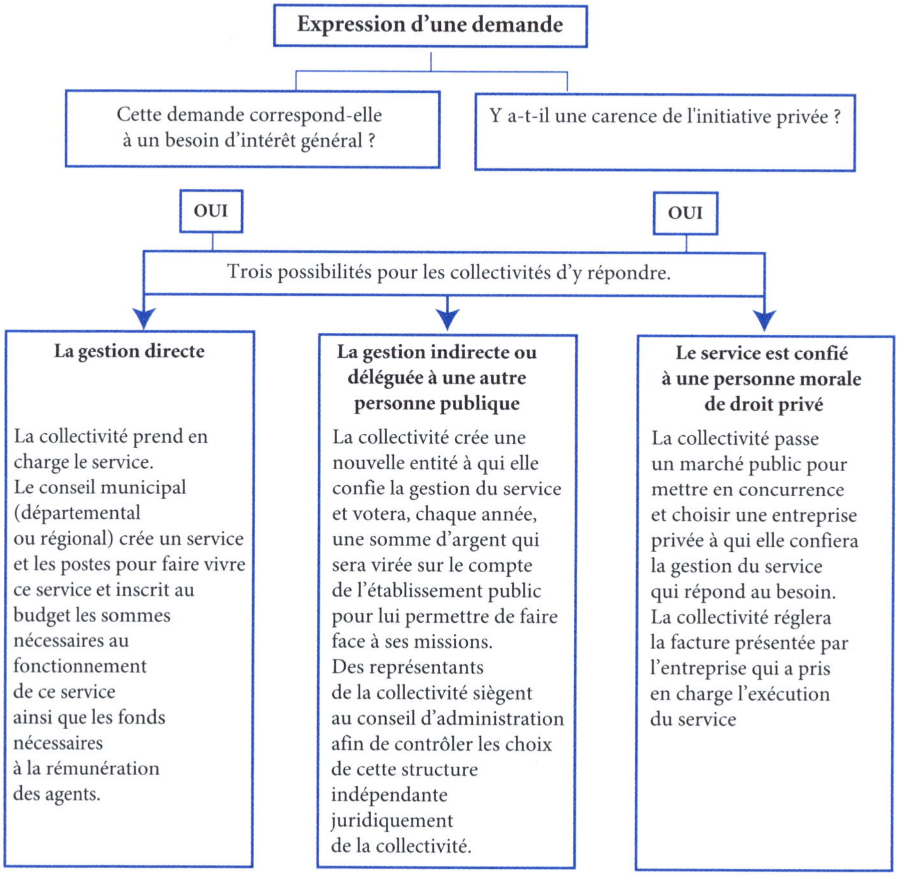

1 L'intérêt général

L'intérêt général est la prise en compte d'un besoin collectif d'une partie importante de la population concernée, à un moment donné et dans un contexte de société précis. L'intérêt général est une notion en continuelle évolution, qui varie, entre autre, en fonction du type de population concernée (jeune ou âgée, à forte variation annuelle due au tourisme...), de la situation géographique de la collectivité (en montagne, bord de mer, rurale ou à forte urbanisation...), des évolutions de la société et de ses priorités (évolutions technologiques, évolutions des mentalités, de l'éthique...).

Exemple
Les besoins communs d'une commune à forte densité de population, jeune, au troisième millénaire ne sont pas les mêmes que ceux d'une commune rurale du centre de la France et en 1900 !

> Ne pas oublier que l'intérêt général, peut éventuellement s'opposer à l'intérêt particulier : dommage pour le particulier qui avait sa résidence sur le parcours nécessaire au passage d'une autoroute ou d'un TGV !

La couleur politique de la collectivité, issue des dernières élections municipales, cantonales ou régionales, va bien sûr influencer les choix qui seront faits pour répondre à ces besoins d'intérêts généraux. Pour un même besoin, il peut y avoir plusieurs façons d'y apporter une réponse.

De même, si les élus locaux l'ont été par la majorité de la population locale sur la déclaration d'un programme, ils sont maintenant chargés de le mettre en application.

Lorsque les élus des collectivités territoriales envisagent de répondre au besoin qu'ils reconnaissent d'intérêt général pour leur population, en voulant mettre en place un service, il faut que deux conditions cumulatives soient réunies. Ils doivent mettre en évidence que :

- *le service public doit correspondre à un besoin d'intérêt général local* : deux familles qui demandent la mise en place d'une crèche collective, ce n'est pas un besoin d'intérêt général, mais un besoin particulier. Cent cinquante familles qui réclament ce même service peut être considéré comme un besoin d'intérêt général pour la catégorie des parents de jeunes enfants sur la commune ;
- *la collectivité territoriale doit avoir mis en évidence une carence de l'initiative privée* : si, après une enquête, la commune s'aperçoit qu'il y a actuellement cent soixante-dix places vacantes chez des assistantes maternelles agréées ou dans des crèches associatives sur la commune, il n'y a donc pas carence de l'initiative privée !

Collectivités territoriales

2 La notion de « service public »

La raison d'être du service public réside dans son utilité à la population. Mais attention, ce terme « service public » recouvre deux sens :

- dans un premier temps, il s'agit *d'une activité qui répond au besoin reconnu d'intérêt général.*

  Par exemple, la construction ou la gestion de logements sociaux, la production d'énergie, la distribution de l'électricité, un mode de garde d'enfants, l'instruction et l'éducation des jeunes, la prévention sanitaire de la population… ;
- dans un second temps, on parle *de la structure* qui va encadrer et prendre en charge l'activité qui répond au besoin d'intérêt général :
  - une collectivité territoriale (commune, département ou région) ;
  - un établissement public (un OPHLM, un CCAS, la SNCF, une école…) ;
  - l'État (par délégation, à travers ses divers ministères, directions, services...).

Ne pas confondre

L'activité d'intérêt général		La structure qui va prendre en charge cette activité.
L'entretien des routes	avec	La commune ou le département
La production d'eau potable	avec	Le syndicat intercommunal spécifique
Un moyen de garde de jeunes enfants	avec	La commune qui prend en charge une crèche collective
L'acheminement du courrier	avec	Une entreprise privée comme La Poste
L'enseignement et l'éducation des jeunes	avec	L'État qui prend en charge la scolarité.

3 Les missions de service public

L'ensemble des missions de service public est très varié.

Comme déjà vu au chapitre précédent, certaines sont obligatoires : l'état civil, le ramassage des ordures ménagères, la lutte contre les incendies, la formation professionnelle.

D'autres sont facultatives, en particulier dans le domaine culturel, sportif ou des loisirs.

Choisir d'intervenir dans ces domaines relève d'un choix politique et financier. Dans chaque collectivité, c'est l'assemblée délibérante qui décide, par son vote, de la création d'un service public local.

4 Les caractéristiques ou principes des missions de service public

Ces services répondent à des nécessités d'intérêt général. Ils doivent respecter trois principes.

1. Le principe d'égalité

Ce principe implique qu'aucune distinction ne soit faite entre les usagers quant à l'accès au service public comme au service rendu. Les administrés d'une même catégorie doivent être traités de façon identique.

Toutefois, ce principe d'égalité peut présenter plusieurs facettes.

- **Égalité** des droits ne veut pas dire **uniformité de la prestation**.
- La **non-discrimination** d'accès entre les usagers implique l'interdiction de toute différenciation fondée sur les convictions politiques, philosophiques,

religieuses, syndicales ou tenant à l'origine sociale, au sexe, à l'état de santé, au handicap ou à l'origine ethnique des usagers. Mais elle n'interdit pas de différencier les modes d'action du service public afin de lutter contre les inégalités économiques et sociales. Les réponses peuvent être différenciées dans l'espace, dans le temps et doivent l'être en fonction de la diversité des situations des usagers, par la mise en place de conditions de domiciliation, de diplômes, de revenus…

- La notion d'**équité** respecte parfois mieux l'égalité entre les usagers. L'égalité n'est pas sur le montant payé, mais sur le pourcentage des revenus versés pour ledit service rendu (tous les usagers versent 1 % de leur revenu, par exemple). Ainsi, dans certains services publics (conservatoire, cantine, crèche…) le quotient familial, critère de l'aisance financière d'une famille, permet une discrimination tarifaire en fonction des revenus.
- La notion de **neutralité** implique la **laïcité** de l'État et **l'impartialité** des agents publics.

2. Le principe de continuité

Ce principe suppose le fonctionnement régulier du service public. Il exige la permanence des services essentiels pour la vie sociale (police, service d'incendie et de secours), les services de santé (hôpitaux), les services de communication, certains services techniques (électricité, gaz, eau), etc.

Ce principe implique que tout service doit fonctionner de façon régulière, sans interruption autre que celles prévues par la réglementation en vigueur et en fonction des besoins et attentes des usagers.

Toutefois, le droit de grève des fonctionnaires atténue cette exigence.

3. Le principe de mutabilité (adaptation)

L'intérêt général évolue dans le temps : les techniques, la révision des tarifs, les modalités d'organisation… par lesquelles il est satisfait doivent s'adapter périodiquement.

Ainsi, les agents publics exerçant des missions de service public ne peuvent s'opposer à une modification de leur statut, de leur emploi, de l'organisation des services ou de leurs outils de travail, par exemple (du moins dans l'absolu.).

5 Les modes de gestion du service public

Il existe trois modes de gestion des missions de service public. Pour les activités qui relèvent de sa compétence, la collectivité est, sauf cas précisé par un texte, libre de choisir son mode de gestion.

1. La gestion directe

La collectivité prend elle-même en charge le service qui va répondre au besoin de la population. Dans ce cas, le service public est dit en **gestion directe**. Cette gestion concerne les services administratifs et techniques de la mairie, la crèche municipale…

2. La gestion indirecte ou déléguée à une autre personne publique

La gestion de l'activité de service public peut être confiée à une autre personne morale de droit public, il s'agit alors d'une **gestion indirecte ou déléguée**. Cette gestion concerne la CCAS, un OPHLM, la caisse des écoles, une maison de retraite…

3. La gestion indirecte ou déléguée à une autre personne morale de droit privé

La collectivité passe un marché public pour mettre en concurrence et choisir une entreprise privée à qui elle confiera la gestion du service qui répond au besoin, il s'agit de **la gestion indirecte ou déléguée à une autre personne morale de droit privé.** Cette gestion concerne souvent les missions obligatoires, comme l'enlèvement et le retraitement des ordures ménagères, les transports publics… mais aussi les missions de service public, comme l'élagage des arbres des avenues communales, la construction d'un bâtiment scolaire…

FICHE 19

Les établissements publics

OBJECTIFS

Pour votre concours, vous devez être capable de :

- Donner une définition de ce qu'est un établissement public.
- Différencier établissement public et service public.
- Décrire l'organisation d'un établissement public.

L'établissement public est une personne morale, de droit public, créée par l'État ou une collectivité territoriale, en vue d'assurer la gestion d'un ou plusieurs services publics. Il a une prérogative de puissance publique et obéit au principe de spécialité.

C'est une structure qui possède la personnalité juridique. Elle peut ainsi faire des choix, prendre des décisions, passer des contrats et marchés, recruter son propre personnel.

Cet établissement public est doté de l'autonomie financière. Il possède ainsi un budget géré par son conseil d'administration. L'argent provient de la ou des collectivités qui l'ont créé, mais aussi de participations financières d'autres collectivités ou de l'État et de la participation des usagers du service rendu par l'établissement (les loyers des occupants des OPH, la participation des usagers des transports publics...).

Cette personne morale est dirigée par un conseil d'administration avec à sa tête un président. Suivant le type d'établissement public, la composition du conseil d'administration va être différente, mais il y siégera toujours des membres issus des collectivités, ou de l'État, à l'origine de la création de cette structure publique. *Ainsi, l'établissement public reste bien sous le contrôle de la personne morale qui l'a créé.*

Ils sont créés avec une mission de spécificité, c'est-à-dire qu'ils prennent en charge une activité de service public répondant à un besoin d'intérêt général (la création et la gestion de logements sociaux pour les OPH) et n'ont pas de compétences générales comme les collectivités territoriales.

Dire qu'ils ont une prérogative de puissance publique, signifie que, comme l'État ou une collectivité territoriale, leurs décisions s'imposent à la population. Par exemple, ils peuvent exproprier si nécessaire.

Comme pour les collectivités territoriales, tous les actes pris par les établissements publics sont soumis au contrôle sur la légalité exercée par le préfet (délibération du conseil d'administration, arrêté du président du conseil d'administration, contrats d'entretien, de maintenance...).

1 Deux groupes d'établissements publics, les EPA et les EPIC

1. Les établissements publics administratifs (EPA)

Ce sont les CCAS, Pôle emploi, écoles, organismes consulaires types chambre des métiers, de l'agriculture... Ce sont des établissements respectant le principe de spécialité, à finalité administrative. Le budget est majoritairement constitué de transfert provenant de l'État ou des collectivités à l'origine de sa création. Le personnel est essentiellement composé d'agents publics, fonctionnaires ou contractuels de l'État ou des collectivités territoriales. Les services rendus ne peuvent pas produire de bénéfices.

2. Les établissements publics industriels et commerciaux (EPIC)

Personnes morales de droit public, ils ont pour but la gestion d'une activité de service public. Ils peuvent résulter d'une simple création soit découler d'une nationalisation (SNCF) tant le bon fonctionnement de cette activité est essentiel.

La SNCF, la RATP, l'ONF (Office national des forêts), l'INA (Institut national de l'audiovisuel)... sont des EPIC. Ces établissements ont une activité qui relève plus du droit privé, avec des fins commerciales. Si leur directeur-général et le comptable sont des agents fonctionnaires, le reste du personnel (parfois appelé « assimilé ») est le plus souvent des agents relevant du droit privé du travail.

2 Deux établissements publics de proximité

	OPH (EPIC)	CCAS (EPA)
Rôle	L'Office public de l'habitat a pour mission de favoriser le logement social : acquisition, construction, réhabilitation et gestion des immeubles. Il est rattaché à une collectivité locale (commune ou département (ODPH)) ou à l'établissement public de coopération intercommunale compétent en matière d'habitat qui l'a créé. Loi 2007-137 du 1er février 2007	Le centre communal d'action sociale anime une action de prévention et de développement social, en liaison avec les institutions publiques (la commune, le département, l'État) et privées (les associations). C'est un établissement public obligatoire dans chaque commune (éventuellement intercommunal). Loi n° 86-17 du 6 janvier 1986
Organisation : un conseil d'administration	Il est composé : • de représentants de la collectivité territoriale ou de l'établissement de coopération intercommunale qui l'a créé et qui dispose de la majorité des sièges ; • de personnalités qualifiées désignées par les institutions CAF, l'Union départementale des associations familiales, les organismes de financement du logement social et d'organisations syndicales ; • d'un représentant des locataires ; • d'un représentant du CE de l'OPH L'effectif total est fixé par le Conseil d'État.	Il est composé de 9 à 17 membres : • le président, puis, à part égale : • 4 à 8 membres du conseil municipal, • et 4 à 8 membres nommés par le maire, dont au moins : – un représentant des associations œuvrant dans le domaine de l'insertion et de la lutte contre les exclusions, – un représentant des associations familiales, désigné sur proposition de l'Union départementale des associations familiales (UDAF), – un représentant des associations de retraités et de personnes âgées du département, – un représentant des associations de personnes handicapées du département.
	Ce conseil règle par ses délibérations les affaires qui concernent l'OPH ou le CCAS : adopte les documents budgétaires, crée et supprime les emplois, décide de la gestion du patrimoine autorise la passation des contrats...	
Un président	Élu par le conseil d'administration parmi les représentants de la collectivité de rattachement.	Le maire de la commune est de droit le président du conseil d'administration.
	Le président est l'organe exécutif. Il prépare et dirige les réunions du conseil, en exécute les délibérations, ordonne les dépenses. Il peut aussi recevoir des délégations du conseil (pour passer des marchés, par exemple). Il est le chef du personnel et est assisté d'un directeur.	

Collectivités territoriales

20 FICHE

Les contrôles

OBJECTIFS

Pour votre concours, vous devez être capable de :

- Savoir qui exerce ce contrôle.
- Savoir sur quoi porte le contrôle et donner des exemples.
- Décrire la procédure de contrôle mise en place dans les collectivités territoriales.
- Faire la différence entre suspendre et annuler.

Les collectivités territoriales s'administrent librement, mais elles doivent respecter les lois. Elles sont donc soumises à des contrôles destinés à sanctionner les illégalités qui pourraient être commises.

1 Le contrôle administratif

1. Principe

Le préfet exerce un contrôle sur les actes des collectivités et des établissements publics locaux. Les actes administratifs étant les délibérations, les arrêtés, les contrats, les marchés publics… Il s'agit d'un contrôle *a posteriori*, c'est-à-dire qu'il s'effectuera après que l'acte est pris. Il ne porte pas sur l'opportunité de la décision mais uniquement sur sa légalité : l'acte respecte-t-il les lois ?

Le préfet en tant que représentant de l'État est chargé de veiller au respect des lois et des règlements pris par les collectivités ou les établissements publics du territoire dont il a la charge.

2. Procédure de contrôle

Toutes les décisions les plus importantes (arrêtés, délibérations, marchés publics…) sont transmises en préfecture.

Si le préfet *estime* que l'acte est illégal, dans un premier temps, il tente une mesure de conciliation à l'amiable avec la collectivité (la collectivité reconnaît l'erreur et renvoie l'acte corrigé). S'il échoue (par exemple, une collectivité confirmerait un arrêté de recrutement d'un agent alors qu'il n'est pas lauréat du concours correspondant) dans ce cas, le préfet saisit le juge administratif (il lui envoie l'acte en question). On appelle cette intervention, un **déféré préfectoral**.

Le préfet dispose d'un délai de deux mois pour saisir le juge.

Seul le juge administratif détient le pouvoir de déclarer qu'un acte est illégal et peut donc l'annuler.

Tant que le juge n'a pas pris sa décision, *l'acte reste exécutoire*, c'est-à-dire qu'il est toujours applicable.

Toutefois, le préfet, en cas d'urgence et dans la mesure où l'exécution aurait un effet irréversible, peut demander au juge de prendre un **sursis à exécution.** Cette mesure d'urgence *suspend* l'exécution d'un acte administratif jusqu'à la décision définitive du juge du tribunal. Autrement dit, l'acte est toujours reconnu valable, mais ne peut plus être mis en application tant que le juge n'a pas statué.

Important

*Ne pas confondre **suspension** et **annulation**.*

- *Être saisi par le juge d'une mesure de **suspension**, veut dire que l'on ne peut plus exécuter l'acte, on doit attendre que le juge statue sur sa légalité ou non.*
- *Quand le juge **annule** un acte, cela veut dire que l'on doit revenir à la situation antérieure à l'acte, comme s'il n'avait jamais existé ! (dans ce cas, il faudrait rembourser une somme indûment touchée, ou remettre en l'état un local, recommencer une procédure de marché public, de recrutement…).*

Collectivités territoriales

Le contrôle des actes des collectivités et des établissements publics

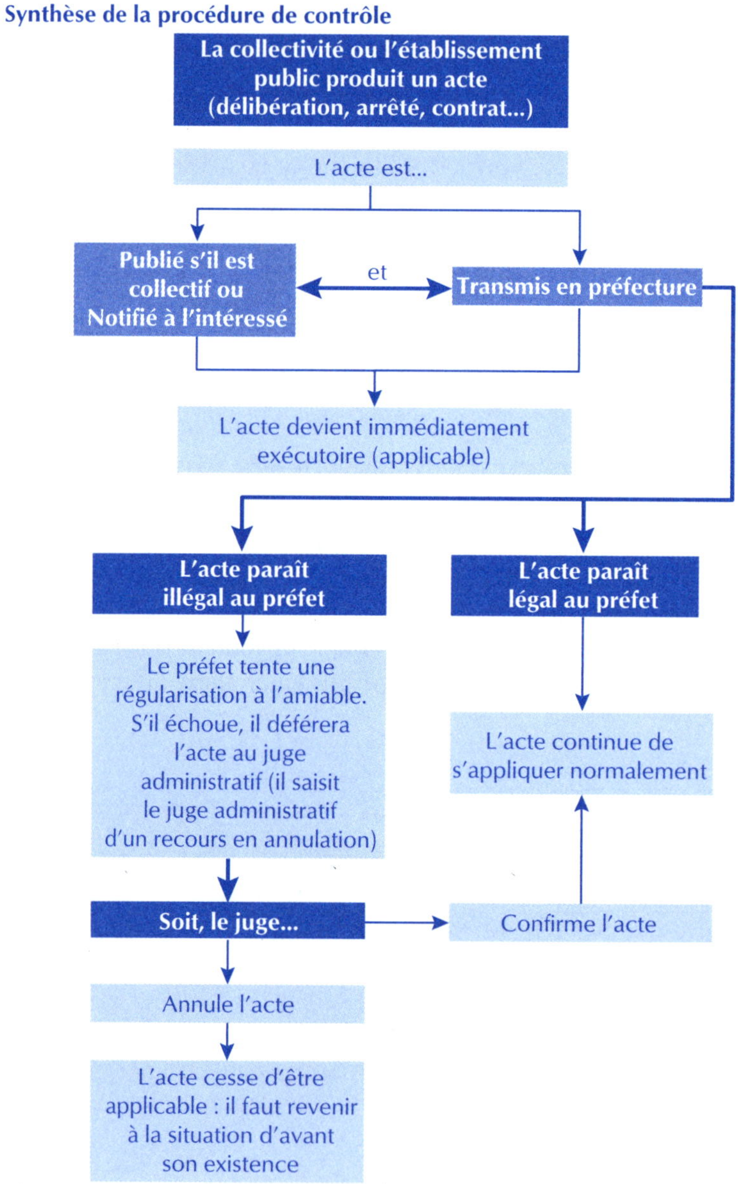

* Source : rapport du gouvernement au Parlement *a posteriori* des actes de collectivités territoriales et des établissements publics locaux.

2 Le recours des citoyens

Chaque citoyen peut demander au préfet de saisir le juge lorsqu'un acte lui semble illégal ou préjudiciable. Il peut aussi saisir lui-même le juge administratif. Les associations, les syndicats disposent du même droit. Cette demande doit être faite dans les deux mois de parution de l'acte.

Toutefois, le préfet n'est pas obligé de saisir le tribunal suite à la demande d'un citoyen.

3 Le contrôle budgétaire et financier

Les documents budgétaires sont transmis en préfecture pour le contrôle de légalité. Cependant, en cas d'absence de vote du budget dans le délai légal, de vote du budget en déséquilibre, d'omission d'inscription d'une dépense obligatoire ou d'inscription d'une dépense interdite, il est mis en place un contrôle spécifique.

Le préfet saisit la chambre régionale des comptes qui émet un avis et tente une conciliation. Après une mise en demeure de la collectivité, le préfet peut se substituer à la collectivité territoriale. Par exemple, il inscrira lui-même au budget la dépense oubliée et les moyens d'y faire face.

Les chambres régionales des comptes ont été créées par la loi du 2 mars 1982. Elles sont chargées du contrôle financier des collectivités.

4 Le contrôle en matière de police municipale

Le préfet a, dans le domaine des mesures indispensables au maintien de la sécurité, de la salubrité et de la tranquillité publique, un pouvoir d'action. En cas de carence, après une mise en demeure, il peut se substituer au maire en prenant les mesures exigées par la situation.

5 Le contrôle des élus

À chaque élection, les citoyens expriment leur adhésion ou leur désapprobation de la politique locale, c'est le contrôle politique : la sanction politique du citoyen vis-à-vis de l'action de l'équipe sortante.

Le contrôle peut aussi prendre la forme d'une dissolution de l'organe délibérant, par décret en conseil des ministres, pour impossibilité d'exercice de ses attributions (en raison de dissensions graves).

Comment sont prises les décisions ?

Les citoyens	Les associations	Les services	Les conseillers
Demandent l'ouverture d'une crèche collective...	Demandent qu'on leur change les tapis de la salle de judo...	Demandent qu'on leur attribue du matériel informatique...	Souhaitent mettre en place une promesse électorale...

Ils expriment une demande

⬇

L'exécutif prend en compte la demande
et demande la mise en place d'un groupe de travail.

⬇

Une commission spécialisée prépare le dossier.
(elle est constituée d'élus et de personnalités qualifiées)

C'est la période de concertation

Pour chaque dossier, elle étudie quelles sont les diverses possibilités envisageables, leurs avantages et leurs inconvénients, politiques, budgétaires, économiques, rencontre les futurs utilisateurs...

⬇

Puis, au vu du dossier remis par la commission, l'exécutif peut retenir le projet s'il estime qu'il est complet. Dans ce cas, il l'inscrit à l'ordre du jour de la prochaine séance du conseil.

⬇

Période d'adoption

Un rapporteur de la commission informe les conseillers du contenu de la demande et des solutions qui ont été recherchées et qui leur sont proposées.
Le conseil délibère (discute, apporte des modifications...) et vote.
Il retient (ou non) l'une ou l'autre solution présentée par la commission.
(Il peut aussi renvoyer la commission pour des informations complémentaires)

⬇

Mise en application

L'objet de la décision est inscrit sur une délibération qui est publiée et transmise en préfecture pour y subir le contrôle sur la légalité du contenu.
Dès que ces deux conditions sont réunies, elle est exécutoire immédiatement.
Des actes complémentaires sont parfois nécessaires pour son application concrète (arrêtés, marchés publics...).

⬇

Contrôle

Le préfet à deux mois pour exercer son contrôle.
En cas de non-régularité juridique, seul le juge du tribunal administratif saisi par le préfet ou un administré, peut annuler la décision.

Exercice

Le parcours d'une décision, création d'une médiathèque

Pouvez-vous aider notre agent du service communication de la commune, qui doit monter un panneau photos pour l'inauguration de la médiathèque, à placer dans l'ordre chronologique les étiquettes des photos ?

Numérotez chaque proposition dans l'ordre chronologique (de l'idée à la réalisation).

- Le conseil municipal se réunit et étudie les diverses propositions de la commission. Puis, les conseillers délibèrent et votent : trente-trois ont voté pour, un s'est abstenu et cinq ont voté contre. Le projet est adopté.
- Les services municipaux se mettent au travail pour la réalisation concrète de ce qui n'était qu'un projet.
- Le maire, après en avoir discuté avec les conseillers, décide de retenir la proposition. Il demande à la commission « culture » d'étudier la faisabilité du projet.
- Le maire prend les premiers arrêtés pour l'application concrète du dossier.
- Le préfet a deux mois pour vérifier si tout est légal dans la délibération qui lui est parvenue.
- La délibération du conseil municipal approuvant le projet est publiée et apposée sur les panneaux administratifs de la commune.
- La commission culture étudie toutes les possibilités, les coûts, les avantages et inconvénients pour chacune : acheter un terrain et construire du neuf, ou réhabiliter un bâtiment existant, et rend son dossier au maire.
- La délibération du conseil municipal approuvant le projet de médiathèque est envoyée en préfecture pour subir le contrôle sur la légalité.
- Lors d'une réunion de conseil de quartier, les habitants de la cité avaient demandé à pouvoir bénéficier d'une médiathèque sur la commune.
- Le maire estime que le dossier de la commission culture est complet, il décide de le présenter à la prochaine séance du conseil municipal.
- Le maire établi l'ordre du jour de la séance du conseil municipal et convoque les conseillers municipaux. Afin de les aider dans leur réflexion, un représentant de la commission culture présentera aux conseillers le travail rendu par la commission.

Corrigé

1. Lors d'une réunion de conseil de quartier, les habitants de la cité avaient demandé à pouvoir bénéficier d'une médiathèque sur la commune.

2. Le maire, après en avoir discuté avec les conseillers, décide de retenir la proposition. Il demande à la commission « culture » d'étudier la faisabilité du projet.

3. La commission culture étudie toutes les possibilités, les coûts, les avantages et inconvénients pour chacune : acheter un terrain et construire du neuf, ou réhabiliter un bâtiment existant, et rend son dossier au maire.

4. Le maire estime que le dossier de la commission « culture » est complet, il décide de le présenter à la prochaine séance du conseil municipal.

5. Le maire établi l'ordre du jour de la séance du conseil municipal et convoque les conseillers municipaux. Afin de les aider dans leur réflexion, un représentant de la commission « culture » présentera aux conseillers le travail rendu par la commission.

6. Le conseil municipal se réunit et étudie les diverses propositions de la commission. Puis, ils délibèrent et votent : trente-trois ont voté pour, un s'est abstenu et cinq ont voté contre. Le projet est adopté.

7/8. La délibération du conseil municipal approuvant le projet de médiathèque est envoyée en préfecture pour y subir le contrôle sur la légalité.

7/8. La délibération du conseil municipal approuvant le projet est publiée et apposée sur les panneaux administratifs de la commune.

9. Le maire prend les premiers arrêtés pour l'application concrète du dossier.

10. Le préfet a deux mois pour vérifier si tout est légal dans la délibération qui lui est parvenue.

11. Les services municipaux se mettent au travail pour la réalisation concrète de ce qui n'était qu'un projet sans attendre l'avis du préfet.

FICHE 21

L'Union européenne et la vie locale

OBJECTIFS

Cette partie s'adresse plus particulièrement aux candidats aux concours administratifs de catégorie B. Pour votre concours, vous devez être capable de :

- Citer les grandes étapes de la construction de l'Europe.
- Citer les organes de décision et de gestion de l'Union européenne.
- Citer les domaines d'intervention de l'Union européenne.

Depuis la seconde moitié du XXe siècle, un mouvement d'union politique est en construction. La forme actuelle de ce nouveau pouvoir qu'est l'Union européenne n'est cependant pas encore arrêtée et laisse aujourd'hui une grande liberté politique aux pays membres, de plus en plus nombreux. Depuis 2013, l'Union européenne comprend désormais vingt-huit États membres, dont quinze font partie de la zone euro.

1 Petite histoire

L'Europe est un continent qui réunit en son sein de nombreuses traditions et langues différentes, mais aussi des valeurs partagées comme la démocratie, la liberté et la justice sociale. L'Union européenne défend ces valeurs. Elle encourage la coopération entre ses peuples, en promouvant l'unité tout en préservant la diversité et en faisant en sorte que les décisions soient prises le plus près possible du citoyen.

Dans le monde de plus en plus interdépendant qui est celui du XXIe siècle, il est plus que jamais nécessaire que le citoyen européen coopère avec les peuples d'autres pays dans un esprit de curiosité, d'ouverture et de solidarité.

Historiquement, l'Union européenne plonge ses racines dans la Seconde Guerre mondiale. Les Européens voulaient se mettre à jamais à l'abri d'une telle folie meurtrière et destructrice. Durant les premières années, la coopération existait entre six pays et portait essentiellement sur le commerce et l'économie. Aujourd'hui, l'Union européenne est composée de vingt-huit pays, avec une population de près de 500 millions d'habitants et s'occupe de toute une série de questions concernant directement notre vie quotidienne. Le nombre de langues officielles dans l'Union européenne est de vingt-trois. Mais l'anglais, l'allemand et le français sont celles qui sont le plus pratiquées et sont par excellence les langues pivot à partir desquelles les traductions peuvent se faire plus aisément vers les autres langues de l'Union.

ENCART **Quelques chiffres sur l'Union européenne**

Union européenne :

- 513 millions d'habitants
- 4,5 millions de km^2
- 24 langues officielles
- PIB : 15 877 milliards de $. Soit 30 949 $/habitant en moyenne

Comparons :

- États-Unis : 328 millions d'habitants
- Japon : 126 millions d'habitants
- Chine : 1 415 millions d'habitants
- Inde : 1 355 millions d'habitants

L'Union européenne (UE) est une famille de pays européens démocratiques décidés à œuvrer ensemble pour la paix et la prospérité. Ce n'est pas un État destiné à se substituer aux États existants, mais ce n'est pas non plus uniquement une organisation de coopération internationale. L'Union européenne est unique en son genre. Les États qui la composent ont mis en place des institutions communes auxquelles ils délèguent une partie de leur souveraineté afin que les décisions sur des questions spécifiques d'intérêt commun puissent être prises démocratiquement au niveau européen.

ENCART **Les pays de l'Union européenne**

L'Union européenne est « l'association économique et politique » de vingt-huit États appartenant au continent européen :

- L'Allemagne
- L'Autriche
- La Belgique
- La Bulgarie
- Chypre
- La Croatie
- Le Danemark
- L'Espagne
- L'Estonie
- La Finlande
- La France
- La Grèce
- La Hongrie
- L'Irlande
- L'Italie
- La Lituanie
- La Lettonie
- Le Luxembourg
- Malte
- Les Pays-Bas
- La Pologne
- Le Portugal
- La République tchèque
- La Roumanie
- La Slovaquie
- La Slovénie
- La Suède

(!) Le Royaume-Uni

Attention, le Royaume-Uni fait encore partie de l'UE à l'heure où nous imprimons ce livre.

Traités européens — Union européenne

1951	1957	1965	1992	1997	2001	2004	2007
Traité de Paris	Traité de Rome	Traité de fusion	Traité de Maastricht	Traité d'Amsterdam	Traité de Nice	Traité de Bruxelles	Traité de Lisbonne
Communauté européenne du charbon et de l'acier (CECA)							
	Communauté économique européenne (CEE) Euratom (Communauté européenne de l'énergie atomique)						
		Communautés européennes : CECA, CEE, Euratom					
			Création de l'Union européenne Trois piliers : – les Communautés : CECA, CE (la CEE devient CE), Euratom ; – justice et affaires intérieures ; – communauté européenne.				
				La Communauté européenne acquiert de nouveaux domaines de compétence.			
					Le système défini à Nice abouti à une sur-représentation des « petits pays » au sein des institutions		
						Projet de Constitution	
							Traité simplifié remplaçant la Constitution

2 Les symboles

1. Le drapeau européen

Un cercle de douze étoiles d'or sur fond bleu. Les étoiles représentent les peuples d'Europe, et forment un cercle en signe d'union. Elles sont au nombre invariable de douze, symbole de la perfection et de la plénitude dans la tradition grecque antique, et non, comme beaucoup le pensent encore, les douze pays qui faisaient alors partie de la CEE, de 1986 à 1995. Le drapeau a été adopté le 9 décembre 1955 par le Comité des ministres du Conseil de l'Europe.

2. L'hymne européen

L'Ode à la joie, mélodie tirée de la *XI*^{e} *Symphonie* de Ludwig van Beethoven (1823), a été retenue par le Conseil de l'Europe comme hymne européen officiel en 1972.

3. Le 9 mai

La journée de l'Europe, qui commémore la déclaration Schuman, le 9 mai 1950, est considérée comme l'acte de naissance de la construction européenne.

À retenir

Le 9 mai 1950 Robert Schuman, ministre français des Affaires étrangères, présente publiquement les idées qui sont à l'origine de la création de l'Union européenne.

Le 9 mai marque donc l'anniversaire de l'Union européenne.

4. La monnaie unique européenne

L'euro (€), depuis le 1er janvier 1999 (matérialisée depuis 2002). Particularité européenne supplémentaire : l'euro est la monnaie d'actuellement dix-neuf pays de l'Union européenne et la monnaie commune de l'Union, mais pas de tous les États membres.

5. La devise

In varietate concordia (expression latine signifiant « Uni dans la diversité ») proclamée devise officielle le 4 mai 2000 par le Parlement européen (ne deviendra la devise européenne que lors de l'entrée en vigueur du traité de Rome de 2004). Elle a été choisie par un regroupement de jeunes Européens.

3 Les réseaux d'information

Europe direct est un réseau d'information de la Commission européenne. Près de quatre cents centres d'information répartis sur tout le territoire européen donnent un accès direct et proche de chaque citoyen, à l'Union européenne. Des brochures gratuites en distribution, des expositions, des fiches synthétiques pour mieux comprendre et vivre l'Europe, mais aussi les rapports et brochures des différentes directions générales de la Commission européenne, leurs périodiques.

4 L'Union européenne et les collectivités territoriales

1. L'aide de l'Union européenne au développement des régions

La politique régionale de l'Union européenne (UE), également appelée « politique de cohésion », cherche à réduire les écarts de développement entre les régions de l'Union. Ces écarts se sont accrus avec le dernier élargissement si bien qu'une nouvelle politique régionale a été définie pour la période de programmation 2014-2020. En s'appuyant sur les principes de solidarité et de proximité, elle favorise la cohésion économique, sociale et territoriale de l'Union.

L'aide de l'Union européenne vient uniquement en complément des aides nationales, régionales et locales.

L'Union européenne soutient des projets menés par les acteurs européens que sont les entreprises, les collectivités locales, les associations, les centres de formation, de recherche, les établissements d'enseignement…

Les « programmes, subventions et prêts » de l'Union portent sur une grande variété de domaines (éducation, énergie, environnement…) et soutiennent des actions bien définies, qui ont fait l'objet de dépôts de dossier par les partenaires impliqués. Ils sont limités dans le temps. Sept chapitres de l'action en direction des régions sont recensés comme : les jumelages de villes, l'aide au développement rural, l'aide aux quartiers en difficulté…

2. Les objectifs

La politique régionale vise à réduire les écarts de développement entre les régions de l'Union par un transfert de ressources des régions les plus riches vers celles les plus démunies.

Afin de rattraper le retard économique des régions en difficulté et de renforcer la cohésion de l'Union, la politique régionale concentre son action sur trois axes principaux :

- améliorer la compétitivité régionale ;
- soutenir la création d'emplois ;
- équilibrer le développement harmonieux et durable des zones urbaines et rurales.

Le **comité des régions**, qui représente les collectivités territoriales, donne son avis sur la politique régionale mise en œuvre. Il est obligatoirement consulté par la Commission européenne ou le Conseil de l'Union européenne sur les sujets suivants : cohésion économique et sociale, professionnelle, politique sociale et réseaux d'infrastructure.

Exemple

Actions menées par l'Union européenne en France

Dans la région Nord-Pas-de-Calais, l'Union européenne a financé des programmes de recherche visant à l'innovation technologique et a lancé l'opération « Villes et territoires numériques » : plus de deux milles personnes ont été formées aux nouvelles technologies de l'information et de la communication.

Le Dunkerquois a reçu de l'Union européenne 120 millions d'euros pour développer des grands projets dans le domaine du tourisme (Kursaal), du développement portuaire (ports de plaisance et terminaux conteneurs), du développement économique (Hôtel des technologies), de l'environnement (bus au gaz naturel, Centre de valorisation énergétique).

Les aides européennes ont permis à la Lorraine d'établir un partenariat transfrontalier avec la Sarre (Allemagne) pour développer l'industrie plastique, qui représente plus de deux mille emplois dans ces deux régions.

En Bretagne, l'Union européenne a participé aux travaux de réhabilitation de la citadelle Vauban de Belle-Île-en-Mer ainsi qu'à l'aménagement du site de la pointe du Raz (Finistère).

En Normandie, les opérations de désensablement du mont Saint-Michel pour maintenir le caractère maritime du site bénéficient de 21,5 millions d'euros de fonds européens, soit 15 % du coût total.

Les fonds structurels ont également un rôle décisif en matière de cohésion sociale : ils ont ainsi permis selon la Commission européenne de créer entre 1994 et 1999 huit cent mille emplois et d'offrir une formation à 8 millions de personnes.

5 Les organes de décision et de gestion de l'Union européenne

1. Le Parlement européen : la voix du peuple

Le Parlement européen est élu tous les cinq ans par les citoyens européens afin de représenter leurs intérêts. Le Parlement actuel, élu en juin 2014 (élections européennes), est composé de sept cent cinquante et un membres (les députés européens) issus des vingt-huit pays de l'Union européenne. Près d'un tiers d'entre eux (273) sont des femmes, soit 36,4 %.

La principale tâche du Parlement est d'adopter des lois européennes. Il partage cette responsabilité avec le Conseil de l'Union européenne, et les propositions de lois nouvelles proviennent de la Commission européenne. Le Parlement et le Conseil ont également des responsabilités partagées pour l'approbation du budget annuel de l'Union européenne qui s'élève à une centaine de milliards d'euros. Le Parlement a le pouvoir de censurer la Commission européenne. Les membres du Parlement européen (MPE) ne siègent pas en groupes nationaux, mais se répartissent entre sept groupes politiques de dimension européenne. Le plus grand d'entre eux est le Parti populaire européen (centre droit, démocrates chrétiens), suivi par les socialistes, les libéraux et les verts. Au total, les MPE représentent toutes les positions sur l'intégration européenne, des plus pro-fédéralistes aux plus ouvertement eurosceptiques. Les principales sessions du Parlement ont lieu à Strasbourg, les autres à Bruxelles. À l'instar des autres institutions européennes, il travaille dans les vingt langues officielles de l'Union européenne.

Le Parlement élit le médiateur européen qui examine les plaintes des citoyens pour mauvaise administration de la part des institutions européennes.

2. Le Conseil européen

Le Conseil européen est l'héritier des conférences au sommet réunissant les chefs d'État ou de gouvernement des États membres de la Communauté.

Le premier de ces sommets s'est tenu à Paris en 1961. C'est le sommet européen de Paris de février 1974 qui a décidé que ces réunions de chefs d'État ou de gouvernement se tiendraient régulièrement et prendraient le nom de « Conseil européen » pour permettre une approche globale des problèmes de la construction européenne et assurer la cohésion d'ensemble des activités communautaires.

Le Conseil européen fournit à l'Union « l'impulsion nécessaire à son développement » et définit « les orientations politiques générales » (art. 4 TUE). Ensemble, les chefs d'État ou de gouvernement définissent les priorités et le calendrier de la construction européenne.

Le Conseil européen ne doit pas être confondu avec :

- le Conseil de l'Union européenne qui réunit les ministres des États membres (par domaine de compétences) et qui adopte, avec le Parlement européen, les textes juridiques européens ;
- le Conseil de l'Europe qui est une organisation internationale extérieure à l'Union européenne, tournée vers l'éducation, la culture et surtout la défense des droits de l'homme ;
- le Conseil de l'Union européenne : la voix des États membres.

3. Le Conseil de l'Union européenne

Autrefois appelé le Conseil des ministres, il partage avec le Parlement la responsabilité de l'adoption de la législation ainsi que de la prise de décisions politiques. Il est aussi le principal responsable de ce que fait l'Union européenne dans le domaine de la politique étrangère et de sécurité commune ainsi que des actions de l'Union européenne sur certaines questions relatives à la justice et à la liberté.

Le Conseil est composé de ministres issus des gouvernements nationaux de tous les pays de l'Union européenne. Aux réunions assistent les ministres responsables des thèmes qui seront traités : les ministres des Affaires étrangères, les ministres de l'Économie et des Finances, les ministres de l'Agriculture et ainsi de suite, selon le cas.

Collectivités territoriales

Chaque pays dispose au Conseil d'un certain nombre de voix reflétant la taille de sa population, mais affecté d'une pondération favorable aux pays plus petits. La plupart des décisions sont prises à la majorité, bien que l'unanimité soit requise pour les questions délicates touchant à des domaines tels que la fiscalité, l'asile et l'immigration, ou la politique étrangère et de sécurité.

Jusqu'à quatre fois par an, les présidents et/ou premiers ministres des États membres se réunissent au niveau du Conseil européen. C'est au cours de ces réunions « au sommet » que sont définies les grandes orientations politiques de l'Union européenne.

4. La Commission européenne : promouvoir l'intérêt commun

La Commission européenne représente et défend les intérêts de l'Union européenne dans son ensemble. Elle est indépendante des gouvernements nationaux.

Elle élabore les propositions de nouvelles lois européennes, qu'elle soumet au Parlement européen et au Conseil. Elle veille quotidiennement à la bonne exécution des politiques de l'Union européenne et supervise la manière dont les fonds européens sont dépensés. Elle veille également au respect des traités européens et de la législation communautaire. Elle peut prendre des mesures à l'encontre des contrevenants, et notamment les assigner devant la Cour de justice.

La Commission est composée de vingt-cinq hommes et femmes et un commissaire par État membre de l'Union européenne. Ils sont assistés par environ vingt-quatre mille fonctionnaires, dont la plupart travaillent à Bruxelles.

Le président de la Commission est désigné par les gouvernements des États membres de l'Union européenne et doit être approuvé par le Parlement européen. Les autres commissaires sont désignés par le gouvernement de leur État membre en concertation avec le président entrant, et ils doivent être approuvés par le Parlement. Ils ne représentent pas le gouvernement de leur pays. Chacun d'eux est chargé d'une politique donnée de l'Union européenne.

Le président et les membres de la Commission sont désignés pour une période de cinq ans, qui coïncide avec la durée pour laquelle le Parlement européen est élu.

5. La Cour de justice : la primauté du droit

Le rôle de la Cour de justice est de veiller à ce que la législation européenne soit interprétée et appliquée de la même manière dans tous les pays de l'Union européenne, afin que la loi soit la même pour tous. Elle veille, par exemple, à ce que les juridictions nationales ne rendent pas de jugements différents sur une même question. La Cour veille également à ce que les États membres et institutions de l'Union européenne fassent ce que la législation exige d'eux. La Cour a son siège à Luxembourg et est composée d'un juge de chaque État membre.

6. La Cour des comptes : du bon usage de votre argent

La Cour des comptes veille à ce que les fonds européens, qui proviennent des contribuables, soient dépensés dans la légalité, avec parcimonie et aux fins auxquelles ils sont destinés. La Cour a son siège à Luxembourg et a le droit de vérifier les comptes de toute organisation, de tout organe ou de toute entreprise qui gère des fonds européens.

7. Le Comité économique et social : la voix de la société civile

Les trois cent dix-sept membres du Comité économique et social représentent un grand nombre de groupes d'intérêts : employeurs, syndicats, consommateurs ou écologistes. Le Comité est un organe consultatif dont la tâche est d'émettre des avis sur les décisions communautaires proposées en matière d'emploi, de dépenses sociales, de formation professionnelle, etc.

8. Le Comité des régions : la dimension locale

Le Comité des régions est consulté sur des propositions de décisions communautaires qui ont un impact direct au niveau régional ou au niveau local dans des domaines comme les transports, la santé, l'emploi ou l'éducation. Ses trois cent dix-sept membres sont souvent des élus régionaux ou des maires.

9. La Banque centrale européenne : une monnaie stable

Basée à Francfort, la Banque centrale européenne (BCE) est responsable de la gestion de l'euro – ce qui signifie par exemple qu'elle fixe les taux d'intérêt. Son principal objectif est de garantir la stabilité des prix de manière à éviter que l'économie européenne ne soit affectée par l'inflation. La BCE prend ses décisions indépendamment des gouvernements et autres organes. Mario Draghi en est le président depuis le 1er novembre 2011.

10. La Banque européenne d'investissement : prêter une main secourable

La Banque européenne d'investissement accorde des financements pour des projets d'investissement d'intérêt européen, notamment dans des régions moins favorisées. Elle finance des projets d'infrastructures : il peut s'agir, par exemple, de la construction de voies ferrées, de routes, d'aéroports ou de projets environnementaux. Elle octroie des prêts pour le financement des investissements des PME. La Banque, établie à Luxembourg, accorde aussi des prêts aux pays candidats et aux pays en développement. Parce qu'elle est la propriété des gouvernements de l'Union européenne, cette banque peut mobiliser des capitaux et octroyer des prêts à des taux avantageux.

11. Que fait l'Union européenne ?

L'Union européenne agit dans les domaines où son action est profitable aux États membres :

- les politiques de solidarité (appelées aussi politiques de cohésion) dans les domaines régional, agricole et social ;
- les politiques d'innovation, en favorisant les progrès dans les domaines d'avenir comme la protection de l'environnement, la recherche et l'innovation technologique, l'énergie.

L'Union européenne dispose pour cela d'un budget qui permet d'agir en addition et en complémentarité des États membres. Ce budget est modeste par rapport à l'économie européenne – il représente au maximum 1,24 % du revenu national brut de l'ensemble des pays.

6 Les domaines d'intervention de l'Union européenne

1. Les politiques de solidarité

Les politiques de solidarité ont principalement pour objet d'accompagner la réalisation du marché intérieur et d'en corriger les déséquilibres par des mesures structurelles favorisant les régions en retard ou les secteurs de production en difficulté. Cet impératif d'une solidarité entre les États membres et les régions s'est encore accentué avec l'arrivée des nouveaux États membres dont les revenus sont très inférieurs à la moyenne de l'Union. L'Union doit également apporter sa contribution à la reconversion des secteurs d'activités durement touchés par la concurrence mondiale en pleine expansion.

a. L'action régionale

La politique régionale de l'Union est fondée sur des transferts financiers. Ces transferts profitent au développement des régions en retard, à la reconversion de certaines zones industrielles, à l'aide aux chômeurs de longue durée, à l'insertion professionnelle des jeunes, à la modernisation des structures agricoles et aux zones rurales défavorisées.

Le 8 août 2014, la Commission européenne a adopté l'Accord de partenariat français qui valide le champ d'intervention de la programmation 2014-2020 des fonds européens structurels et d'investissement (FESI) : le Fonds européen de développement régional (FEDER), le Fonds social européen (FSE), le Fonds européen agricole de développement rural (FEADER) et le Fonds européen pour les affaires maritimes et la pêche (FEAMP).

Ainsi, les interventions des FESI devront répondre à trois grands enjeux :

- l'enjeu de la compétitivité de l'économie et de l'emploi ;
- l'enjeu de la transition énergétique et écologique et de la gestion durable des ressources ;

- l'enjeu de l'égalité des territoires et des chances.

Le soutien de l'Union européenne, soit environ 26,7 milliards euros pour 7 ans, interviendra essentiellement en faveur de :

- la compétitivité des petites et moyennes entreprises et l'innovation ;
- l'emploi des jeunes et l'accompagnement personnalisé sur le marché du travail ;
- l'inclusion sociale pour lutter contre la pauvreté ;
- la transition vers une économie bas carbone ;
- la protection et la préservation de l'environnement et du patrimoine.

Ce document rédigé en étroite collaboration entre l'État et les régions est le fruit d'un an de concertation avec le partenariat national (350 organismes représentants la société civile, les acteurs économiques, les partenaires sociaux, les collectivités et l'État). Il a fait l'objet d'importantes négociations avec la Commission européenne.

L'adoption de l'Accord de partenariat ouvre la programmation 2014-2020 des fonds européens.

Ces objectifs seront financés par des fonds spécifiques, les fonds structurels, qui viennent compléter ou stimuler les efforts des États, des régions et des investissements privés.

Le Fonds européen de développement régional (FEDER) finance le renforcement de la cohésion économique, sociale et territoriale en réduisant les disparités régionales et en soutenant le développement et l'ajustement structurel des économies régionales, y compris la reconversion des régions industrielles en déclin.

Le Fonds social européen (FSE) finance la formation professionnelle, l'aide à l'emploi et l'insertion professionnelle.

À côté de ces fonds structurels, il existe un Fonds de cohésion, qui finance les infrastructures de transport et d'environnement dans les États membres dont le produit intérieur brut (PIB) par habitant est inférieur à 90 % de celui de l'Union.

b. La politique agricole commune (PAC)

Le traité de Rome de mars 1957 avait fixé à la PAC des objectifs qui ont été largement atteints : assurer un niveau de vie équitable à la population agricole, stabiliser les marchés, assurer des prix raisonnables aux consommateurs, moderniser les structures agricoles. D'autres principes progressivement mis en place ont correctement fonctionné. La sécurité des approvisionnements a été assurée pour les consommateurs, qui ont pu bénéficier de prix stables, à l'écart des fluctuations du marché mondial. Le financement de la PAC transite par le Fonds européen d'orientation et de garantie agricole (FEOGA).

Victime de son succès, la politique agricole a dû redéfinir ses méthodes pour limiter une croissance de production qui dépassait largement celle de la consommation et générait des coûts considérables à la charge du budget de l'Union. La réforme de la PAC commence à porter ses fruits : la PAC a su maîtriser ses productions. Les agriculteurs sont encouragés à participer à une agriculture durable, sauvegardant l'environnement et le milieu rural, et contribuant à améliorer la qualité ainsi que la sécurité de notre alimentation.

Le monde agricole se voit confier de nouvelles tâches : assurer une certaine activité économique au sein de chaque territoire et entretenir la diversité de nos paysages. Cette diversité et la relation harmonieuse entre l'homme et les terroirs, la reconnaissance d'une « civilisation rurale » sont des éléments importants de l'identité européenne.

La Commission prévoit également de permettre à l'Europe d'exercer une influence dans les règles de l'Organisation mondiale du commerce : privilégier la qualité des aliments, le principe de précaution et le bien-être des animaux. De même, l'Union a entamé une réforme de sa politique de la pêche, qui vise à réduire les surcapacités des flottes de pêche, à protéger les ressources de la mer tout en aidant financièrement les personnes qui quittent ce secteur.

c. La dimension sociale

Une politique sociale volontariste tente de corriger les déséquilibres les plus flagrants. Le Fonds social européen a été mis en place en 1961 pour promouvoir les facilités d'emploi et la mobilité professionnelle et géographique des travailleurs.

L'aide financière n'est pas le seul instrument concrétisant la vocation sociale de l'Union. Cette aide ne suffirait pas à remédier à l'ensemble des situations dues à la crise ou au retard de développement de certaines régions. Les effets dynamiques de la croissance doivent en priorité favoriser le progrès social. Celui-ci est également accompagné par une législation garantissant un « socle » de droits minimaux. Cet espace social est à la fois constitué de règles inscrites dans les traités, comme l'égalité de rémunération à travail égal entre hommes et femmes, et issu de directives portant sur la protection des travailleurs (hygiène et sécurité sur le lieu de travail) et sur les normes de sécurité essentielles.

En adoptant, en 1991, la Charte européenne des droits sociaux fondamentaux, le Conseil européen de Maastricht définit les droits dont devrait bénéficier le monde du travail dans toute la Communauté : libre circulation, juste rémunération, amélioration des conditions de travail, protection sociale, associations et négociations collectives, formation professionnelle, égalité de traitement entre hommes et femmes, information, consultation et participation des travailleurs, protection de la santé et de la sécurité sur le lieu de travail, protection des enfants, des personnes âgées et des handicapés. Cette charte a été intégrée à Amsterdam en juin 1997 dans le corps du traité et est applicable à tous les États membres.

2. Les politiques d'innovations

La dimension européenne est présente dans le cadre de vie du citoyen en s'attaquant aux défis concrets de la société : la protection de l'environnement, la santé, l'innovation technologique, l'énergie, etc.

a. L'environnement et le développement durable

L'Union européenne a convenu de parvenir à une réduction de ses émissions de gaz à effets de serre (GES) d'au moins 20 % d'ici à 2020 (30 %, pour autant que d'autres pays développés s'engagent à réaliser des réductions comparables de leurs émissions et que les pays en développement apportent une contribution adéquate et adaptée à leurs responsabilités et à leurs capacités respectives), de faire en sorte que la part de l'énergie renouvelable dans la consommation d'énergie atteigne 20 % d'ici à 2020, et de réduire de 20 % la consommation d'énergie primaire par rapport aux niveaux des projections, en améliorant l'efficacité énergétique.

Collectivités territoriales

À cette fin, le 7e programme de l'Union dans le domaine de l'environnement, couvrant la période 2014-2020, « 7e PAE » et intitulé « Bien vivre, dans les limites de notre planète », poursuit les objectifs prioritaires suivants :

- protéger, conserver et améliorer le capital naturel de l'Union ;
- faire de l'Union une économie efficace dans l'utilisation des ressources, verte, compétitive et à faibles émissions de CO_2 ;
- protéger les citoyens de l'Union contre les pressions et les risques pour la santé et le bien-être liés à l'environnement ;
- tirer le meilleur profit de la législation de l'Union dans le domaine de l'environnement en améliorant sa mise en œuvre ;
- améliorer la base de connaissances et de données étayant la politique de l'environnement de l'Union ;
- garantir la réalisation d'investissements à l'appui des politiques dans les domaines de l'environnement et du climat et lutter contre les externalités environnementales ;
- améliorer l'intégration de la dimension environnementale et la cohérence des politiques ;
- renforcer le caractère durable des villes de l'Union ;
- accroître l'efficacité de l'Union dans la lutte contre les problèmes qui se posent au niveau international dans le domaine de l'environnement et du climat.

Le programme parallèle pour l'environnement et l'action pour le climat couvrant la période allant du 1er janvier 2014 au 31 décembre 2020 (dénommé « programme LIFE », instrument financier pour l'environnement) poursuit en particulier les objectifs généraux suivants :

- contribuer à opérer une transition vers une économie efficace dans l'utilisation des ressources, à faible intensité de carbone et résiliente aux effets du changement climatique, à protéger et à améliorer la qualité de l'environnement, et à stopper et à inverser le processus d'appauvrissement de la biodiversité, en appuyant le réseau Natura 2000 et en luttant contre la dégradation des écosystèmes ;
- améliorer l'élaboration, la mise en œuvre et le contrôle de l'application de la politique et de la législation de l'Union en matière d'environnement et de climat et catalyser et promouvoir l'intégration sur les plans politique et financier des objectifs en matière d'environnement et de climat dans les autres politiques de l'Union et dans les pratiques des secteurs public et privé, y compris par un renforcement des capacités des secteurs public et privé ;
- contribuer à une meilleure gouvernance en matière d'environnement et de climat à tous les niveaux, grâce notamment à une meilleure participation de la société civile, des ONG et des acteurs locaux ;
- soutenir la mise en œuvre du 7e programme d'action pour l'environnement.

Le programme LIFE vise spécifiquement à financer des améliorations et des travaux de recherche dans le domaine de la protection de la nature et de la biodiversité et dispose d'un budget de 3,4 milliards d'euros pour la période 2014-2020.

b. La recherche et l'innovation

L'innovation se trouve au cœur de la stratégie de l'Union européenne pour la croissance et l'emploi. Les pays de l'UE sont encouragés à investir 3 % de leur PIB dans la recherche et le développement d'ici à 2020 (1 % de financement public et 2 % d'investissements du secteur privé), ce qui devrait permettre de créer 3,7 millions d'emplois et d'accroître le PIB annuel de l'UE de près de 800 milliards d'euros.

L'initiative « Union de l'innovation » concentre les efforts de l'UE, et sa coopération avec des pays non-membres, sur les grands défis de notre époque : énergie, sécurité alimentaire, changement climatique et vieillissement de la population. Elle a recours à l'intervention du secteur public pour stimuler le secteur privé et supprimer les goulets d'étranglement qui empêchent les idées de trouver une application concrète sur le marché, à cause du manque de financement, de la fragmentation des systèmes de recherche et des marchés, du recours insuffisant aux marchés publics en matière d'innovation ou de la lenteur des procédures de normalisation.

L'UE œuvre également à la création d'un espace européen de la recherche unique, qui permettra aux chercheurs de travailler partout dans l'Union et qui encouragera la coopération transfrontalière.

c. Le financement par l'Union européenne

En janvier 2014, l'UE a lancé son nouveau programme de recherche septennal, Horizon 2020. Une enveloppe de près de 80 milliards d'euros sera disponible d'ici à 2020, en plus des investissements privés et publics des pays membres que ce financement de l'UE attirera. Horizon 2020 regroupe en un seul programme tous les types de financement en faveur de la recherche et de l'innovation. Il vise à :

- renforcer la position de l'UE dans le domaine scientifique (24,4 milliards d'euros de fonds, dont 13 milliards en faveur du Conseil européen de la recherche) ;
- renforcer l'innovation industrielle (17 milliards d'euros), notamment en investissant dans des technologies clés, en améliorant l'accès aux capitaux et en soutenant les PME ;
- relever de grands défis sociaux tels que le changement climatique, le transport durable, les sources d'énergie renouvelables, la sécurité alimentaire et le vieillissement de la population (24,4 milliards d'euros).

Horizon 2020 s'emploiera à :

- garantir que les avancées technologiques sont transformées en produits viables ayant un réel potentiel commercial en établissant des partenariats entre l'industrie et les pouvoirs publics ;
- intensifier la coopération internationale en matière de recherche et d'innovation en invitant les pays et organisations en dehors de l'UE à y participer ;
- poursuivre le développement de l'espace européen de la recherche.

d. L'énergie

Près de 80 % de la consommation d'énergie de l'Union européenne est assurée par des combustibles fossiles – pétrole, gaz naturel et charbon. Une proportion importante et toujours plus grande de ces combustibles fossiles provient de l'extérieur de l'Union européenne. La dépendance à l'égard des importations de gaz et de pétrole, de 50 % aujourd'hui, pourrait passer à 70 % d'ici à 2030. L'Union européenne sera donc plus vulnérable face aux ruptures d'approvisionnement ou hausses de prix provoquées par les crises internationales. Elle doit aussi réduire sa consommation de combustibles fossiles afin d'inverser la tendance au réchauffement de la planète.

L'avenir exige de combiner plusieurs éléments : économiser l'énergie en l'utilisant de manière plus intelligente, développer les sources d'énergie alternatives (en particulier les énergies renouvelables en Europe) et renforcer la coopération internationale. Il serait possible d'économiser un cinquième de la consommation énergétique d'ici à 2020 en modifiant le comportement des consommateurs et en utilisant des technologies qui améliorent l'efficacité énergétique.

3. Le budget de l'Union européenne et les ressources propres

Pour financer ces politiques, l'Union européenne dispose d'un budget annuel qui se monte à plus de 120 milliards d'euros. Ce budget est financé par des ressources propres qui sont plafonnées à 1,24 % du revenu national brut de l'ensemble des États membres.

Ces ressources sont principalement tirées :

- des droits de douane perçus sur les produits importés de l'extérieur, y compris les prélèvements agricoles ;
- d'une fraction de la taxe de la valeur ajoutée perçue sur les biens et services dans l'ensemble de l'Union européenne ;
- d'une recette provenant des contributions des États membres et fondée sur leur richesse respective.

Le budget annuel de l'UE s'élève à **148,2 milliards d'euros** (chiffres de 2019) – un montant élevé en termes absolus, mais qui représente seulement **1 %** de la richesse produite chaque année par les pays membres de l'UE.

Contrairement au budget national de la plupart des États membres, celui de l'UE couvre une longue période, **d'au moins 5 ans (7 ans en général)**. Durant cette période, que l'on appelle le « cadre financier pluriannuel », les gouvernements des pays de l'UE et le Parlement européen plafonnent les dépenses annuelles dans une série de domaines (appelées « rubriques »).

Le budget est dépensé là où les États membres ont intérêt à **mettre en commun leurs ressources** plutôt qu'à agir seuls, par exemple pour améliorer l'interconnexion des réseaux de transports, énergétiques et de communication entre eux, améliorer la protection de l'environnement sur tout le continent, renforcer la compétitivité de l'économie européenne au niveau mondial, ou aider les chercheurs et les scientifiques européens à collaborer au-delà des frontières, pour le bénéfice de l'Europe tout entière.

Exemple : La prise de décision communautaire

Le Conseil européen donne l'impulsion

Le Conseil européen encourage la Commission européenne à compléter la législation existante en matière de sécurité maritime.

Le Conseil européen réunit les chefs d'État et de gouvernement des pays membres de l'Union européenne, ainsi que le président de la Commission. Il se réunit au moins deux fois par an, en juin et décembre, pour déterminer les grandes orientations de l'Union européenne.

Le président de la République représente la France au Conseil européen. Il y est accompagné du ministre des Affaires étrangères.

La Commission propose une nouvelle législation

La Commission européenne, s'appuyant sur les objectifs de l'Union européenne en matière d'environnement, propose de nouvelles mesures destinées à améliorer la sécurité maritime.

Garante de l'intérêt de l'Union dans son ensemble, la Commission propose et met en œuvre les décisions de l'Union européenne.

Comme tous les pays membres, la France compte un représentant au sein de la Commission. Cependant, les commissaires agissent en toute indépendance par rapport à leur état d'origine.

Schéma classique du cheminement d'une prise de décision au sein de l'organisation européenne

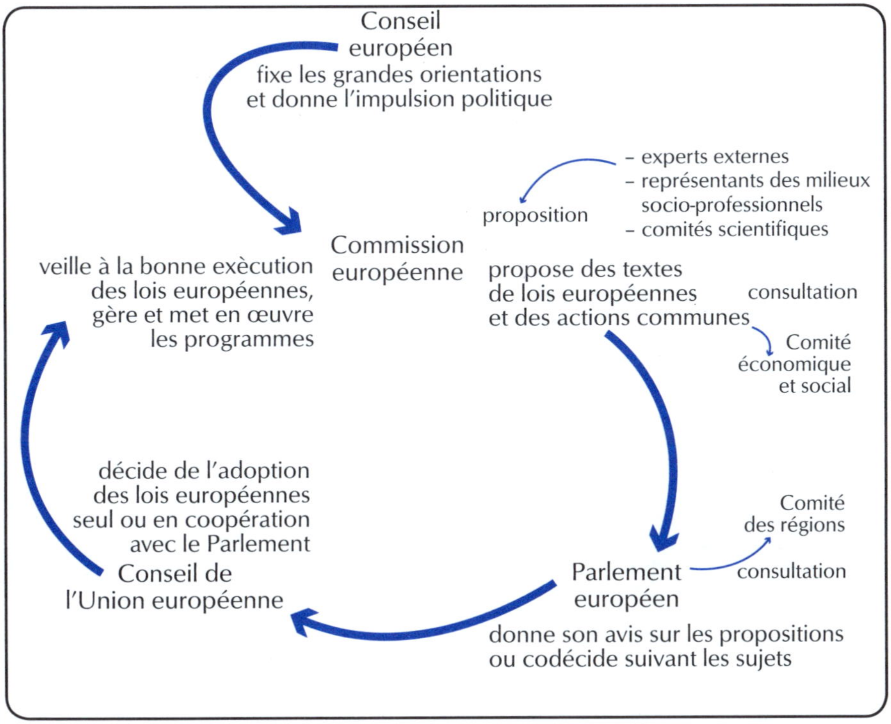

Le Parlement européen débat

La Commission transmet sa proposition au Parlement européen et au Conseil de l'Union européenne. Le Parlement européen débat publiquement des mesures proposées et procède au vote.

Siégeant à Bruxelles et à Strasbourg, le parlement européen exerce un pouvoir législatif et budgétaire. Il est composé de sept cent trente-six députés, élus tous les cinq ans par les citoyens européens.

La France compte au sein du Parlement européen soixante douze députés, répartis en fonction de leurs affinités politiques.

Le Conseil des ministres délibère

Les vingt-sept ministres de l'environnement réunis en Conseil de l'Union européenne examinent et votent les mesures proposées.

Le Conseil de l'Union européenne (encore appelé Conseil des ministres, ou tout simplement Conseil) réunit les ministres concernés par l'ordre du jour.

Collectivités territoriales

Les ministres français siègent au Conseil de l'Union européenne en fonction de l'ordre du jour, en formation générale (ministre des Affaires étrangères et/ou européennes) ou spécialisée (ministre de l'Agriculture pour la politique agricole commune, ministre des Finances pour la monnaie unique, etc.).

La législation est adoptée

Les échanges entre le parlement et le Conseil aboutissent à un « paquet » législatif qui contient plusieurs directives et règlements renforçant la législation sur la sécurité maritime.

Les États membres sont chargés de transposer les directives dans leur droit national (les règlements s'appliquant directement).

En France, cette transposition se fait par voie réglementaire (mesures gouvernementales) et/ou législative (loi votée par l'Assemblée et le Sénat).

ENTRAÎNEMENT

La commune

		Vrai	Faux
1.	Le maire décide du nombre de conseillers municipaux.	❑	❑
2.	C'est le maire qui nomme les adjoints au maire.	❑	❑
3.	Il y a environ 37 000 communes en France.	❑	❑
4.	Dans la commune, le maire est responsable : du bon ordre, de la sécurité, de la tranquillité et de la justice sur le territoire de la commune.	❑	❑
5.	C'est le commissaire de la police municipale qui décide d'armer ou non ses agents de police.	❑	❑
6.	Le maire est un fonctionnaire, chef du personnel municipal.	❑	❑
7.	Le conseil municipal est élu par un scrutin de liste.	❑	❑
8.	Pour voter l'année prochaine, il faut être inscrit sur les listes électorales au plus tard le 31 décembre de cette année.	❑	❑
9.	Le maire n'est pas autorisé à se mettre en grève.	❑	❑
10.	La parité aux élections municipales veut dire que les candidats doivent se présenter par paires.	❑	❑
11.	Les séances du conseil municipal sont publiques.	❑	❑
12.	Le conseil municipal doit se réunir au moins une fois par mois.	❑	❑
13.	Un agent de la commune peut se présenter aux élections municipales de la commune.	❑	❑
14.	Pour être maire, il faut avoir au minimum 21 ans.	❑	❑
15.	Lors de l'élection du maire, en cas d'égalité de voix entre deux candidats, le plus âgé sera élu.	❑	❑
16.	Le maire est officier de police judiciaire.	❑	❑
17.	En cas d'absence du maire, c'est le doyen d'âge du conseil qui le remplace.	❑	❑
18.	Le nombre de conseillers municipaux varient en fonction du nombre d'habitants de la commune.	❑	❑
19.	Le conseil municipal peut révoquer le maire.	❑	❑

	Vrai	Faux
20. Comme le président de la République avec l'Assemblée nationale, le maire peut dissoudre le conseil municipal.	❑	❑
21. La convocation du conseil municipal est un pouvoir propre du maire.	❑	❑
22. Un ressortissant d'un pays membre de l'Union européenne peut être maire.	❑	❑
23. En qualité d'officier d'état civil et officier de police judiciaire, le maire est placé sous l'autorité du ministre de l'Intérieur.	❑	❑

La coopération intercommunale

	Vrai	Faux
1. La création d'une structure intercommunale va coûter cher à la commune.	❑	❑
2. Les citoyens élisent les membres du conseil communautaire des syndicats intercommunaux.	❑	❑
3. Une structure intercommunale peut lever l'impôt.	❑	❑
4. La mise en place d'une coopération intercommunale va améliorer l'offre de services publics pour la population.	❑	❑
5. Les maires sont, de droit, membres des structures intercommunales.	❑	❑
6. Les services proposés par un établissement intercommunal sont toujours gratuits.	❑	❑
7. L'intercommunalité, c'est plusieurs communes qui se regroupent pour mettre en œuvre un service public.	❑	❑
8. Si une commune adhère à un syndicat intercommunal, elle est mise sous tutelle de l'État.	❑	❑
9. C'est le maire représentant la commune la plus importante qui est de droit président du conseil communautaire du syndicat intercommunal.	❑	❑
10. Le conseil communautaire prend des délibérations.	❑	❑
11. Les communautés de communes ne sont pas des EPCI.	❑	❑
12. Il y a deux familles d'EPCI, les EPA et les EPIC.	❑	❑
13. Il y a deux familles d'EPIC, les EPA et les EPCI.	❑	❑
14. Le maire est de droit président du CCAS.	❑	❑
15. La loi du 12 juillet 1999 dite « loi Chevènement » porte sur l'intercommunalité.	❑	❑

16. La mise en œuvre de la coopération intercommunale s'effectue par la création d'établissements publics intercommunaux. ❑ ❑
17. La métropole est une nouvelle collectivité territoriale. ❑ ❑
18. Le pôle métropolitain est un EPCI sans fiscalité propre. ❑ ❑
19. Le schéma départemental de coopération intercommunale peut proposer la fusion d'EPCI. ❑ ❑
20. La métropole concerne des agglomérations d'au moins 500 000 habitants. ❑ ❑
21. La métropole exerce de plein droit certaines compétences en lieu et place des communes, des départements et des régions. ❑ ❑
22. Le fléchage des candidats sur les listes électorales régionales indique que ce sont ces personnes qui siègeront aux conseils communautaires. ❑ ❑
23. Le pôle métropolitain regroupe au moins 300 000 habitants autour de l'aménagement du territoire. ❑ ❑
24. Dans une métropole, les maires conservent des compétences en matière d'urbanisme. ❑ ❑
25. Le conseil communautaire est la nouvelle appellation des conseils d'administration des métropoles, CU, communautés d'agglomération et communauté de communes. ❑ ❑
26. Les membres des conseils communautaires sont élus par la population. ❑ ❑
27. Tout ou partie des compétences du domaine de l'action sociale des Départements peut être transféré aux métropoles. ❑ ❑
28. La métropole de Lyon est une collectivité territoriale. ❑ ❑
29. La métropole de Lyon a été créée le 1er janvier 2015. ❑ ❑
30. La métropole d'Aix-Marseille a été créée le 1er janvier 2015. ❑ ❑
31. La métropole du Grand Paris a été créée au 1er janvier 2017. ❑ ❑
32. Au 1/1/2020, il y a en France 21 métropoles de droit commun. ❑ ❑

Le département

Vrai Faux

1. Les élections départementales ont lieu tous les 6 ans, comme les élections municipales. ❑ ❑
2. Le président du conseil départemental est un fonctionnaire. ❑ ❑

3. On peut être président du conseil départemental et maire.	❑	☒
4. Le canton est une circonscription électorale.	☒	❑
5. Le canton est une mini collectivité territoriale.	❑	☒
6. Le président du conseil départemental a un mandat de 3 ans.	❑	☒
7. Le président et les vice-présidents du conseil départemental ont été élus par les conseillers départementaux.	☒	❑
8. Un conseiller départemental a un mandat de 6 ans.	☒	❑
9. Le conseil départemental se réunit au moins une fois par trimestre.	☒	❑
10. Le conseil départemental ne prend pas d'arrêté.	☒	☒
11. Le président du conseil départemental prend des circulaires pour l'entretien des collèges.	❑	☒
12. Si le territoire géographique du département existe depuis 1790, c'est devenu une personne morale, juridiquement autonome, depuis 1982.	☒	❑
13. Mayotte est devenu le 101e département lors des élections départementales de mars 2014.	☒	☒
14. Le conseiller départemental est hiérarchiquement supérieur à un maire.	❑	☒
15. Les conseillers départementaux ont été élus, à compter de 2015, sur des cantons au scrutin uninominal majoritaire.	❑	☒
16. L'assemblée des conseillers départementaux est élue en alternance tous les 3 ans.	❑	☒
17. La parité est obligatoire pour les élections des conseillers départementaux.	☒	❑
18. Depuis 2015, il y a plus de cantons pour élire les conseillers départementaux.	❑	☒

La région

	Vrai	Faux
1. Élire le conseil régional au scrutin mixte veut dire qu'il doit y avoir autant d'hommes que de femmes sur les listes.	❑	☒
2. Le conseil régional n'est pas élu au suffrage universel indirect.	☒	❑
3. Le conseil régional est réélu tous les 5 ans.	❑	☒

4. Un Européen inscrit sur les listes électorales peut voter aux élections régionales.	❑	❑
5. La collectivité territoriale région est hiérarchiquement supérieure au département et à la commune.	❑	❑
6. La parité n'est pas obligatoire aux élections régionales.	❑	❑
7. La région n'est pas un service déconcentré de l'État.	❑	❑
8. Il est prévu trois organes au sein des collectivités territoriales régions : un organe délibérant, un organe exécutif et un organe consultatif.	❑	❑
9. C'est le président du conseil régional qui choisit les vice-présidents.	❑	❑
10. La France métropolitaine ne compte pas 26 régions.	❑	❑
11. Les régions d'outre-mer sont des régions monodépartementales.	❑	❑
12. Le conseil économique, social et environnemental régional est un service du conseil régional.	❑	❑
13. Les conseillers régionaux élisent le président du conseil régional pour 3 ans.	❑	❑
14. Les conseillers régionaux règlent par leurs arrêtés les affaires de la région.	❑	❑
15. Mayotte, Guyane, Martinique et Corse sont des collectivités uniques.	❑	❑

Les compétences des collectivités territoriales

	Vrai	Faux
1. La compétence principale du département est l'urbanisme.	❑	❑
2. La compétence principale de la région est la formation professionnelle.	❑	❑
3. Le schéma régional des transports est une compétence des communes.	❑	❑
4. Les crèches municipales font partie de compétences obligatoires des communes.	❑	❑
5. Une commune a l'obligation de mettre en place des espaces verts dans chaque quartier.	❑	❑
6. Les départements ont l'obligation d'entretenir les routes départementales.	❑	❑

ENTRAÎNEMENT

7. Une commune peut construire et équiper un collège.	❑	❑
8. Le département gère le Revenu de solidarité active (RSA).	❑	❑
9. Les transports publics hors agglomération sont une compétence des départements.	❑	❑
10. La région peut aider financièrement une commune à mettre en place un service public.	❑	❑
11. Un président de conseil départemental peut délivrer un permis de construire.	❑	❑
12. La construction, l'entretien, l'équipement et la rémunération des personnels enseignants des écoles primaires est une compétence des communes.	❑	❑
13. L'aide sociale à l'enfance relève du département.	❑	❑
14. Le département organise et finance les transports scolaires.	❑	❑
15. La Protection maternelle et infantile (PMI) est une compétence obligatoire des communes.	❑	❑

La réforme des collectivités territoriales et le Grand Paris

	Vrai	Faux
1. La réforme des collectivités territoriales a été votée le 16 décembre 2010.	❑	❑
2. Dans la loi du 16/12/2010, plusieurs départements peuvent se fusionner pour ne constituer qu'un seul grand territoire.	❑	❑
3. Les départements de la région et la région peuvent fusionner pour constituer une collectivité unique sur un grand territoire.	❑	❑
4. Les communes conservent la clause de compétence générale.	❑	❑
5. Les départements et les régions n'ont plus que des compétences exclusives.	❑	❑
6. Une compétence exclusive est un domaine d'intervention au libre choix de chaque collectivité.	❑	❑
7. La mission de la Société du Grand Paris est d'élaborer et de mettre en place un réseau de transport public en Île-de-France.	❑	❑
8. Des communes peuvent fusionner avec le département.	❑	❑

9. Le Grand Paris prévoit la fusion de l'ensemble des communes de l'agglomération parisienne. ❑ ❑
10. Une commune nouvelle est une commune qui se constitue par le regroupement de plusieurs EPCI. ❑ ❑
11. La mission de préfiguration du Grand Paris était chargée de préparer les conditions de mise en œuvre de la métropole en 2016. ❑ ❑
12. La création d'une commune nouvelle s'effectue par la fusion de communes existantes. ❑ ❑
13. Au sein d'une commune nouvelle, il peut y avoir des communes déléguées. ❑ ❑
14. Le Grand Paris prévoit la création du pôle scientifique et technologique de La Défense par la création d'un EPIC « Paris-La Défense ». ❑ ❑
15. Un département pourra demander à changer de région même si son territoire n'est pas contigu avec la région. ❑ ❑
16. La loi MAPTAM du 27 janvier 2014 a créé des collectivités territoriales chef de file et les métropoles. ❑ ❑
17. La loi du 16 janvier 2015 a créé 18 régions métropolitaines. ❑ ❑

Service public, établissement public

	Vrai	Faux
1. L'intérêt particulier prime sur l'intérêt général.	❑	❑
2. Créer un service public fait augmenter les impôts.	❑	❑
3. On crée un service public pour répondre à un besoin de la population.	❑	❑
4. Un établissement public est une personne morale de droit privé.	❑	❑
5. Un établissement public a une compétence générale comme les collectivités territoriales.	❑	❑
6. Les principes du service public sont : égalité, continuité et gratuité.	❑	❑
7. Une commune ne peut pas créer un service à la population s'il n'y a pas carence de l'initiative privée.	❑	❑
8. Un établissement public administratif peut faire des bénéfices.	❑	❑

ENTRAÎNEMENT

9. EPIC veut dire établissement public intercommunal.	❑	❑
10. Les établissements publics ne sont pas soumis au contrôle sur la légalité.	❑	❑
11. La région est un établissement public.	❑	❑
12. Une personne de droit privé peut prendre en charge une mission de service public.	❑	❑
13. La délégation de service public désigne le fait qu'une collectivité territoriale délègue à une autre personne morale la gestion d'une mission de service public.	❑	❑
14. La délégation de service public, c'est lorsque le maire délègue des pouvoirs à ses adjoints.	❑	❑
15. La création d'un service public est décidée par l'organe délibérant.	❑	❑
16. Un établissement public est une personne morale, dotée de la personnalité juridique, à qui est confiée une mission de service public.	❑	❑
17. Un établissement public communal est un service de la mairie.	❑	❑
18. Le CCAS est un service de la mairie comme l'état civil.	❑	❑
19. Le maire est, de droit, le président du conseil d'administration du CCAS.	❑	❑

Le contrôle sur la légalité

	Vrai	Faux
1. C'est un contrôle *a priori*.	❑	❑
2. Le contrôle sur l'opportunité est effectué par le préfet.	❑	❑
3. Le préfet à trois mois pour effectuer le contrôle.	❑	❑
4. Seul le juge peut annuler un acte qu'il juge illégal.	❑	❑
5. Passé les deux mois, un acte même illégal reste applicable.	❑	❑
6. Dire qu'un acte est exécutoire veut dire qu'il est applicable.	❑	❑
7. C'est la région qui vérifie la légalité des actes du département.	❑	❑
8. Si le préfet estime qu'un acte est illégal, il peut le modifier.	❑	❑
9. Le préfet peut annuler un acte qu'il estime illégal.	❑	❑

10. Le préfet est élu dans son poste par le gouvernement en conseil des ministres.	❑	❑
11. En cas d'urgence, le préfet peut suspendre un acte qu'il estime illégal.	❑	❑
12. Le juge administratif peut être saisi par un citoyen qui souhaite obtenir l'annulation d'un acte.	❑	❑

L'Europe

	Vrai	Faux
1. L'Union européenne existe depuis le traité de Rome en 1957.	❑	❑
2. « Unie dans la diversité », telle est la devise de l'Union européenne.	❑	❑
3. L'anglais est la seule langue officielle de l'Union européenne.	❑	❑
4. Le Parlement européen est la seule institution communautaire à être élue au suffrage universel direct.	❑	❑
5. Le drapeau de l'Union européenne compte aujourd'hui 12 étoiles, mais ce nombre augmente avec le prochain élargissement.	❑	❑
6. Conseil européen et Conseil de l'Union européenne : deux noms pour désigner une seule et même institution.	❑	❑
7. Les États membres ont délégué aux institutions européennes tout pouvoir pour intervenir et prendre des décisions dans n'importe quel domaine.	❑	❑
8. La carte européenne d'assurance maladie facilite le remboursement des soins médicaux pratiqués lors d'un séjour dans un autre pays de l'UE.	❑	❑
9. « Europe direct » est le nom d'une ligne de train à grande vitesse reliant Londres à Varsovie.	❑	❑
10. L'UE interdit aux navires à simple coque de transporter des hydrocarbures lourds pour éviter tout risque de nouvelles marées noires.	❑	❑
11. LMD correspond à un échéancier européen pour harmoniser les niveaux d'études : Licence, Master et Doctorat.	❑	❑
12. Eurodyssée est le nom du futur programme spatial européen.	❑	❑

Collectivités territoriales

CORRIGÉS

La commune

1. **Faux.** Cela est décidé en conseil et ne peut être supérieur à 30 % du nombre de conseillers municipaux.
2. **Faux.** Ils sont élus par le conseil à la suite de l'élection du maire.
3. **Faux.** 34 968.
4. **Faux.** Pas de la justice. Il y a séparation des pouvoirs en France.
5. **Faux.** C'est le maire, en accord avec le préfet.
6. **Faux.** C'est un élu, toutefois, il est bien le chef du personnel communal.
7. **Vrai.**
8. **Faux.** Depuis le 1er janvier 2020, on peut se faire inscrire à tout moment de l'année et jusqu'au 6e vendredi précédent la date du scrutin.
9. **Vrai.** Dans la mesure où ce n'est pas un salarié de la commune.
10. **Faux.** Les listes doivent présenter une alternance femme/homme
11. **Vrai.** Sauf dans le cas où le conseil peut demander exceptionnellement un huis clos.
12. **Faux.** Une fois par trimestre au minimum.
13. **Faux.** Un élu ne peut être agent de la même commune.
14. **Faux.** 18 ans suffisent.
15. **Vrai.**
16. **Vrai.**
17. **Faux.** C'est le premier maire-adjoint.
18. **Vrai.**
19. **Faux.**
20. **Faux.** En revanche, le conseil municipal peut être révoqué par décret en Conseil des ministres.
21. **Vrai.**
22. **Faux.** Seulement membre du conseil municipal.
23. **Faux.** Il est sous l'autorité du procureur de la république (pouvoir judiciaire).

La coopération intercommunale

1. **Faux.** Le but est au contraire de se mutualiser pour diminuer les coûts.
2. **Vrai.** C'est le cas depuis l'élection municipale de mars 2014 pour les communes de plus de 1 000 habitants.
3. **Vrai.** Pour ceux que l'on appelle à fiscalité propre. Faux, pour les SIVU et SIVOM.

4. **Vrai.** C'est le but recherché.
5. **Faux.** Dans les communes de + 1 000 habitants, le conseil communautaire est constitué des membres élus par la population sur les listes électorales. Dans les communes de – 1 000 habitants, c'est chaque municipal qui déléguera un ou des conseillers pour siéger au sein des structures intercommunales.
6. **Faux.**
7. **Vrai.**
8. **Faux.**
9. **Faux.**
10. **Vrai.**
11. **Faux.**
12. **Vrai.**
13. **Faux.**
14. **Vrai.** C'est une exception pour cet établissement public obligatoire.
15. **Vrai.**
16. **Vrai.**
17. **Faux.** C'est un établissement public de coopération intercommunale (sauf pour Lyon).
18. **Vrai.**
19. **Vrai.**
20. **Faux.** Le seuil a été abaissé avec la loi MAPTAM à 400 000 habitants.
21. **Vrai.**
22. **Faux.** Le fléchage concerne les élections municipales. Il permettra de connaître les conseillers qui siègeront aux conseils communautaires des EPCI.
23. **Vrai.**
24. **Faux.** La compétence en matière de PLU est obligatoirement transférée à la métropole.
25. **Vrai.** Il remplace l'appellation de conseil d'administration.
26. **Vrai.** Par un système de fléchage de ces candidats sur les listes électorales municipales dans les communes de + 1 000 habitants.
27. **Vrai.** Par convention entre le département et la métropole.
28. **Vrai.** C'est actuellement la seule.
29. **Vrai.**
30. **Faux.** Elle l'a été le 1er janvier 2016.
31. **Faux.** Elle l'a été le 1er janvier 2016.
32. **Vrai.** 21 métropoles de droit commun dont Paris et Aix-Marseille qui ont un statut spécifique. En revanche, Lyon est une collectivité territoriale et non un EPCI.

Le département

1. **Vrai.** Depuis les élections de 2015.
2. **Faux.** C'est un élu.
3. **Faux.** Le cumul des mandats n'autorise qu'un seul mandat d'exécutif local. En revanche, on peut être maire (exécutif) et conseiller départemental ou conseiller municipal et président du conseil régional (exécutif).
4. **Vrai.**
5. **Faux.**
6. **Faux.** Depuis les élections de mars 2015.
7. **Vrai.**
8. **Vrai.**
9. **Vrai.**
10. **Vrai.**
11. **Faux.**
12. **Vrai.**
13. **Faux.** C'est devenu le 101e lors des élections cantonales de mars 2011.
14. **Faux.** Il n'y a aucun lien entre ces deux conseillers, ils œuvrent chacun dans leur propre collectivité indépendante.
15. **Faux.** C'est un scrutin binominal.
16. **Faux.** Depuis 2015, ils sont tous élus en même temps avec un mandat de 6 ans. Ils sont donc tous renouvelés en même temps tous les 6 ans.
17. **Vrai.** Puisque c'est une élection par binôme, la parité se fera par la composition d'un binôme homme/femme.
18. **Faux.** En revanche, il y en a deux fois moins, mais deux conseillers par canton.

La région

1. **Faux.** Ne pas confondre scrutin mixte et parité.
2. **Vrai.**
3. **Faux.** Tous les 6 ans. Exceptionnellement en décembre 2015 avec la mise en place des 13 nouvelles régions, puis à nouveau tous les 6 ans en mars (2021...).
4. **Faux.**
5. **Faux.** Il n'y a aucun lien hiérarchique entre les collectivités.
6. **Faux.** Il doit même y avoir une alternance stricte entre les candidats sur les listes électorales.
7. **Vrai.**
8. **Vrai.**
9. **Faux.** Comme pour les autres collectivités, ils sont élus par les conseillers, à la suite du président.
10. **Vrai.** Elle compte 13 régions depuis décembre 2015.
11. **Vrai.**

12. **Faux.** C'est l'organe consultatif du conseil régional.
13. **Faux.** C'est un scrutin de liste où tous les conseillers sont élus en même temps pour 6 ans.
14. **Faux.** Les conseils sont les organes délibérants qui délibèrent et prennent des délibérations.

Les compétences des collectivités territoriales 12/15

1. **Faux.** Ce sont toutes les mesures de solidarité nationale.
2. **Faux.** Ce sont les actions d'aide au développement économique régional.
3. **Faux.** Pour ce schéma, cela revient à la région.
4. **Faux.** Ce n'est valable pour aucun niveau de collectivité.
5. **Faux.**
6. **Vrai.**
7. **Faux.** Cela revient aux départements.
8. **Vrai.**
9. **Faux.** Cette compétence est passée à la région au 1er janvier 2017, suite à la loi NOTRe.
10. **Vrai.**
11. **Faux.** L'urbanisme est la compétence principale des communes ou de l'intercommunalité et c'est le maire ou le président du conseil communautaire ou du conseil métropolitain qui délivre les permis de construire.
12. **Faux.** La rémunération du personnel enseignant relève du budget de l'État.
13. **Vrai.**
14. **Faux.** Depuis la loi NOTRe et à compter du 1er janvier 2017, c'est à la région de prendre en charge tous les transports publics (hors transports pour personnes handicapées qui restent aux départements).
15. **Faux.** C'est une compétence obligatoire des départements.

La réforme des collectivités territoriales et le Grand Paris 13/17

1. **Vrai.** Mais c'est une première loi, bien d'autres ont suivi (MAPTAM, NOTRe entre autres).
2. **Vrai.**
3. **Vrai.**
4. **Vrai.**
5. **Faux.** Après plusieurs allers/retour législatifs, les départements et les régions ont perdu cette clause générale de compétence par la loi NOTRe, sauf dans le domaine du tourisme, de la culture et du sport.
6. **Faux.** C'est une compétence qui est donnée à un niveau de collectivité et ne peut donc plus être prise en charge par un autre niveau de collectivité.
7. **Vrai.**
8. **Faux.**

9. Faux.

10. Faux.

11. Vrai.

12. Vrai.

13. Vrai. Cette possibilité permettra de garder une trace plus concrète des anciens territoires communaux. Mais ce choix doit être pris dans les six mois suivant la création de la commune nouvelle.

14. Faux. Il s'agit du pôle du plateau de Saclay qui sera spécialisé dans la recherche, science et technologie.

15. Faux. Il pourra effectivement demander à être rattaché à une autre région à condition que son territoire soit contigu avec l'autre région.

16. Vrai.

17. Faux. Elle a créé 13 régions métropolitaines. Avec les régions d'outre-mer cela fait 18 régions au total au 1er janvier 2016.

Service public, établissement public

1. Faux. C'est l'inverse. Si cela avait été le cas, aucune route ou TGV, par exemple, n'aurait jamais pu être construit.

2. Vrai. Peut-être, mais il répond à un besoin de la population non pris en charge par le secteur privé.

3. Vrai.

4. Faux. Une personne morale publique obéissant aux règles du droit public.

5. Faux. Ce ne sont que des compétences spécifiques qui leur sont attribuées. Ils ne sont créés que dans le but de prendre en charge tels ou tels services publics bien précis et rien d'autres.

6. Faux. Égalité, continuité et adaptation (ou mutabilité)

7. Vrai.

8. Faux. Le prix maximum qui peut être demandé à un usager ne peut jamais aller au-delà du coût réel. Mais, dans l'immense majorité des cas, l'usager ne paye qu'une infime partie du coût réel qui, lui, repose sur les épaules du contribuable. La gestion d'un service public obéit à un principe de solidarité.

9. Faux. Établissement public industriel et commercial.

10. Faux. Toutes les structures publiques locales, quelle qu'elles soient, y sont soumises.

11. Faux. C'est devenu une collectivité territoriale avec la loi de décentralisation du 2 mars 1982.

12. Vrai. Exemple : la commune peut passer un contrat avec une entreprise privée d'élagage pour élaguer les arbres des avenues communales.

13. Vrai.

14. Faux.

15. Vrai. Puisqu'il y aura forcément des conséquences budgétaires et que lui seul vote le budget.

16. Vrai.

17. Faux.

18. Faux. C'est un établissement public, donc une personne morale indépendante de la commune, même s'il est parfois logé dans les mêmes locaux.

19. Vrai.

Le contrôle sur la légalité

10/12

1. **Faux.** C'est un contrôle *a posteriori*.
2. **Faux.** Ce n'est pas un contrôle sur l'opportunité mais sur la légalité.
3. **Faux.** Il n'a que deux mois.
4. **Vrai.**
5. **Vrai.**
6. **Vrai.**
7. **Faux.** C'est l'État.
8. **Faux.** Il tente une mesure de conciliation avec la collectivité. Si elle échoue, il défère l'acte au juge administratif qui seul a le pouvoir d'annuler l'acte.
9. **Faux.** Ce n'est que le juge administratif.
10. **Faux.** Ce n'est pas un élu.
11. **Faux.** Il demande au juge administratif de prendre une mesure de suspension.
12. **Vrai.**

L'Europe

10/12

1. **Faux.** L'Union européenne est arrivée en 1992 avec le traité de Maastricht.
2. **Vrai.**
3. **Faux.** Le nombre de langues officielles dans l'UE est de 24. Mais l'anglais, l'allemand et le français sont celles qui sont le plus pratiquées et sont les langues pivot à partir desquelles les traductions peuvent se faire plus aisément vers les autres langues de l'Union.
4. **Vrai.**
5. **Faux.** C'est un nombre symbolique qui ne changera pas.
6. **Faux.** Le Conseil européen réuni tous les chefs d'État ou de Gouvernement des pays membres. Le Conseil de l'Union européenne est composé des ministres des pays membres.
7. **Faux.** Le principe de subsidiarité laisse aux États la liberté des choix dans les domaines qu'ils n'ont pas décidé de confier à l'UE.
8. **Vrai.**
9. **Faux.** Ce sont des réseaux d'informations généralistes sur l'Europe.
10. **Vrai.**
11. **Vrai.**
12. **Faux.** C'est le nom d'un programme d'aide aux jeunes désireux d'aller travailler dans un autre pays de l'UE.

PARTIE 3

Les finances publiques

22 Le budget des collectivités territoriales 180

23 Les recettes et les dépenses 183

24 L'ordonnateur et le comptable.. 191

25 Les documents budgétaires... 193

26 Le contrôle du budget 196

Entraînement 200

22 FICHE

Le budget des collectivités territoriales

OBJECTIFS

Pour votre concours, vous devez être capable de :

- Citer la période du budget primitif.
- Nommer qui prépare et présente le budget.
- Énoncer les principes budgétaires.
- Citer les principales ressources des collectivités.
- Citer les principaux postes de dépenses.
- Distinguer dépenses de fonctionnement et d'investissement.
- Citer des exemples de dépenses de fonctionnement et d'investissement.

Le budget traduit en termes financiers les choix politiques de chaque collectivité. Cependant, le choix n'est pas total car les collectivités ont des missions obligatoires (imposées par la loi). Leur budget doit donc contenir en priorité les dépenses correspondant à ces missions.

1 Définition

Mettre en place un service public a un coût. Aujourd'hui, beaucoup de services sont pris en charges par les collectivités territoriales (voir le la fiche 13- Les compétences des collectivités territoriales, p. 104) et le moindre de ces services doit être budgété, c'est-à-dire qu'il faut prévoir son coût annuel. Il est impossible à une collectivité ou à un établissement public de décider la mise en place d'un service répondant à un besoin de la population s'il n'a pas été parallèlement prévu au budget les sommes nécessaires à son fonctionnement : estimer les dépenses qui seraient engendrées par le fonctionnement du service et prévoir les recettes pour y faire face, recettes essentiellement fiscales. Compte tenu de la variété des demandes, toutes répondant sûrement à un besoin de la population, un budget c'est d'abord un acte politique à travers les choix qui s'imposent.

1. Décision politique

Le budget exprime :

- des choix, car toutes les demandes ne peuvent pas être prises en charge ;
- une volonté politique, qui s'est déjà exprimée au moment de la campagne électorale ;
- des arbitrages et des priorités dans la gestion et le développement des besoins de la collectivité.

Sa préparation et son vote sont le reflet de ces différents critères.

2. Acte d'autorisation

Pour les recettes, cela concerne notamment l'autorisation de lever l'impôt, principale ressource des services publics. Les dépenses ont besoin d'une autorisation, avec de surcroît le besoin de décisions administratives pour être réalisées (délibération, autorisation de programme).

Les services peuvent dépenser ce qui a été voté par les élus, mais pas un centime de plus. Remarquez que c'est une autorisation de dépenses, pas une obligation !

3. Acte de prévision

Le budget est voté pour l'année à venir. Tous les crédits budgétaires ont un caractère estimatif, d'où la nécessité d'une grande sincérité au cours de l'élaboration pour être au plus près de la réalité.

4. Acte administratif

Il obéit à toutes les règles des actes administratifs : publication et transmission au préfet.

De plus, les lois sur la décentralisation ont prévu la mise en place d'un organisme spécialisé chargé de contrôler les budgets de toutes les collectivités territoriales et de leurs établissements publics, la **chambre régionale des comptes**.

2 Cinq grands principes budgétaires

1. L'annualité

Il est voté pour une année civile. Les crédits non utilisés sont annulés et doivent faire l'objet d'une nouvelle autorisation l'année suivante. Exception à la règle : le report et la pluri-annualité.

2. L'équilibre

Les prévisions budgétaires doivent être votées en équilibre : les recettes doivent être rigoureusement égales aux dépenses, dans chacune des deux sections : fonctionnement et investissement. L'évaluation des dépenses doit être suivie.

3. L'unité

Toutes les recettes et dépenses doivent figurer dans un document unique, le budget, ce qui permet d'avoir une vue globale des finances de la collectivité. Un plan comptable unique pour toutes les collectivités de France, appelé la M14 pour les communes et les EPCI, la M52 pour les départements et la M71 pour les régions, puisqu'ils n'ont ni les mêmes recettes ni les mêmes dépenses obligatoires. Les documents budgétaires étant des documents publics, cela permet une grande transparence des finances publiques.

4. L'universalité

Il s'agit de faire apparaître l'ensemble des dépenses d'un côté et l'ensemble des recettes de l'autre, en tenant compte de deux règles : la non-compensation des recettes et des dépenses, et la non-affectation d'une recette à une dépense : pas de correspondance directe mais « un pot commun » ! Par exemple, il est impossible de faire apparaître que les recettes de la taxe sur le cinéma servent à payer les petits pots des bébés en crèche.

5. L'antériorité

Le budget doit être voté avant que n'intervienne la moindre dépense. Néanmoins, puisque la loi prévoit le vote du budget jusqu'au 15 avril de l'exercice (l'année de renouvellement des organes délibérants, cette date limite est reportée au 30 avril), les dépenses courantes de fonctionnement sont autorisées afin de permettre d'assurer la continuité de la vie de la collectivité et de ses missions. Le personnel est payé, les allocations sont versées aux bénéficiaires, les écoles sont ouvertes… mais il faudra attendre le vote du budget par les élus (qu'ils aient fait leurs choix définitifs pour l'année) pour lancer des travaux, acheter des véhicules, emprunter, etc.

FICHE 23

Les recettes et les dépenses

OBJECTIFS

Pour votre concours, vous devez être capable de :

- Expliquer l'organisation d'un budget et en citer les deux sections.
- Citer des exemples de ressources et de dépenses d'une collectivité.

Finances publiques

1 Les ressources de la collectivité

1. Les ressources de fonctionnement, essentiellement fiscales

La taxe d'habitation est payée par tout locataire ou propriétaire d'un logement. Regardez votre feuille d'impôts locaux. Dans les colonnes apparaissent les taux d'imposition qui ont été votés à la majorité des conseils de chacune des collectivités territoriales représentées, ainsi que le montant qui sera reversé par le trésorier-payeur général sur le compte en banque de chacune de ces collectivités. La base de référence est la valeur locative annuelle de votre logement estimée par l'État et susceptible de révision si vous effectuez des travaux dans votre logement.

Remarque

Un 45 mètres carrés dans une résidence luxueuse n'a probablement pas la même valeur locative qu'un 45 mètres carrés en zone rurale ou en ZUS.

Les taxes sur le foncier bâti et le foncier non bâti sont versées par les propriétaires de biens immobiliers, immeubles ou terrains. Même remarque que ci-dessus.

La contribution économique territoriale, qui remplace la taxe professionnelle, réglée par les entreprises, n'est plus perçue directement par les collectivités mais par l'État qui en reversera une partie à celles-ci.

Ces quatre taxes ci-dessus (dites « les 4 vieilles ») représentent environ 45 % des recettes des collectivités. Viennent ensuite d'autres taxes, et par exemple :

- la taxe de séjour pour les communes en zone touristique ;
- des taxes sur les publicités, sur les jeux, sur les remontées mécaniques… ;

- la taxe d'enlèvement des ordures ménagères pour les communes ;
- la vignette automobile ou une participation d'aide sociale, pour le département… ;
- la taxe sur les cartes grises pour la région, les droits de mutation (lors de la vente d'un appartement, par exemple) pour les départements et les communes ;
- les dotations et subventions de l'État (dotation générale de fonctionnement et dotation générale de décentralisation, compensations versées par l'État en contrepartie des transferts de compétences…) ou des participations d'autres collectivités territoriales ;
- autres recettes diverses : participation des usagers à l'utilisation des services publics payants (piscine, crèches, aide ménagère, cantines…), les stationnements payants...

2. Les ressources d'investissement

Les emprunts, les dotations, subventions et participations provenant de l'État (dotation globale d'équipement) ou d'autres collectivités et l'autofinancement (part réservée sur les recettes de fonctionnement) constituent les ressources principales pour le financement des dépenses d'investissement. Mais aussi la vente de biens mobiliers ou immobiliers, des revenus patrimoniaux (ventes de coupe de bois du patrimoine forestier dans les communes), revenus en provenance de fonds européens…

2 Les dépenses de la collectivité

La collectivité a l'obligation d'effectuer, au minimum, les dépenses liées aux compétences obligatoires qui lui ont été transférées par les textes (se reporter au chapitre des compétences des collectivités territoriales). Seront ensuite inscrites les dépenses ou recettes décidées et votées par la majorité du conseil municipal, départemental, régional ou du conseil d'administration des établissements publics.

Ces dépenses sont aussi classées en deux catégories, les dépenses de fonctionnement et les dépenses d'investissement.

1. Les dépenses de fonctionnement

Entre dans cette section tout ce qui permet de faire fonctionner les services des collectivités territoriales ou de leurs établissements publics :

- les frais engendrés par l'exécution des compétences obligatoires de la collectivité et les prestations aux usagers : aide sociale, urbanisme, transports scolaires… suivis des autres compétences… ;

- les consommables : fournitures de bureau, couches, alimentation, téléphone, chauffage, EDF, essence… ;

Dépense nette par domaine d'action sociale de 1984 à 2016 en millions d'euros

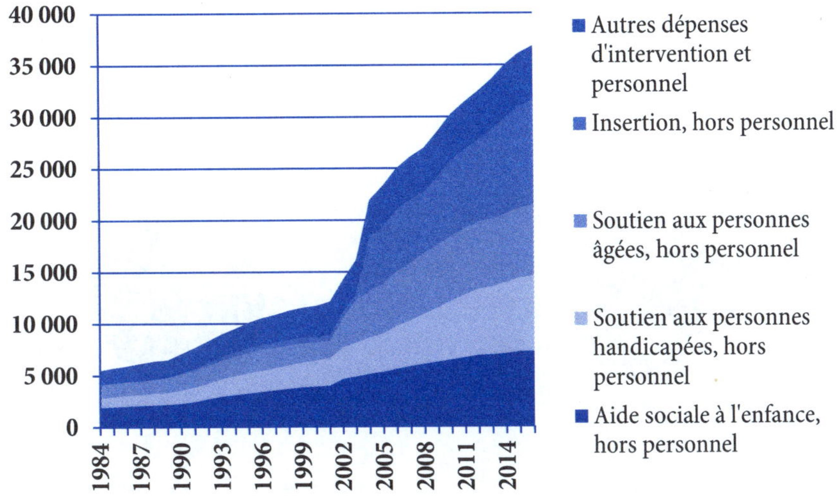

Source : ODAS.

- l'entretien des espaces verts, des bâtiments, des routes, des réseaux… ;
- les frais de personnel : payes, charges sociales… Les frais de personnel représentent environ 50 % des dépenses de fonctionnement d'un budget type d'une commune et 30 % pour un département ;
- les frais financiers : intérêts des emprunts…

2. Les dépenses d'investissement

Entrent dans cette catégorie toutes les dépenses qui constituent ou valorisent le patrimoine de la collectivité, tout ce qui est durable, éventuellement revendable :

- construction de bâtiments, de routes, une école, un réseau d'assainissement… ;
- achat et gros travaux sur les bâtiments, terrains, espaces verts… ;
- travaux sur les voies de circulation et les réseaux : tout-à-l'égout, adduction d'eau, récupération des eaux de pluie, retraitement des eaux usées et des boues… ;
- acquisition de gros matériels (+ de 600 euros ou d'une durée de vie supérieure à trois ans) : machine à laver, lot de mobilier, ordinateurs, machines d'atelier… ;

- achat de véhicules : voiture, car, tondeuse à gazon… ;
- remboursement de la part « capital » des emprunts.

Exemple

Budget correspondant aux missions d'une commune de 10 000 habitants

Recettes de fonctionnement
8 752 402 €

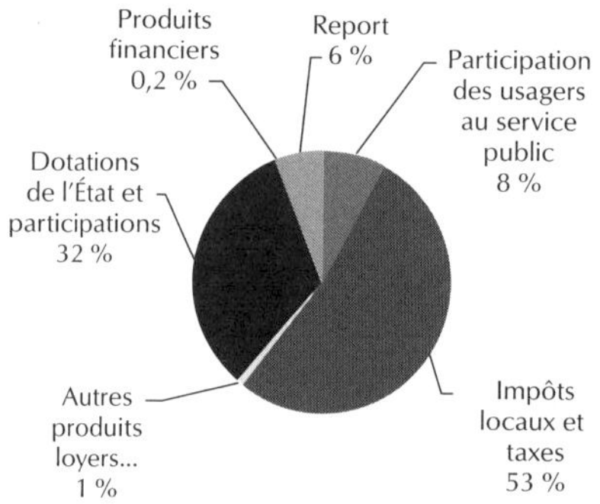

Dépenses de fonctionnement
8 752 402 €

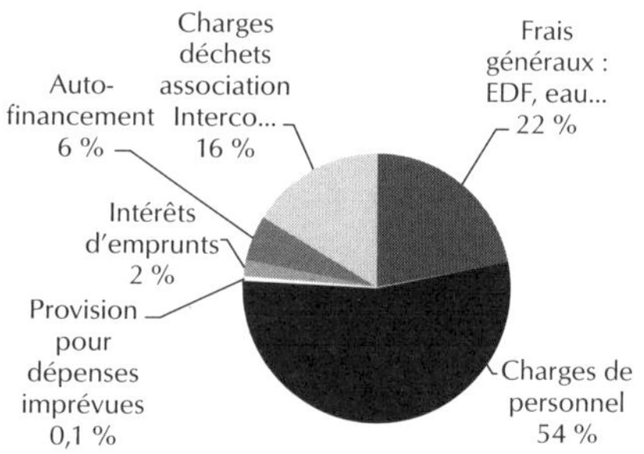

Recettes d'investissement
6 652 639 €

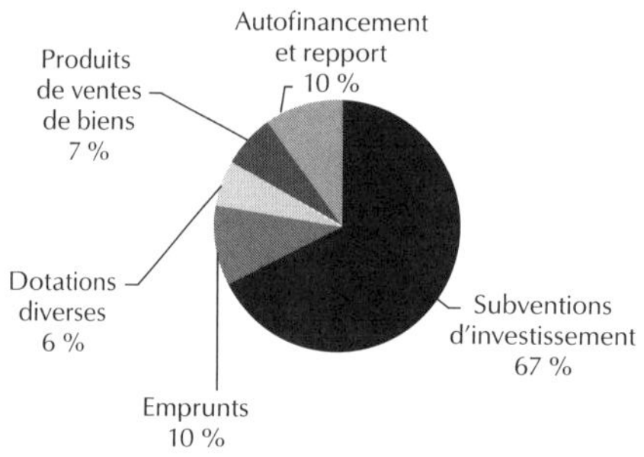

Dépenses d'investissement
6 652 639 €

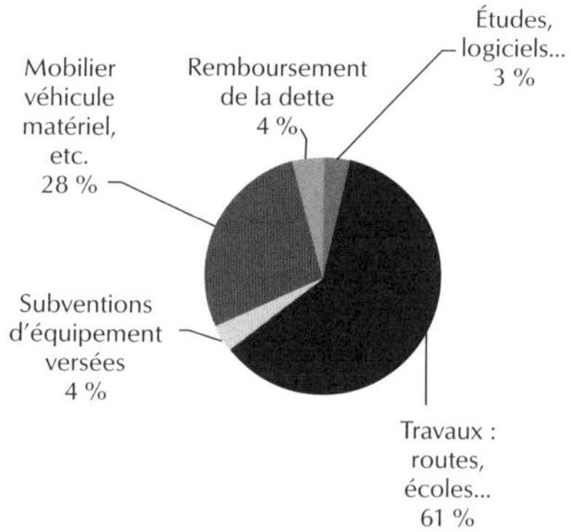

Total recettes : 15 405 041 €

Total dépenses : 15 405 041 €

Remarquez l'équilibre entre les recettes et les dépenses aussi bien dans la section fonctionnement que dans la section investissement.

Dotations et subventions sont à peu près la même chose : de l'argent qui vient de l'état ou d'autres collectivités pour compléter le budget de la commune.

L'autofinancement est un jeu d'écriture qui signifie que l'on réserve de l'argent de la section fonctionnement pour le basculer en recette dans la section investissement.

Dans les communes, la part correspondant aux charges de personnel représente plus de la moitié du budget de fonctionnement, alors que dans les départements cette part ne représente proportionnellement qu'environ un quart, puisque la grosse part du budget est réservée aux mesures de solidarité locale : aide sociale, RSA, APA, FSH...

Budget correspondant aux missions d'un département

Recettes de fonctionnement
1 095 528 627 €

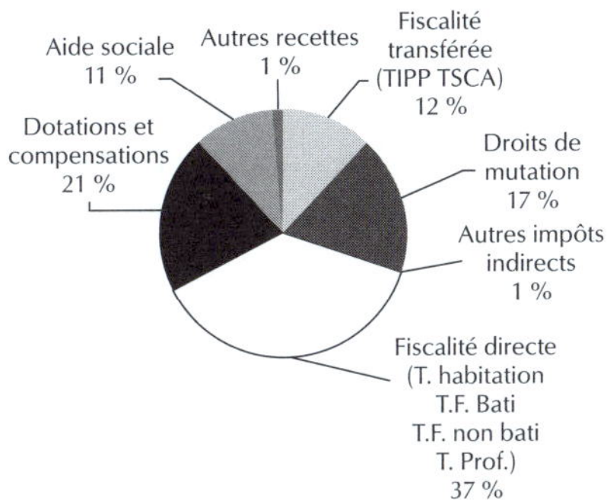

Dépenses de fonctionnement
1 095 528 627 €

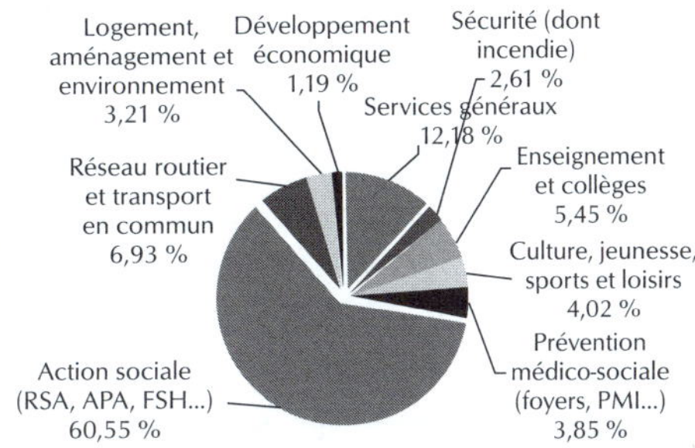

Recettes d'investissement
537 643 196 €

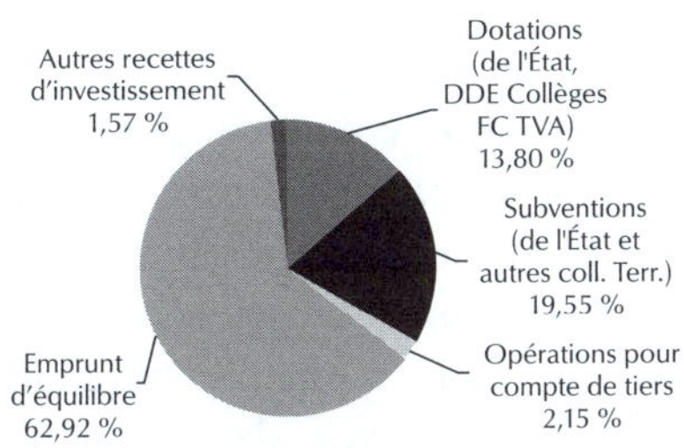

Dépenses d'investissement
537 643 196 €

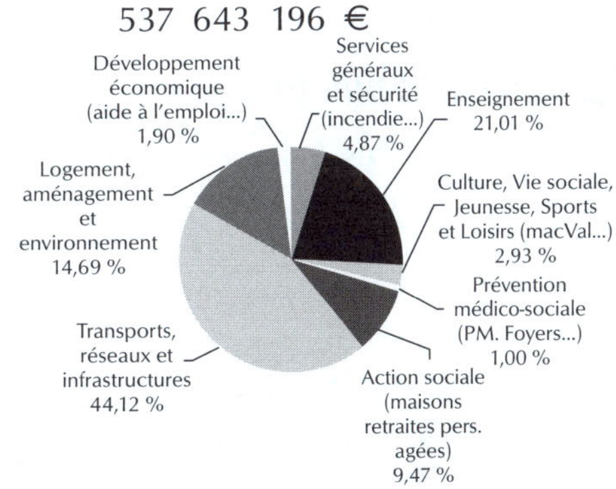

Total recettes : 1 633 171 823 €

Total dépenses : 1 633 171 823 €

3 La fixation des taux d'imposition

Les collectivités fixent librement les taux de fiscalité. Ce sont les conseils qui, à la majorité des membres, votent ce taux de pression fiscale. Toutefois, ils sont encadrés, les élus doivent respecter certains plafonds.

Exemple

1. La moyenne nationale en 2018 de la taxe d'habitation étant de 16,36 % de la valeur locative des logements, une commune ne peut pas voter un taux supérieur à 2,5 fois ce taux, c'est-à-dire que le taux maximum qu'elle peut appliquer sera de 40,90 %. De plus, les collectivités ne peuvent augmenter certains taux plus que d'autres.

2. Vous pouvez reprendre votre propre feuille d'impôts locaux.

Le montant apparaissant au regard de la colonne « valeur locative brute », est la valeur annuelle de votre logement, estimée par les services fiscaux de l'État en fonction de critères précis (surface, vétusté, éléments de confort...).

Dans la colonne « Commune » apparaît le taux de pression fiscale qui a été voté par la majorité des élus du conseil municipal de votre commune.

Ce taux appliqué à la valeur locative du logement donne le montant de l'impôt qui sera reversé par le Trésor public sur le compte bancaire de votre commune. Ce montant participe ainsi aux recettes de la commune afin de lui permettre de faire face à ses dépenses de services publics.

Il en va de même dans les colonnes intercommunalité et département. Chacun de ces conseils a voté le taux de fiscalité à appliquer pour l'année afin de constituer une partie de ses recettes.

Le Trésor public à qui l'usager a réglé le montant total de la taxe d'habitation, reversera à chacun sa cote part de recettes.

Depuis 2018, 80 % des contribuables voient leur taxe d'habitation diminuer par tiers : 2020 sera le dernier versement. Les 20 % restants, les plus aisés verront cet impôt supprimé à partir de 2021, en 3 ans et par tiers (le dernier versement aura lieu à l'automne 2022.)

4 Les marchés publics

Acheter des stylos, refaire une route, réhabiliter un logement ou acquérir un véhicule ne peut se faire sans respecter une règle simple : l'obligation de mise en concurrence. Les procédures de mise en place des marchés publics sont extrêmement précises et contraignantes, mais elles sont susceptibles de s'assurer le meilleur choix pour la qualité du service attendu. Cette réglementation doit garantir trois principes essentiels : l'égalité de traitement des candidats, la liberté d'accès à la commande publique et la transparence des procédures. Ne pas oublier qu'il s'agit d'utiliser au mieux les deniers publics, autrement dit, l'argent du contribuable.

5 L'exécution du budget

Une fois voté et transmis au représentant de l'État, le budget devient exécutoire de plein droit.

Exécuter le budget, c'est effectuer les recettes et les dépenses qui y ont été inscrites et votées par l'assemblée délibérante.

Il est parfois nécessaire que le conseil autorise l'exécutif à mettre en œuvre certains éléments du budget dans des conditions particulières. Dans ce cas, le conseil prend une délibération autorisant l'exécutif à engager, liquider ou mandater certaines dépenses.

DEPARTEMENT DE SEINE ET MARNE
* * *
VILLE DE CESSON

N° 76 / 2013

EXTRAIT du REGISTRE
des DELIBERATIONS
du CONSEIL MUNICIPAL

Date de convocation :

le 13 décembre

Date d'affichage :

Le 27 décembre

Nombre de Conseillers :

En exercice : 29

Présents : 22

Votants : 28

Le Maire certifie le caractère exécutoire de la présente délibération, ou décision à compter du 30 décembre 2013
Fait à Cesson, le 6 janvier 2014
Le Maire,

MAIRIE DE CESSON Seine-et-Marne

L'an Deux mil treize,

Le vingt décembre, à vingt heures

Le Conseil Municipal légalement convoqué, s'est réuni à la Mairie en séance publique sous la présidence de Monsieur Olivier CHAPLET, Maire.

__Présents__ : M. Olivier CHAPLET, Mme Marie-Annick FAYAT, M. Jacques HEESTERMANS, Mme Liliana MEISTER, M. Jean-Michel BELHOMME, Mme Stéphanie CHILLOUX, M. François REALINI, Mme Reine FASSI, M. André SAURIOT, M. Yves-Marie FRANCOIS, M. Daniel COMPTE, Mme Annick LABAYE, Mme Dominique GINESTIERE, Mme Catherine LEMAIRE, M. Alain DEMANDRE, Mme Nathalie CRISCIONE, M. Etienne DEVAUX, Mme Charline COGET, M. Philippe STEVANCE, M. Pierre LAINEY, M. Bruno COTTALORDA, M. Michel BERTRAND.

Formant la majorité des membres en exercice.

__Pouvoirs__ :

Mme PREVOT à Mme FAYAT
M. DUVAL à M. REALINI
Mme NALINE à Mme CHILLOUX
M. VALVERDE à M. HEESTERMANS
Mme ABOU BAKARE à Mme MEISTER
M. BENOIT à M. BERTRAND

__Absents__ :
Mme LEDUC

M. HEESTERMANS est nommé Secrétaire de séance.

__OBJET : FINANCES – AUTORISATION D'ENGAGER, DE LIQUIDER ET DE MANDATER LES DEPENSES D'INVESTISSEMENT 2014 AVANT LE VOTE DU BUDGET__

Monsieur Olivier CHAPLET, Maire, expose à l'assemblée que conformément à la loi, au Code Général des Collectivités Territoriales et à l'instruction budgétaire et comptable M14, et

Réf. 201 503 Berger-Levrault (1012)

1

comme chaque année avant le vote du Budget Primitif, il est proposé au Conseil Municipal d'autoriser le Maire à engager, liquider et mandater les dépenses nouvelles d'investissement de l'exercice 2014 afin de permettre à la section d'investissement de fonctionner avant le vote du Budget Primitif 2014 dans la limite de 25 % des crédits ouverts en 2013.

Après avoir entendu l'exposé de M. CHAPLET,
Vu le Code Général des Collectivités Territoriales et notamment l'article L.1612.1,
Vu la loi n° 82-213 du 2 mars 1982 relative aux droits des communes, des départements et des régions,
Vu l'arrêté du 12 décembre 2012 relatif à l'instruction budgétaire et comptable M14 applicable aux Communes et EPCI à caractère administratif,
Vu le Budget Primitif 2013,
Vu l'avis de la Commission « Finances, Administration Générale et Développement Economique » du 11 décembre 2013,

Après en avoir délibéré,

LE CONSEIL MUNICIPAL,

AUTORISE Monsieur le Maire à engager, liquider et mandater les dépenses nouvelles d'investissement de l'exercice 2014 jusqu'à l'adoption du Budget Primitif 2014, dans la limite de 25 % des crédits ouverts par chapitre au budget de l'exercice précédent, non compris les crédits afférents au remboursement de la dette.

Fait et délibéré,

__Vote :__
23 voix pour
5 abstentions *(M.Stévance, M.Lainey, M.Cottolorda, M.Bertrand, Mme Benoit)*

Les jours, mois et an susdits et ont signé au registre les membres présents pour copie conforme.

Pour le Maire empêché et par délégation,
Le 2ème Adjoint au Maire,

Jean-Louis DUVAL

MAIRIE DE CESSON Seine-et-Marne

2

Finances publiques

6 La séparation de l'ordonnateur et du comptable

Conformément au principe général de la comptabilité publique, qui exige que la personne qui engage une dépense et celle qui la paie, soient différentes, l'ordonnateur et le comptable assurent, chacun en ce qui le concerne, l'exécution du budget local. C'est ce que l'on appelle, la séparation de l'ordonnateur et du comptable.

À retenir

Le budget est :

- **préparé** par l'organe exécutif (concrètement et par délégation, par les services municipaux, départementaux ou régionaux, sous la directive et le contrôle de l'éxécutif) puis présenté au conseil par l'éxécutif ;
- **voté** par l'assemblée des élus du conseil municipal, départemental ou régional avant le 15 avril au plus tard ;
- **exécuté** par l'exécutif : le maire, le président du conseil départemental ou régional qui le met en application ;
- **contrôlé** par le préfet et la chambre régionale des comptes.

FICHE 24

L'ordonnateur et le comptable

OBJECTIFS

Pour votre concours, vous devez être capable de :

- Citer les différents acteurs de la construction à l'exécution d'un budget.

Il existe dans le droit des finances publiques un principe fondamental : la séparation de l'ordonnateur et du comptable. Ceci signifie que celui qui ordonne les recettes ou les dépenses ne peut être celui qui effectue concrètement les opérations d'exécution du budget. Cette séparation a pour but d'éviter toute malversation, tout en mettant en place une série de contrôles.

Qui sont ces deux acteurs ?

1 L'ordonnateur

C'est l'exécutif de la collectivité. Le maire ou le président d'un conseil engage la dépense et transmet au comptable du Trésor un mandat ou un titre de recettes. Il ne peut engager une dépense que si elle a été inscrite au budget préalablement voté. Si le comptable refuse, l'ordonnateur peut le réquisitionner ; mais dans ce cas, il substitue sa propre responsabilité à celle du comptable du Trésor. Mais l'intrusion de l'ordonnateur dans les fonctions du comptable peut constituer une « gestion de fait » qui est passible de sanctions qui peuvent aller jusqu'à la suspension de la qualité d'ordonnateur du fautif avec mise en cause de sa responsabilité civile voire même pénale.

Si les ordonnateurs sont chargés de la phase administrative des comptes, les comptables sont chargés de la réalisation du recouvrement des recettes et du paiement des dépenses.

2 Le comptable du Trésor

C'est un fonctionnaire de l'État (Trésor public) qui relève du ministère des Finances, donc tout à fait indépendant de la collectivité, sans aucun lien hiérarchique avec elle : c'est le receveur municipal, le payeur départemental ou régional.

C'est ce trésorier-payeur qui établit les chèques, effectue les virements (le montant de votre rémunération qu'il débite du compte de votre collectivité pour l'envoyer à votre propre banque afin qu'elle crédite votre compte personnel…) ou encaisse les recettes pour le compte des collectivités territoriales (le chèque que vous avez rédigé pour régler votre taxe d'habitation…).

Le comptable du Trésor gère la conservation des fonds et valeurs des organismes publics. Il vérifie la légalité des opérations au regard du budget qui a été voté par l'assemblée délibérante et conforme à la législation française et européenne.

Le comptable du Trésor est responsable sur ses biens propres. Cela explique qu'il soit si tatillon !

Avant de prendre ses fonctions, il doit soit déposer une caution (150 000 € en moyenne), mais pour les postes où des agents gèrent de gros budgets, cela peut aller beaucoup plus loin, soit adhérer à l'Association française du cautionnement mutuel qui se portera caution pour lui, moyennant une cotisation annuelle à charge du comptable.

Le comptable public est intégralement responsable de sa gestion. Dès qu'un manque est constaté, il doit le combler sur ses deniers personnels au cas où l'assurance refuserait de le prendre en charge.

FICHE 25

Les documents budgétaires

OBJECTIFS

Pour votre concours, vous devez être capable de :
- Connaître le calendrier d'adoption du budget.
- Comprendre les ajustements nécessaires et/ou obligatoires en cours d'année.

Finances publiques

Comment est voté le budget ?

La tenue d'un débat d'orientation budgétaire dans les deux mois précédant le vote du budget est obligatoire, sauf pour les petites communes. Cela permet à l'exécutif d'informer l'assemblée sur la situation financière de la collectivité et de présenter les grandes orientations pour l'année à venir.

Après le débat, mais avant le vote, les membres de l'assemblée doivent recevoir le budget et ses annexes pour information.

1 Les documents de l'ordonnateur

1. Le budget primitif

Il est voté par l'assemblée délibérante de la collectivité ou de l'établissement public avant le 15 avril (ou le 30 avril l'année de renouvellement de l'assemblée). Les budgets des collectivités doivent toujours être votés en équilibre réel et sincère et suivant un calendrier établi par la loi. La section de fonctionnement est d'abord adoptée avant la section d'investissement. Les budgets sont votés par chapitres ou, si l'assemblée délibérante le décide, par articles à l'intérieur de chaque section.

2. Le compte administratif

Il est le reflet de la réalité des recettes et des dépenses de l'année civile précédente et doit être adopté par le conseil avant le 30 juin. Il fait donc apparaître un excédent ou un déficit. Succinctement, si le budget primitif prévoit

10 000 € sur une ligne budgétaire, les factures ne sont jamais avec des montants aussi ronds, il y a donc toujours un décalage. Les collectivités et leurs établissements publics ayant l'obligation de voter un budget en équilibre, ils vont devoir rétablir la situation par le vote d'un budget d'ajustement tenant compte de la réalité des comptes de la collectivité.

3. Le budget supplémentaire

C'est un acte d'ajustement et de report. En effet, tout comme les lois de finances rectificatives pour le budget de l'État, il offre la possibilité de corriger en cours d'année les prévisions du budget primitif. Il permet également d'intégrer dans les budgets locaux les résultats de l'année précédente (excédents, déficits...) apparus dans le compte administratif. Le budget supplémentaire reprend la structure du budget primitif et est généralement voté entre juin et octobre suivant les collectivités. Si les comptes de l'année précédente font apparaître un solde positif, il sera ajouté aux recettes du budget primitif de l'année en cours, et les élus du conseil décideront de l'affectation de ces sommes supplémentaires. À l'inverse, si le solde apparaît négatif, le conseil devra décider où réduire le budget primitif voté en début d'année.

Exemple

Nous avons un budget de 1 000 euros par année. Nous n'avons dépensé que 900 euros, nous aurons donc pour l'année suivante 1 000 + 100 = 1 100 €.

À l'inverse, si le résultat de l'année précédente fait apparaître un déficit, il faudra amputer de budget prévu du montant de ce résultat négatif en supprimant des dépenses envisagées pour l'année à venir afin de rééquilibrer les comptes.

Ainsi, si nous avions dépensé 1 100 € il faudra prévoir des dépenses à hauteur de 1 000 - 100 (de déficit) = 900 € seulement pour l'année à venir.

4. Les décisions modificatives

Elles ont la même fonction que le budget supplémentaire concernant l'ajustement des prévisions en cours d'année mais n'ont pas de fonction de report. Elles modifient ponctuellement le budget initial afin de répondre aux imprévus, aux urgences ou aux éventuelles prévisions qui pourraient s'avérer erronées.

Ce sont des délibérations de l'assemblée locale (conseil municipal, départemental ou régional) autorisant l'exécutif local (maire, président du conseil départemental ou régional) à effectuer des recettes ou des dépenses complémentaires. Le nombre de ces décisions modificatives est laissé au libre arbitre de chaque collectivité. Elles peuvent être adoptées à tout moment après le vote du budget primitif et peuvent même, pour la section de fonctionnement, être votées jusqu'au 21 janvier de l'année suivante afin d'ajuster les crédits destinés notamment à régler les dépenses engagées avant le 31 décembre.

Ces décisions sont prises toujours dans le respect des principes budgétaires, notamment d'équilibre. Une fois le budget primitif voté il n'est plus question de faire varier le montant total, mais il est possible de réaffecter des sommes d'un compte à un autre, si une ligne s'avère insuffisante pour payer toutes les factures qui arrivent jusqu'à la fin de l'année.

Attention, s'il revient à l'ordonnateur d'élaborer les documents budgétaires, leur exécution n'interviendra qu'après un vote de la majorité du conseil.

5. Les modifications après intervention du préfet

Si un budget voté ne respecte pas les principes obligatoires, c'est-à-dire n'inclut pas les dépenses obligatoires à chaque collectivité ou ne respecte pas le principe d'équilibre réel du budget, ou semble insincère, le préfet peut alors saisir la chambre régionale des comptes pour avis. La chambre régionale des comptes proposera au préfet un budget pour la collectivité auquel il peut encore apporter quelques modifications. Il imposera alors ce budget à la collectivité ou à l'établissement public. Dans le cas du non-respect de l'équilibre réel, le préfet règle et exécute le budget si la collectivité persiste dans ses erreurs. Elle est en quelque sorte mise sous tutelle de l'État.

2 Le document du comptable du Trésor

Il élabore un document budgétaire appelé le « **compte de gestion** » pour chaque exercice, qu'il transmet à la chambre régionale des comptes. Il est évident que les résultats de ce compte de gestion doivent être identiques, au centime près, au document budgétaire réalisé par la collectivité territoriale, le compte administratif.

26 FICHE

Le contrôle du budget

OBJECTIFS

Pour votre concours, vous devez être capable de :

- Expliquer en quoi consiste ce contrôle.
- D'indiquer quels sont les acteurs qui effectuent ce contrôle.
- Citer la procédure mise en place en cas d'illégalité constatée

1 Principe

Comme tous les actes administratifs des collectivités ou des établissements publics, les documents budgétaires vont supporter un contrôle.

Si la loi du 2 mars 1982 a supprimé la tutelle exercée *a priori* par le représentant de l'État, le préfet, elle a mis en place *un double contrôle* :

- un **contrôle sur la légalité**, exercé par les juridictions administratives, le préfet ;
- un **contrôle judiciaire**, exercé par un nouvel organe créé, les chambres régionales des comptes.

Toutefois, contrairement au contrôle judiciaire et au simple examen de la gestion, qui sont des contrôles *a posteriori*, le contrôle budgétaire peut aussi être un *contrôle contemporain*. Dans ce cas, il est destiné à aider les collectivités concernées à surmonter d'éventuels « accidents » budgétaires. Les chambres, dans ce cadre, ne sont plus des censeurs mais des *conseils* dont l'expertise financière et l'indépendance sont incontestées.

2 Les chambres régionales des comptes

Les chambres régionales des comptes ont été créées pour soutenir les préfets, au-delà de leur rôle de contrôle administratif, dans leur rôle de *conseil*, voire de tuteur en cas d'irrégularité des budgets votés, ou non votés, dans les collectivités.

Ainsi les chambres régionales des comptes participent aux procédures de contrôle budgétaire en proposant au préfet les solutions à mettre en œuvre dans les cas suivants :

- *budget non voté dans les délais légaux* (au-delà du 31 mars pour le budget primitif, par exemple, hors cas prévu par la loi) ;
- *budget voté en déséquilibre* ;
- *compte administratif fortement déficitaire* (le résultat des comptes de l'année précédente présente un négatif trop important) ;
- *insuffisance des crédits nécessaires au règlement d'une dépense obligatoire* (au regard de dépenses prévisibles obligatoires, il n'a pas été inscrit des recettes à même hauteur) ;
- *ou encore rejet du compte administratif* (les élus n'ont pas donné leur accord sur le résultat des comptes de l'année précédente).

Le budget primitif doit être transmis au représentant de l'État dans un délai de quinze jours après le vote par l'assemblée délibérante. Si ce délai n'est pas respecté, l'autorité préfectorale doit saisir la chambre régionale des comptes.

Si un budget est voté en déséquilibre ou ne prévoit pas les dépenses obligatoires, à la demande du préfet, la chambre régionale des comptes doit proposer à la collectivité dans un délai de trente jours, la mise en œuvre de mesures de rétablissement. La collectivité (ou l'établissement public) a trente jours pour effectuer les modifications demandées.

Dans tous ces cas, le préfet va mettre, en quelque sorte, le budget de la collectivité sous tutelle et va constituer un budget pour cette collectivité déficiente. Mais il ne peut régler le budget de la collectivité ou de l'établissement public qu'après avoir reçu l'avis de la chambre régionale des comptes.

L'avis motivé qui est rendu par la CRC, comprend les propositions pour le règlement du budget. Cet avis est notifié au représentant de l'État et à la collectivité territoriale. Sa publication en est assurée, sous la responsabilité de l'exécutif local par affichage ou insertion dans un bulletin officiel.

L'assemblée délibérante est informée du contenu de cet avis.

Le préfet règle le budget et le rend exécutoire dans un délai de vingt jours à compter de la notification de l'avis de la chambre régionale des comptes. En général, il suit l'avis de la chambre, mais il peut s'en écarter, notamment s'il a pu avoir connaissance d'éléments financiers nouveaux susceptibles d'influer sur le budget de la collectivité. Dans ce cas, le préfet doit assortir sa décision d'une motivation explicite et en informer le président de la chambre concernée

Exercice

Finances publiques

1. Replacer ces recettes et ces dépenses dans leurs sections d'affectation pour créer un budget.

2. Vérifier que le principe d'équilibre est bien appliqué : total recettes = total dépenses.

Cantine scolaire	145 000 €	Service enfance et scolaire	320 000 €
Réfection des routes	335 000 €	Fournitures diverses	85 000 €
Participation des usagers	25 000 €	Achat terrain pour gymnase	50 000 €
CCAS	925 000 €	Dotation générale d'équipement	310 000 €
Dotation générale de fonctionnement	1 060 000 €	Subventions d'investissement	185 000 €
Subventions associations	45 500 €	EDF/GDF + eau + téléphone	465 500 €
Impôts directs	1 681 000 €	Emprunt d'équilibre	140 000 €
Réseau d'assainissement	89 000 €	Frais de personnel	1 280 000 €
Ravalement d'une école	140 000 €	Impôts indirects	500 000 €
		Achat d'une voiture de service	21 000 €

FONCTIONNEMENT			
Recettes		**Dépenses**	
partic.	25 000	fournitures	85 000
DGF	1 060 000	EDF	465 500
		personnel	1 280 000
		cantine	145 000
impôts		CCAS	925 000
		asso	45 500
Sous-total		Sous-total	
INVESTISSEMENT			
Recettes		**Dépenses**	
impôts indirects	500 000	Ravalement	140 000
DGE		achat terrain	50 000
subvent. emprunt		achat voiture	21 000
		route	335 000
		assainissement	
Sous-total		Sous-total	
TOTAL RECETTES		TOTAL DÉPENSES	

Qui a voté ce budget ? ....

Qui va ordonner les recettes et les dépenses ? ....

Qui va payer les dépenses et encaisser les recettes ? ....

Qui va contrôler ce budget ? ....

Corrigé

FONCTIONNEMENT			
Recettes		**Dépenses**	
Participation des usagers	25 000 €	Cantine scolaire	145 000 €
		Fournitures diverses	85 000 €
Dotation générale de fonctionnement	1 060 000 €	Service enfance et scolaire	320 000 €
		CCAS	925 000 €
Impôts directs	1 681 000 €	EDF/GDF + eau + téléphone	465 500 €
Impôts indirects	500 000 €	Subventions associations	45 500 €
		Frais de personnel	1 280 000 €
Sous-total.	*3 266 000* €	Sous-total.	*3 266 000* €
INVESTISSEMENT			
Recettes		**Dépenses**	
Dotation générale d'équipement	310 000 €	Réfection des routes	335 000 €
		Achat d'une voiture de service	21 000 €
Emprunt d'équilibre	140 000 €	Achat terrain pour gymnase	50 000 €
Subventions d'investissement	185 000 €	Ravalement d'une école	140 000 €
		Réseau d'assainissement	89 000 €
Sous-total.	*625 000* €	Sous-total.	*625 000* €
TOTAL RECETTES	**3 901 000** €	TOTAL DÉPENSES	**3 901 000** €

Finances publiques

ENTRAÎNEMENT

Le budget des collectivités territoriales

		Vrai	Faux
1.	Une commune ne peut pas recourir à l'emprunt pour acheter un terrain.	❑	❑
2.	Un département peut encaisser l'argent des impôts sur le revenu.	❑	❑
3.	Un département n'a pas le droit d'être endetté.	❑	❑
4.	Le budget primitif doit être voté au plus tard le 15 avril.	❑	❑
5.	Celui qui ordonne une dépense est l'exécutif de la collectivité.	❑	❑
6.	La région peut être en déficit.	❑	❑
7.	Les impôts locaux sont : la taxe d'habitation, les taxes foncières sur le bâti et le non bâti et la contribution économique territoriale.	❑	❑
8.	Le Trésor public encaisse notre chèque de taxe d'habitation et place (pour sa part) l'argent sur le compte en banque de notre commune.	❑	❑
9.	L'argent versé par les parents pour la crèche va à l'État.	❑	❑
10.	Le maire est responsable de sa gestion sur ses biens propres.	❑	❑
11.	La chambre régionale des comptes vérifie la légalité des comptes des collectivités territoriales.	❑	❑
12.	Le budget est un acte politique parce qu'il est voté par les partis politiques.	❑	❑
13.	Une commune peut verser une subvention à une association culturelle.	❑	❑
14.	Le budget de la commune est voté par le directeur financier.	❑	❑
15.	C'est la région qui est destinataire de l'argent des impôts sur le revenu des Français.	❑	❑
16.	Les factures établies au nom de la commune sont réglées par chèque à la signature du maire.	❑	❑

17. Le principe d'un vote du budget en équilibre signifie que le montant de la section fonctionnement doit être égal au montant de la section investissement. ❑ ❑

18. Le principe de l'équilibre ne s'applique pas au budget de l'État. ❑ ❑

19. Le principe de l'antériorité veut dire que le conseil doit voter le budget de l'année précédente. ❑ ❑

20. Pour une meilleure transparence des finances publiques, il existe le même plan comptable pour toutes les collectivités de France, désigné sous l'appellation M14. ❑ ❑

21. Le compte administratif est le document budgétaire du comptable du Trésor. ❑ ❑

22. Le budget d'une collectivité peut être modifié en cours d'année au moyen d'une décision modificative. ❑ ❑

23. Le préfet peut imposer un budget à une collectivité qui l'aurait voté en déséquilibre. ❑ ❑

24. Le taux des impôts locaux est fixé par les collectivités territoriales. ❑ ❑

CORRIGÉS

Le budget des collectivités territoriales

1. **Faux.** Comme tout le monde, cette personne morale est souvent obligée de recourir à l'emprunt pour acquérir des biens onéreux.
2. **Faux.** Le montant de l'impôt sur les revenus est une recette de L'État.
3. **Faux.** Il ne faut pas confondre dette et déficit. Les collectivités territoriales ont le droit d'emprunter (avoir une dette), mais les mensualités de remboursement ne doivent pas être supérieures à leur capacité de remboursement. Le déficit met le budget en déséquilibre : on doit plus que ce que l'on est capable de rembourser. Si l'État se permet un déficit, la loi l'interdit aux collectivités territoriales.
4. **Vrai.**
5. **Vrai.**
6. **Faux.** Son budget doit être en équilibre comme pour les communes et les départements.
7. **Vrai.**
8. **Vrai.**

9. **Faux**. L'argent va à la commune s'il s'agit d'une crèche municipale, au département si c'est une crèche départementale.
10. **Faux.** C'est le comptable du Trésor qui est responsable de sa gestion des fonds publics sur ses biens propres. Pour cela, il prend une assurance.
11. **Vrai**.
12. **Faux.** C'est un acte politique au sens étymologique du mot. Dans le sens de gestion du bien commun, nécessité de faire des choix parmi toutes les possibilités de gestion des services publics.
13. **Vrai.** Après vote du conseil et inscription sur le budget, elle peut subventionner des associations culturelle, sportive, humanitaire…
14. **Faux.** Il ne peut être voté que par le conseil. Le directeur financier de la collectivité ne peut émettre que des avis techniques sur la construction du budget.
15. **Faux.** Même remarque qu'à la question 3.
16. **Faux**. Le maire est l'ordonnateur, c'est le trésorier payeur (ou comptable du Trésor) qui effectue concrètement le paiement par chèque ou virement.
17. **Faux**. Les sections fonctionnement et investissement sont indépendantes. L'équilibre est entre les recettes et les dépenses à l'intérieur de chaque section.
18. **Vrai.** L'État est en déficit. Il dépense plus qu'il n'a de recettes.
19. **Faux.** Cela veut dire que l'on ne peut engager une dépense ou une recette pour l'année en cours que lorsque le budget a été définitivement voté par le conseil.
20. **Faux.** La M14 est le plan comptable de toutes les communes de France, mais il existe un plan comptable pour tous les départements, la M52 et un autre pour toutes les régions, la M71. Cela se conçoit puisque chaque niveau de collectivité territoriale a bénéficié d'un transfert de compétences différent. Les recettes et les dépenses ne sont donc pas les mêmes.
21. **Faux**. Le comptable du Trésor élabore le compte de gestion. Le compte administratif est le document budgétaire qui reflète la réalité des comptes de la collectivité de l'année n - 1.
22. **Vrai**. Cela permet à la collectivité d'adapter son budget primitif aux évènements survenus en cours d'année.
23. **Vrai**. Si le préfet estime qu'un budget présente une irrégularité, et après échec d'une conciliation avec la collectivité, il peut demander à la chambre régionale des comptes de lui proposer un budget qui rétablisse la légalité des comptes. Ensuite, il peut imposer à la collectivité ce budget légal.
24. **Vrai**. Dans les limites déterminées par la loi.

PARTIE 4

La fonction publique

27 Le statut de la fonction publique 204

28 L'organisation des statuts 210

29 Les droits et obligations des fonctionnaires 213

30 La carrière du fonctionnaire 229

31 La rémunération 236

32 Les positions administratives 238

33 Les organismes participatifs de la fonction publique territoriale 241

34 La loi de transformation de la fonction publique (6 août 2019) 246

Entraînement 253

QCM d'autoévaluation 265

27 FICHE

Le statut de la fonction publique

OBJECTIFS

Pour votre concours, vous devez être capable de :

- Citer les trois fonctions publiques.
- Énoncer les points communs aux trois fonctions publiques.
- Dégager ce qui est spécifique à la fonction publique territoriale.
- Citer les conditions d'accès à la fonction publique.
- Citer les droits et obligations s'appliquant aux fonctionnaires.
- Faire le lien entre sa fonction et l'image du service public qu'elle renvoie aux usagers.
- Être capable d'énoncer pourquoi on souhaite entrer dans la fonction publique, au service de la population (en dehors des avantages que l'agent peut en tirer pour lui-même).
- Expliquer le principe de la séparation du grade et de l'emploi.

On entend par fonction publique l'ensemble des fonctionnaires qui travaillent dans les différentes administrations françaises, qu'elles soient d'État, des collectivités territoriales ou des hôpitaux. Le statut est l'ensemble des règles qui régissent la carrière des agents publics.

On distingue trois grandes fonctions publiques :

- la fonction publique d'État ;
- la fonction publique territoriale ;
- la fonction publique hospitalière.

Le statut de la fonction publique est, en quelque sorte, le droit du travail des fonctionnaires. Des textes fixent ainsi le statut général, commun à tous les fonctionnaires, quelles que soit leurs administrations. D'autres vont préciser les spécificités appliquées dans telle ou telle fonction publique pour leurs agents, ce sont les statuts particuliers. Toutefois, ces dispositions particulières ont un caractère national : par exemple, lorsque l'on a été titularisé dans une commune, c'est valable pour l'ensemble des services publics français (il n'y a donc pas de concours à « repasser » si l'on veut aller travailler dans un service de l'État, dans une autre commune ou dans un conseil départemental…).

Le statut de la fonction publique territoriale a été créé en 1984, faisant suite aux lois de transfert de compétences confiant aux collectivités territoriales la responsabilité de services d'intérêts locaux.

Attention

*Il ne faut pas confondre **fonction publique**, **secteur public** et **service public**.*

*La **fonction publique** regroupe tous les agents travaillant pour l'État, une collectivité territoriale, un établissement public ou une structure hospitalière.*

*Le **secteur public** regroupe tous les organismes publics exerçant des missions de service public. Mais dans les établissements publics industriels et commerciaux, les EPIC, la plupart des agents publics sont soumis au droit du travail privé, même s'ils exercent des missions de service public.*

*Le **service public** est l'activité qui répond au besoin de l'intérêt général.*

1 Historique

- La loi du 13 juillet 1983 ou Titre I fixe les dispositions communes à l'ensemble des fonctionnaires. On y trouve les conditions générales d'accès aux emplois de la fonction publique. Mais également les droits et obligations s'imposant à tous les fonctionnaires.
- La loi du 11 janvier 1984 ou Titre II fixe les conditions et les statuts particuliers des agents de la fonction publique d'État (pour tous les agents travaillant dans un service de l'État).
- La loi du 26 janvier 1984 ou Titre III fixe les conditions et les statuts particuliers des agents de la fonction publique territoriale (pour tous les agents travaillant dans une collectivité territoriale ou un de leurs établissements publics).
- La loi du 9 janvier 1986 ou Titre IV fixe les conditions et les statuts particuliers des agents de la fonction publique hospitalière (pour tous les agents travaillant dans un établissement hospitalier) .
- La loi du 19 février 2007 met en place la formation tout au long de la vie. En particulier des actions favorisant l'intégration et des actions de professionnalisation dispensées tout au long de la carrière et à l'occasion de l'affectation d'un agent dans un poste de responsabilité.
- La loi du 20 avril 2016 relative à la déontologie et aux droits et obligations des fonctionnaires. Le texte entérine certaines valeurs, déjà reconnues par la jurisprudence, qui fondent l'action des agents publics comme la dignité, l'impartialité, l'intégrité et la probité. Elle rappelle la neutralité dans l'exercice des fonctions et insère le principe de laïcité. Elle prévoit un dispositif de « lanceur d'alerte »

- La loi du 6 août 2019 relative à la transformation de la fonction publique : dialogue social, gestion des ressources humaines, simplification du cadre de gestion des agents publics, mobilité et accompagnement des transitions professionnelles et renforcement de l'égalité professionnelle.

2 Le statut est organisé en quatre grands titres

On pourrait parler de quatre chapitres.

Dans le Titre I sont regroupés tous les textes qui sont communs à tous les fonctionnaires, quels que soient leur administration, leur employeur ou leur service d'affectation.

Le Titre II regroupe tous les statuts particuliers des agents qui travaillent dans un service de l'État. Leur employeur est l'État, ils sont rémunérés sur le budget de l'État.

Le Titre III regroupe l'ensemble des cadres d'emplois des agents travaillant dans une des collectivités territoriales : commune, département, région, mais également dans leurs établissements publics : CCAS, OPH, intercommunalité… Leurs employeurs sont les exécutifs de ces structures et ils sont rémunérés sur les budgets de chacune de ces personnes morales.

Le Titre IV comprend tous les textes s'appliquant aux personnes travaillant dans un établissement public hospitalier ou assimilé : hôpitaux, maison de retraite, foyer de l'enfance…

1. Les différents types d'agents travaillent dans la fonction publique

Quand on parle d'agents publics, il s'agit d'une catégorie large qui englobe tous les agents qui effectuent leurs missions au sein d'un service public, « au service de la population », le plus souvent dans une structure publique, qu'ils soient fonctionnaires, contractuels (CDD ou CDI), vacataires, CAE, apprentis…

On distinguera :

- les **fonctionnaires** : c'est une fraction d'agents publics. Pour la majorité, ils sont lauréats d'un concours. Ils sont stagiaires puis titulaires de leur grade. En cas de litige, ils s'adresseront au tribunal administratif ;
- les **agents de droit privé** : ils sont recrutés et travaillent dans une structure publique, sont soumis aux mêmes droits et obligations que les fonctionnaires, mais ils bénéficient d'un contrat de travail de droit privé. Par exemple, les CDI, CDD, les apprentis, mais aussi les agents travaillant dans les établissements publics tels les CPAM, la SNCF, l'EDF… La plupart du temps, en cas de litige, ils s'adresseront au conseil des prud'hommes.

L'ensemble de la fonction publique française représente environ 5 millions d'agents publics dont un peu plus du quart, environ 1 800 000 agents pour la fonction publique territoriale.

2. Éléments de comparaison

Tous les fonctionnaires, quel que soit leur employeur, sont soumis au **Titre I** :
Principe d'égalité d'accès au service public — Modalités de recrutement -
Droits et obligations — Principe de la séparation du grade et de l'emploi

Titre II **Fonction publique d'État** **2 600 000 agents**	**Titre III** **Fonction publique territoriale** **1 800 000 agents**	**Titre IV** **Fonction publique hospitalière** **1 140 000 agents**
Un employeur unique, l'État	Chaque collectivité ou établissement public local est un employeur, environ 58 000 employeurs	Chaque établissement public hospitalier, foyer, maisons de retraite publique... est un employeur
Le recruteur est l'État Les directeurs de services ou les préfets recrutent leur personnel par délégation de l'État	Le recruteur est l'exécutif de chaque collectivité territoriale ou de chaque établissement public	Le recruteur est l'exécutif de chaque établissement public : le président du conseil d'administration
Le statut est organisé en corps	Le statut est organisé en cadres d'emplois	Le statut est organisé en corps
La rémunération provient du budget de l'État	La rémunération provient du budget de la collectivité ou de l'établissement public	La rémunération provient du budget de l'établissement public

La rémunération est basée sur la valeur du point indiciaire, elle est la même pour tous les fonctionnaires de France, et sa valeur, décidée par l'État, est publiée au Journal officiel.
L'État décide de son augmentation qui s'appliquera à tous les fonctionnaires, le même jour, quel que soit leur employeur.

3 Le Titre I

Le Titre I comporte tout ce qui est commun à tous les fonctionnaires, quel que soit leur employeur :

- les conditions d'accès à la fonction publique ;
- le principe de la séparation du grade et de l'emploi ;
- la rémunération indiciaire ;
- les droits et obligations.

1. Les conditions d'accès à la fonction publique

La loi du 13 juillet 1983 fixe, dans son Titre I, les dispositions communes à l'ensemble des fonctionnaires. Elles sont au nombre de cinq :

- *posséder la nationalité* française ou celle d'un État membre de la communauté européenne ou d'un autre État partie à l'accord sur l'Espace économique européen (sauf pour la filière de la police municipale) ;
- *jouir de ses droits civiques* ;
- *ne pas avoir subi de condamnation incompatible avec l'exercice des fonctions* : c'est-à-dire que l'éventuelle mention portée au bulletin n° 2 du casier judiciaire ne doit pas être incompatible avec les futures fonctions exercées (par exemple, la mention d'une condamnation pour conduite en état d'ivresse n'interdit pas forcément l'accès à la fonction publique, mais doit normalement interdire les fonctions de chauffeur du car de ramassage scolaire !) ;
- *être en position régulière au regard du service national* (par exemple, ne pas être déserteur). Aujourd'hui, justifier son recensement militaire et avoir participé à la journée défense et citoyenneté ;
- *remplir les conditions d'aptitude physique exigées pour l'exercice de la fonction* : le handicap n'est en aucun cas une cause d'impossibilité d'accès à la fonction publique, mais il peut limiter l'accès à certaines fonctions, à certains métiers.

Pour chaque cadre d'emplois, les statuts particuliers peuvent prévoir des dispositions particulières, comme :

- *la nécessité d'un diplôme pour les professions réglementées* : le diplôme professionnel valide des connaissances et compétences acquises pour l'exercice d'un métier particulier, mais ne fait pas du titulaire un fonctionnaire de droit. En effet, le principe d'égalité d'accès au service public justifie la nécessité du concours, épreuve anonyme qui met tout citoyen porteur dudit diplôme à pied d'égalité. Par exemple, le diplôme d'État d'assistant de service social est un préalable nécessaire pour exercer les fonctions, le métier d'assistante sociale. Mais pour exercer ce métier dans un service public, il est nécessaire de se soumettre au concours qui met tous les candidats à égalité d'accès à ce cadre d'emplois. Idem pour tous les métiers réglementés tels que : infirmières, auxiliaires de puériculture, architectes, médecins… ;
- *la nécessité d'un diplôme ou d'un niveau d'études* (bac, master…) pour d'autres cadres d'emplois. En général, et pour les professions non réglementées, il est demandé de justifier du bac ou un diplôme de niveau équivalent pour les concours de catégorie B et d'un diplôme de niveau minimum bac + 3 pour les concours de catégorie A. Il existe des dérogations en faveur des mères de trois enfants élevés ou des sportifs de haut niveau (uniquement pour les professions non réglementées). Par exemple, le bac n'est pas exigé pour se présenter au concours de rédacteur, catégorie B. Toutefois, les épreuves anonymes sont les mêmes pour tout le monde, le candidat devra tout de même avoir acquis le niveau ;

- peuvent s'ajouter des *conditions d'âge* prévues par les statuts particuliers : police municipale et pompiers.

Enfin, il est possible d'accéder à la fonction publique dès l'âge de 16 ans.

2. Le principe de la séparation du grade et de l'emploi

Chaque cadre d'emploi possède un ou plusieurs *grades*, adjoint administratif 2e classe, adjoint administratif 1re classe…

Le **grade** est le titre qui confère à son titulaire vocation à occuper l'un des emplois qui lui correspond. Au grade sont associés une échelle de rémunération et un déroulement de carrière.

L'**emploi** correspond aux missions qui sont confiées à l'agent, sur un poste et dans une structure précise.

Le fonctionnaire est titulaire de son grade (auxiliaire de puériculture, rédacteur, technicien ou adjoint administratif) *mais pas de son emploi* (à la crèche de Saint-Étienne ou au service de la PMI à Aurillac). Ce qui veut dire qu'une auxiliaire de puériculture peut exercer ses fonctions aujourd'hui dans une crèche et demain dans un service de PMI ou dans une maternité hospitalière. Si la crèche ferme ses portes, il sera alors proposé à l'agent un poste dans une autre structure ou une autre collectivité, elle n'est pas licenciée.

3. Le principe de la rémunération indiciaire

La rémunération de base est calculée en référence à la valeur du point indiciaire. Cette valeur et son évolution sont décidées par l'État et publiées au journal officiel et doivent s'appliquer uniformément, en même temps et dans tous les services publics de France, qu'ils soient d'État ou dans les collectivités territoriales. Un maire ne peut pas décider unilatéralement d'une valeur du point différente pour le personnel municipal de sa commune ! Actuellement, la valeur de l'indice est d'un peu plus de 4,686 euros depuis le 1er février 2017. Quand l'État annonce une augmentation des fonctionnaires, il augmente la valeur de ce point de 0,2 %, par exemple.

L'indice est un nombre de point. Le salaire de base résulte donc de la multiplication de son indice par la valeur actualisée du point.

L'échelle indiciaire de chaque grade dans chaque cadre d'emplois définit les indices à appliquer au titulaire du grade.

Nous verrons plus loin (Fiche 33, p. 241) quels sont les éléments qui constituent la rémunération.

4. Les droits et obligations du fonctionnaire

Nous les étudierons en détail dans la Fiche 29, p. 213.

Fonction publique

28 FICHE

L'organisation des statuts

OBJECTIFS

Pour votre concours, vous devez être capable de :

- Différencier filière, cadre d'emplois et catégorie.
- Définir dans quelle filière, catégorie et cadre d'emplois se situe le cadre d'emplois du concours auquel vous vous présentez.

Les fonctionnaires soumis au même statut particulier sont regroupés dans un cadre d'emplois. Les cadres d'emplois sont regroupés par filières. Il existe trois niveaux hiérarchiques.

1 Le cadre d'emplois

Un cadre d'emplois est un ensemble de règles concernant les conditions de recrutement, de rémunération, de déroulement de carrière… des fonctionnaires exerçant des missions similaires au sein d'une administration (par exemple, les cadres d'emplois des assistants socio-éducatifs, des adjoints administratifs, des animateurs, des techniciens…).

Il existe dans la fonction publique territoriale une cinquantaine de cadres d'emplois mais environ deux cent cinquante métiers. Un cadre d'emplois peut donc regrouper plusieurs métiers. Ainsi, celui des assistants socio-éducatifs regroupe les assistants de service social, les éducateurs spécialisés et les éducateurs en économie sociale et familiale. Le cadre d'emploi des rédacteurs regroupe tous les métiers liés à l'administration. Un rédacteur peut exercer des missions de gestion administrative, de comptabilité, d'encadrement…, dans des services juridiques, d'urbanisme, de gestion de l'eau comme en ressources humaines, etc., autant de métiers différents.

Il existe un concours spécifique par cadre d'emplois.

Chaque cadre d'emplois comporte un grade initial (celui des adjoints administratifs 2e classe) et un ou plusieurs grades d'avancement (les grades d'adjoint administratif 1re classe, d'adjoint administratif principal 2e classe et d'adjoint administratif principal 1re classe).

Il existe seulement six cadres d'emplois où l'on peut intégrer le 1er grade par voie directe, c'est-à-dire sans concours, comme adjoint administratif 2e classe, adjoint technique 2e classe… Ce sont les cadres d'emplois marqués d'un astérisque dans le tableau ci-après. Tous les autres cadres d'emplois ne sont accessibles qu'après inscription sur la liste d'aptitude (après concours ou promotion interne).

2 Les catégories

Les cadres d'emplois sont répartis en trois catégories A, B, C qui correspondent à un classement hiérarchique :

- la catégorie A correspond aux fonctions de conception et de direction. Ce sont les cadres de l'administration. Le niveau minimum demandé est bac + 3, voire plus pour certains cadres d'emplois ;
- la catégorie B correspond aux fonctions d'application. Ce sont les cadres intermédiaires. Ils peuvent encadrer des équipes, des ateliers, des services. Le niveau bac est le niveau minimum demandé ;
- la catégorie C correspond aux fonctions d'exécution. Il n'y a pas de niveau minimum demandé mais pour certains métiers, il peut y avoir des qualifications professionnelles spécialisées nécessaires : BEP, CAP, etc.

3 Les filières

Ils sont aussi classés en huit filières. Chaque filière correspondant à un secteur d'activités : administratif, médico-social, technique, animation, etc.

Filières		Catégorie A	Catégorie B	Catégorie C
Administrative		Administrateur Attaché Secrétaire de mairie (1)	Rédacteur	Adjoint administratif*
Technique		Ingénieur	Technicien	Agent de maîtrise Adjoint technique Adjoint technique des établissements d'enseignement*
Culturelle	**Patrimoine et bibliothèques**	Conservateur du patrimoine Conservateur de bibliothèques Attaché de conservation du patrimoine Bibliothécaire	Assistant de conservation	Adjoint du patrimoine*
Culturelle	**Enseignement artistique**	Directeur d'établissement d'enseignement artistique Professeur d'établissement d'enseignement artistique	Assistant spécialisé d'établissement d'enseignement artistique	

Fonction publique

Filières		Catégorie A	Catégorie B	Catégorie C
Médico-sociale	**Médico-sociaux**	Médecin Sage-femme Cadre de santé infirmier et techniciens paramédicaux [1] Cadre de santé paramédicaux Infirmier en soins généraux Psychologue Puéricultrice, cadre de santé [1] Puéricultrice	Infirmier [1]	Auxiliaire de puériculture Auxiliaire de soins
Médico-sociale	**Sociaux**	Conseiller socio-éducatif Assistant socio-éducatif Éducateur de jeunes enfants	Moniteur-éducateur et intervenants familiaux	Agent spécialisé des écoles maternelles Agent social*
Médico-sociale	**Médico-techniques**	Biologiste Vétérinaire Pharmacien	Technicien paramédical	
Sportive		Conseiller des activités physiques et sportives	Éducateur des activités physiques et sportives	Opérateur des activités physiques et sportives
Animation			Animateur	Adjoint d'animation*
Sapeurs-pompiers professionnels		Colonel, Lieutenant-colonel, Commandant, Capitaine de SPP Médecin, Pharmacien de SPP Infirmier d'encadrement de SPP	Lieutenant des SPP Infirmier de SPP	Sous-officier de SPP Sapeur et Caporaux de SPP
Police		Directeur de police municipale	Chef de service de police municipale	Agent de police municipale Garde-champêtre

* Signifie que le premier grade de ces cadres d'emplois est accessible sans concours.

(1) Ces cadres d'emplois sont en voie d'extinction.

FICHE 29

Les droits et obligations des fonctionnaires

OBJECTIFS

Pour votre concours, vous devez être capable de :

- Citer les droits et les obligations des fonctionnaires.
- Donner les principes élémentaires de la responsabilité du fonctionnaire.

Le fonctionnaire a pour mission de participer à l'exécution d'une mission de service public afin d'apporter une réponse à un besoin d'intérêt général de la population. En ce sens, il est au service de la population. La spécificité de ces missions explique que les droits, les obligations, la carrière des fonctionnaires obéissent à des règles particulières.

Fonction publique

1 Les droits des fonctionnaires

1. La liberté d'opinion et le principe de non-discrimination

La loi est claire :

> « Aucune distinction, directe ou indirecte, ne peut être faite entre les fonctionnaires en raison de leurs opinions politiques, syndicales, philosophiques ou religieuses, de leur origine, de leur orientation sexuelle, de leur âge, de leur patronyme, de leur état de santé, de leur apparence physique, de leur handicap ou de leur appartenance ou de leur non-appartenance, vraie ou supposée, à une ethnie. »

2. Le droit syndical

Droit d'adhésion comme droit de représentation.

> « Les intéressés peuvent librement créer des organisations syndicales, y adhérer et y exercer des mandats. Ces organisations peuvent ester en justice. Elles peuvent se pourvoir devant les juridictions compétentes contre les actes réglementaires concernant le statut du personnel et contre les

décisions individuelles portant atteinte aux intérêts collectifs des fonctionnaires. Les organisations syndicales de fonctionnaires ont qualité pour conduire au niveau national avec le gouvernement des négociations préalables à la détermination de l'évolution des rémunérations et pour débattre avec les autorités chargées de la gestion, aux différents niveaux, des questions relatives aux conditions et à l'organisation du travail. »

3. Le droit de grève

Dans le cadre des dispositions légales (Code du travail – Art. L-521).

Limites et exclusions : les grèves politiques, les grèves tournantes, sur le tas, surprises. L'occupation des locaux.

Toutefois, ce droit peut être refusé à certaines catégories d'agents publics comme les préfets, les militaires, les personnels pénitenciers.

4. Le droit de participation

« Les fonctionnaires participent par l'intermédiaire de leurs délégués siégeant dans des organismes consultatifs à l'organisation et au fonctionnement des services publics, à l'élaboration des règles statutaires et à l'examen des décisions individuelles relatives à leur carrière. Ils participent à la définition et à la gestion de l'action sociale, culturelle, sportive et de loisirs dont ils bénéficient ou qu'ils organisent. L'action sociale, collective ou individuelle, vise à améliorer les conditions de vie des agents publics et de leurs familles, notamment dans les domaines de la restauration, du logement, de l'enfance et des loisirs, ainsi qu'à les aider à faire face à des situations difficiles. Sous réserve des dispositions propres à chaque prestation, le bénéfice de l'action sociale implique une participation du bénéficiaire à la dépense engagée. Cette participation tient compte, sauf exception, de son revenu et, le cas échéant, de sa situation familiale. Il s'exerce au travers des représentants du personnel et de l'administration siégeant dans les CAP et les anciens CT et CHSCT ou dans les futurs comités sociaux territoriaux issus de la loi du 6 août 2019. »

5. Le droit à la protection de la santé et à l'intégrité physique

« Des conditions d'hygiène et de sécurité de nature à préserver leur santé et leur intégrité physique sont assurées aux fonctionnaires durant leur travail. »

6. Le droit à l'égalité de traitement des travailleurs handicapés

« Afin de garantir le respect du principe d'égalité de traitement à l'égard des travailleurs handicapés, les employeurs visés à l'article 2 prennent, en fonction des besoins dans une situation concrète, les mesures appropriées pour permettre aux travailleurs mentionnés aux 1°, 2°, 3°, 4°, 9°, 10° et 11° de l'article L. 323-3 du Code du travail d'accéder à un emploi ou de conserver un emploi correspondant à leur qualification, de l'exercer et d'y progresser ou pour qu'une formation adaptée à leurs besoins leur soit dispensée, sous réserve que les charges consécutives à la mise en œuvre de ces mesures ne soient pas disproportionnées, notamment compte tenu des aides qui peuvent compenser en tout ou partie les dépenses supportées à ce titre par l'employeur. Garanties renforcées par la loi du 6 août 2019. »

7. Le droit à congés et décharges de service

« Des congés annuels ;

Des congés de maladie ;

Des congés de maternité et des congés liés aux charges parentales ;

Des congés de formation professionnelle ;

Des congés pour validation des acquis de l'expérience ;

Des congés pour bilan de compétences ;

Des congés pour formation syndicale. »

8. Le droit à la rémunération

« Les fonctionnaires ont droit, après service fait, à une rémunération comprenant le traitement, et si leur situation leur permet, à l'indemnité de résidence, le supplément familial de traitement ainsi que les indemnités instituées par un texte législatif ou réglementaire. S'y ajoutent les prestations familiales obligatoires. Le montant du traitement est fixé en fonction du grade de l'agent et de l'échelon auquel il est parvenu, ou de l'emploi auquel il a été nommé. Les fonctionnaires sont affiliés à des régimes spéciaux de retraite et de sécurité sociale. »

Fonction publique

9. Le droit à la mobilité

« L'accès des fonctionnaires de l'État, des fonctionnaires territoriaux et des fonctionnaires hospitaliers aux deux autres fonctions publiques, ainsi que leur mobilité au sein de chacune de ces trois fonctions publiques, constituent des garanties fondamentales de leur carrière. À cet effet, l'accès des fonctionnaires de l'État, des fonctionnaires territoriaux et des fonctionnaires hospitaliers aux deux autres fonctions publiques s'effectue par voie de détachement suivi ou non d'intégration. Les statuts particuliers peuvent également prévoir cet accès par voie de concours interne et, le cas échéant, de tour extérieur. En outre, la mobilité des fonctionnaires entre les trois fonctions publiques peut s'exercer par la voie de la mise à disposition. »

10. Le droit à la formation

Le droit à la formation professionnelle tout au long de la vie est reconnu aux fonctionnaires. Ceux-ci peuvent être tenus de suivre des actions de formation professionnelle dans les conditions fixées par les statuts particuliers.

La loi du 19 février 2007 précise :

> « La formation professionnelle tout au long de la vie au sein de la fonction publique territoriale comprend :
>
> • la formation d'intégration et de professionnalisation, définie par les statuts particuliers, qui comprend :
>
> – des actions favorisant l'intégration dans la fonction publique territoriale, dispensées aux agents de toutes catégories,
>
> – des actions de professionnalisation, dispensées tout au long de la carrière et à l'occasion de l'affectation dans un poste de responsabilité ;
>
> • la formation de perfectionnement, dispensée en cours de carrière à la demande de l'employeur ou de l'agent ;
>
> • la formation de préparation aux concours et examens professionnels de la fonction publique ;
>
> • la formation personnelle suivie à l'initiative de l'agent ;
>
> • les actions de lutte contre l'illettrisme et pour l'apprentissage de la langue française. »

Un décret en Conseil d'État précise les types de formations susceptibles d'être précédées, à la demande de l'agent, d'un bilan de compétences ainsi que les modalités de celui-ci.

> « Tout agent de la fonction publique territoriale occupant un emploi permanent reçoit un livret individuel de formation. Ce livret retrace les formations et bilans de compétences dont l'agent bénéficie, dans les conditions fixées par décret. »

Plusieurs dispositifs sont donc mis en place. Parmi ceux-ci on trouve :

a. Le compte personnel d'activité (CPA)

Le compte personnel d'activité (CPA) s'applique aux fonctionnaires et agents contractuels de la fonction publique depuis le 1er janvier 2017. Il remplace le DIF. Il est constitué du compte personnel de formation (CPF) et du compte d'engagement citoyen (CEC). Il est portable, c'est-à-dire qu'il est attaché à la personne et donc conservé en cas de changement d'employeur public ou privé.

- **Le compte personnel de formation (CPF)** permet à l'ensemble des agents publics d'acquérir, chaque année, des droits à formation dans la limite de 150 heures (24 heures par an jusqu'à 120 heures puis 12 heures par an jusqu'à 150 heures), et ce sans condition d'ancienneté de service. Ces droits relèvent de l'initiative de l'agent et peuvent être utilisés dans le cadre de la construction de son projet professionnel. Les droits acquis au titre du DIF au 31 décembre 2016 ont été automatiquement transférés dans le CPF et peuvent dès à présent être utilisés en vue de bénéficier des nouvelles possibilités offertes par ce compte.

LE COMPTE PERSONNEL D'ACTIVITE DANS LA FONCTION PUBLIQUE POUR CONSTRUIRE SON **PARCOURS** PROFESSIONNEL

moncompteactivité.gouv.fr

Le Compte Personnel d'Activité (CPA), c'est...*

- Un Compte Personnel de Formation (CPF)
- Un Compte d'Engagement Citoyen (CEC)

LE CPA, QUELS OBJECTIFS ?

- Accompagner la construction de votre parcours professionnel
- Des droits universels quel que soit votre statut (fonctionnaire ou contractuel)
- Des droits conservés tout au long de votre carrière

LE CPF, C'EST QUOI ?

- Un dispositif mobilisé à votre initiative
- Le droit invididuel à la formation n'existe plus. Vos droits acquis au 31 décembre 2016 deviennent des droits CPF au 1er janvier 2017
- Des droits renforcés pour les agents les moins qualifiés
- Des droits à formation supplémentaires par rapport au DIF
- Un droit à un accompagnement personnalisé
- Pour suivre toute action de formation dans le cadre d'un projet d'évolution professionnelle

Janvier 2017, vous détenez vos droits CPF → Vous pouvez mobiliser vos droits CPF → A compter de 2018, vous visualiserez vos droits sur le site moncompteactivité.gouv.fr

LE CEC, C'EST QUOI ?

- Reconnaître et encourager l'engagement citoyen
- Acquérir des droits à formation supplémentaires à ceux du CPF à raison de l'exercice de certaines activités (20 heures par an et par activité dans la limite d'un plafond de 60 heures)
- Faciliter la reconnaissance des compétences acquises au travers de ces activités

Janvier 2017, vous pouvez créer des droits CEC → A compter de 2018, vous pourrez visualiser et mobiliser vos droits CEC

**ordonnance n° 2017-53 du 19 janvier 2017 et décret n°2017-928 du 6 mai 2017*

Plus d'infos : www.fonction-publique.gouv.fr
Ouvrir son compte CPA et accéder à des services : www.moncompteactivite.gouv.fr

Liberté • Égalité • Fraternité
République Française
Ministère de l'action et des comptes publics
dgafp

Ce crédit d'heures est majoré pour les agents de catégorie C dépourvus de qualification, de 48 heures par an dans la limite de 400 heures. Il est utilisable à la demande de l'agent, avec accord de son employeur. Tout refus de ce dernier doit être motivé et peut faire l'objet d'une contestation devant l'instance paritaire compétente. Cette formation doit se dérouler en priorité pendant le temps de travail.

L'administration ne peut s'opposer à une demande de formation relevant du socle de connaissances et de compétences professionnelles. Le cas échéant, le bénéfice de cette formation peut être différé dans l'année qui suit la demande.

Le compte personnel de formation peut être utilisé :

- en combinaison avec le congé de formation professionnelle ;
- en complément des congés pour validation des acquis de l'expérience et pour bilan de compétences ;
- pour préparer des examens et concours administratifs, le cas échéant en combinaison avec le compte épargne temps ;
- pour suivre une formation relevant du socle de connaissances et de compétences professionnelles.

• **Le compte d'engagement citoyen (CEC)** permet d'obtenir des droits à formation supplémentaires en reconnaissance des activités citoyennes exercées par un agent (service civique, réserve militaire et autres, engagement associatif, maître d'apprentissage…), à raison de 20 heures par an dans la limite de 60 heures.

La création de ce compte prend effet au 1er janvier 2017 (ordonnance n° 2017-53 du 19.1.2017 et décret n° 2017-928 du 6.5.2017). Les droits acquis au titre de l'année 2017 pourront être utilisés dès 2018, soit pour suivre une formation ayant trait à l'engagement citoyen que l'agent exerce, soit pour bénéficier d'une formation nécessaire à la mise en œuvre de son projet d'évolution professionnelle en complément des droits relevant du CPF.

b. Les dispositifs de professionnalisation

> « Les fonctionnaires peuvent également bénéficier de périodes de professionnalisation comportant des actions de formation en alternance et leur permettant soit d'exercer de nouvelles fonctions au sein d'un même cadre d'emplois, soit d'accéder à un autre cadre d'emplois. »

Conformément au décret d'application, à compter du 1er juillet 2008, la formation professionnelle tout au long de la vie se décline avec des formations statutaires obligatoires (FSO) :

• la **formation d'intégration** : concerne tous les agents nommés dans un cadre d'emplois. Ils bénéficient de cinq jours de formation obligatoire dans la première année suivant la nomination, pour les agents de catégorie C et de 10 jours pour les agents de catégories B et A. La titularisation est subordonnée à l'accomplissement de ces journées de formation. Le programme de ces formations est défini par le CNFPT ;

- la **formation de professionnalisation au premier emploi** : de trois jours (cat. C) ou cinq jours (cat. A et B) obligatoires, jusqu'à un maximum de dix jours (catégories A, B ou C) à effectuer dans les deux années suivant la nomination ;
- des réductions de la durée de ces deux dispositifs peuvent être envisagées en fonction des diplômes, de l'expérience et des formations déjà suivies par l'agent ;
- la **formation de professionnalisation tout au long de la carrière** : de deux à dix jours, obligatoires, par période de cinq ans ;
- l'**affectation sur un poste à responsabilité** : lorsque l'agent intègre un poste à responsabilité d'encadrement, dans les six mois suivant sa nomination, il a l'obligation de suivre une formation de trois à dix jours.

Le contenu des trois dernières formations obligatoires sera déterminé entre l'agent et son supérieur en fonction des besoins de professionnalisation de l'agent.

Attention

La non-réalisation de ces journées obligatoires et dans les périodes définies, ferme définitivement toute possibilité de promotion interne durant toute la carrière de l'agent.

11. Le droit à l'accès à son dossier individuel

> « Le dossier du fonctionnaire doit comporter toutes les pièces intéressant la situation administrative de l'intéressé, enregistrées, numérotées et classées sans discontinuité. Il ne peut être fait état dans le dossier d'un fonctionnaire, de même que dans tout document administratif, des opinions ou des activités politiques, syndicales, religieuses ou philosophiques de l'intéressé. Tout fonctionnaire a accès à son dossier individuel dans les conditions définies par la loi. »

Et, en cas de procédure disciplinaire :

> « Le pouvoir disciplinaire appartient à l'autorité investie du pouvoir de nomination. Le fonctionnaire à l'encontre duquel une procédure disciplinaire est engagée a droit à la communication de l'intégralité de son dossier individuel et de tous les documents annexes et à l'assistance de défenseurs de son choix. L'administration doit informer le fonctionnaire de son droit à communication du dossier. Aucune sanction disciplinaire autre que celles classées dans le premier groupe par les dispositions statutaires relatives aux fonctions publiques de l'État, territoriale et hospitalière ne peut être prononcée sans consultation préalable d'un organisme siégeant en conseil de discipline dans lequel le personnel est représenté. L'avis de cet organisme de même que la décision prononçant une sanction disciplinaire doivent être motivés. »

12. La protection contre le harcèlement sexuel ou moral

« Il est garanti aux agents de la fonction publique une protection contre les violences physiques et verbales dont ils pourraient être victimes, ainsi que contre les situations de harcèlement sexuel, sexiste ou moral.

Loi n° 2012-954 du 6 août 2012. Le harcèlement sexuel peut se manifester par la répétition de propos ou gestes à connotation sexuelle, par une attitude particulièrement insistante malgré des refus répétés ou encore par des propositions de nature sexuelle. Une attitude déplacée visant à obtenir des faveurs sexuelles est constitutive de harcèlement sexuel. Ainsi que le fait, même non répété, d'user de toute forme de pression grave, dans le but réel ou apparent d'obtenir un acte de nature sexuelle.

Les agissements sexistes sont désormais prohibés dans le statut général des fonctionnaires, à l'article 6 bis de la loi n° 83-634 du 13 juillet 1983 modifiée. Les agissements sexistes sont définis par la loi comme étant "tout agissement lié au sexe d'une personne, ayant pour objet ou pour effet de porter atteinte à sa dignité ou de créer un environnement intimidant, hostile, dégradant, humiliant ou offensant."

Quant au harcèlement moral, aucun fonctionnaire ne doit subir les agissements répétés de harcèlement moral qui ont pour objet ou pour effet une dégradation des conditions de travail susceptible de porter atteinte à ses droits et à sa dignité, d'altérer sa santé physique ou mentale ou de compromettre son avenir professionnel. »

13. Le droit à la protection par la collectivité publique contre les menaces, injures ou outrages

Les fonctionnaires bénéficient, à l'occasion de leurs fonctions, d'une protection organisée par la collectivité publique dont ils dépendent, conformément aux règles fixées par le code pénal et les lois spéciales.

« Lorsqu'un fonctionnaire a été poursuivi par un tiers pour faute de service et que le conflit d'attribution n'a pas été élevé, la collectivité publique doit, dans la mesure où une faute personnelle détachable de l'exercice de ses fonctions n'est pas imputable à ce fonctionnaire, le couvrir des condamnations civiles prononcées contre lui. La collectivité publique est tenue de protéger les fonctionnaires contre les menaces, violences, voies de fait, injures, diffamations ou outrages dont ils pourraient être victimes à l'occasion de leurs fonctions, et de réparer, le cas échéant, le préjudice qui en est résulté. La collectivité publique est tenue d'accorder sa protection au fonctionnaire ou à l'ancien fonctionnaire dans le cas où il fait l'objet de poursuites pénales à l'occasion de faits qui n'ont pas le caractère d'une faute personnelle. »

14. Le droit à fonctions électives

« Sans préjudice des dispositions plus favorables qui leur seraient applicables, les fonctionnaires qui occupent des fonctions publiques électives bénéficient des garanties accordées aux titulaires de mandats locaux et du droit à la formation des élus locaux reconnu par le code général des collectivités territoriales. »

2 Les obligations des fonctionnaires

1. L'obligation de servir

Elle implique le respect de la durée hebdomadaire de service et l'accomplissement personnel des fonctions.

« Les fonctionnaires et les agents non titulaires de droit public consacrent l'intégralité de leur activité professionnelle aux tâches qui leur sont confiées. Ils ne peuvent exercer à titre professionnel une activité privée lucrative de quelque nature que ce soit.

Sont interdites, y compris si elles sont à but non lucratif, les activités privées suivantes :

1° La participation aux organes de direction de sociétés ou d'associations ne satisfaisant pas aux conditions fixées au b du 1° du 7 de l'article 261 du Code général des impôts ;

2° Le fait de donner des consultations, de procéder à des expertises et de plaider en justice dans les litiges intéressant toute personne publique, le cas échéant devant une juridiction étrangère ou internationale, sauf si cette prestation s'exerce au profit d'une personne publique ;

3° La prise, par eux-mêmes ou par personnes interposées, dans une entreprise soumise au contrôle de l'administration à laquelle ils appartiennent ou en relation avec cette dernière, d'intérêts de nature à compromettre leur indépendance. »

Vous ne pouvez pas travailler de jour dans votre service et de nuit à la clinique, ou le samedi matin sur les marchés, ni avec une feuille de paye, et encore moins au noir !

« Les fonctionnaires et agents non titulaires de droit public peuvent toutefois être autorisés à exercer, dans des conditions fixées par décret en Conseil d'État, à titre accessoire, une activité, lucrative ou non, auprès d'une personne ou d'un organisme public ou privé, dès lors que cette activité est compatible avec les fonctions qui leur sont confiées et n'affecte pas leur exercice.

Les fonctionnaires et agents non titulaires de droit public peuvent librement détenir des parts sociales et percevoir les bénéfices qui s'y attachent. Ils gèrent librement leur patrimoine personnel ou familial.

> La production des œuvres de l'esprit au sens des articles L. 112-1, L. 112-2 et L. 112-3 du Code de la propriété intellectuelle s'exerce librement, dans le respect des dispositions relatives au droit d'auteur des agents publics et sous réserve des dispositions de l'article 26 de la présente loi. Les personnes pratiquant des activités à caractère artistique peuvent exercer les professions libérales qui découlent de la nature de leurs fonctions.
>
> Les fonctionnaires, les agents non titulaires de droit public, ainsi que les agents dont le contrat est soumis aux dispositions du code du travail occupant un emploi à temps non complet ou exerçant des fonctions impliquant un service à temps incomplet pour lesquels la durée du travail est inférieure ou égale à la moitié de la durée légale ou réglementaire du travail des agents publics à temps complet peuvent exercer, à titre professionnel, une activité privée lucrative dans les limites et conditions fixées par décret en Conseil d'État.
>
> La violation du présent article donne lieu au reversement des sommes indûment perçues, par voie de retenue sur le traitement. »

2. Le secret professionnel

« Les fonctionnaires sont tenus au secret professionnel dans le cadre des règles instituées dans le Code pénal. » Il s'impose à tous les agents de la fonction publique dans la mesure où ils peuvent être amenés, dans l'exercice de leurs fonctions, à avoir connaissance de faits mais aussi ce qui a pu être vu, lu, entendu, constaté ou compris, concernant un individu, que ce soit un autre fonctionnaire, ou un usager, ou relevant de secrets scientifiques, de brevets, ou de procédures de marchés publics, par exemple.

En revanche, il y a obligation de levée du secret en cas de suspicion de maltraitance à enfant ou à personne incapable de se protéger elle-même (personne âgée ou handicapée). La responsabilité pénale d'un citoyen est engagée en cas de non-signalement.

3. La discrétion professionnelle

Elle vise à protéger l'administration contre la divulgation d'informations relatives au service et réside dans la révélation d'un fait de service. Elle implique un devoir de loyauté vis-à-vis de sa collectivité.

> « Les fonctionnaires doivent faire preuve de discrétion professionnelle pour tous les faits, informations ou documents dont ils ont connaissance dans l'exercice ou à l'occasion de l'exercice de leurs fonctions. En dehors des cas expressément prévus par la réglementation en vigueur, notamment en matière de liberté d'accès aux documents administratifs, les fonctionnaires ne peuvent être déliés de cette obligation de discrétion professionnelle que par décision expresse de l'autorité dont ils dépendent.
>
> Il n'est donc pas question d'informer un usager ou son entourage sur les

dysfonctionnements réels ou supposés du service, par exemple, ni de vive voix, ni sur les médias sociaux ou sur quelque autre support que ce soit. »

4. L'obligation de réserve

Le manquement à l'obligation de réserve réside dans la manifestation d'une opinion. L'agent a le droit d'avoir toutes les opinions qu'il souhaite, mais se doit de ne les exprimer qu'avec réserve dans et hors l'exercice de ses fonctions. Cela oblige à de la mesure dans l'expression de ses opinions, tant dans la forme que dans la teneur des propos, ainsi que dans les comportements.

> « Elle impose de la mesure dans la forme de l'expression. Elle proscrit l'injure, l'utilisation de termes outranciers, la grossièreté des propos, des écrits, des attitudes ; elle suppose le tact, le bon ton, la modération, la bonne foi. »

Le juge pourra apprécier cette obligation en fonction du grade et des fonctions de l'agent.

5. L'obligation d'obéissance hiérarchique

Tout fonctionnaire doit se conformer aux instructions de son supérieur hiérarchique, sauf si l'ordre est illégal.

> « Tout fonctionnaire, quel que soit son rang dans la hiérarchie, est responsable de l'exécution des tâches qui lui sont confiées. Il doit se conformer aux instructions de son supérieur hiérarchique, sauf dans le cas où l'ordre donné est manifestement illégal et de nature à compromettre gravement un intérêt public (ou la vie de quelqu'un). Il n'est dégagé d'aucune des responsabilités qui lui incombent par la responsabilité propre de ses subordonnés. »

Fonction publique

6. Le devoir de désobéissance

Il ne s'applique que dans la mesure où les deux propositions ci-dessus sont cumulées ou lorsqu'il y a une menace réelle et imminente pour la vie de soi-même ou d'autrui. Dans ce cas s'applique le *droit de retrait*.

7. L'obligation de satisfaire aux demandes d'information du public

Cette obligation s'exerce dans le respect du secret professionnel, de la discrétion professionnelle et du droit à l'accès aux documents administratifs.

3 La responsabilité juridique du fonctionnaire

Dans une démocratie, les citoyens ont des droits mais aussi des devoirs ; la liberté s'accompagne de la responsabilité. La responsabilité est un principe selon lequel chacun doit répondre des conséquences de ses actes ou de ses omissions.

« Nul n'est censé ignorer la loi » principe toutefois atténué par le Nouveau Code pénal qui a introduit la notion « d'erreur sur le droit ».

Il faut d'abord distinguer faute de service et faute personnelle :

- la **faute personnelle** peut être définie comme soit la faute commise en dehors du service (un accident le week-end avec la voiture de fonction...), soit dans le service mais comportant une intention de nuire ou présentant une gravité inadmissible ou inexcusable (violences physiques, injures ou diffamations...). Une faute personnelle peut aussi être une faute pénale comme le harcèlement moral commis par un supérieur hiérarchique, ou l'abus de confiance et le détournement de fonds publics ;
- la **faute de service** est une faute commise par l'agent mais dans le cadre de ses fonctions et n'engageant pas sa responsabilité personnelle (erreur sur un document, mauvaise utilisation d'un matériel, dossier égaré...).

Ce n'est que dans le cas où la faute est « de service » que la collectivité sera pécuniairement responsable de la faute commise par l'agent.

La jurisprudence a été élaborée dans l'intérêt de la victime. Un simple lien entre la faute personnelle et le service suffit à engager la responsabilité de la personne publique envers la victime.

La loi reconnaît plusieurs types de responsabilités.

1. La responsabilité civile

La responsabilité civile est l'obligation de réparer le dommage (ou préjudice) que l'on a causé à autrui. Elle est contractuelle lorsque le dommage résulte de l'inexécution d'un contrat, délictuelle (ou extra-contractuelle), lorsqu'elle n'est régie par aucun contrat.

L'action en responsabilité appartient à la victime du dommage.

Il y a obligation de réparer soit pécuniairement soit en nature le préjudice causé à autrui par l'inexécution ou la mauvaise exécution d'un contrat ou toute action dommageable causée par soi-même, par une personne qui dépend de soi ou par une chose que l'on a sous sa garde.

2. La responsabilité pénale

À la différence de la responsabilité civile (qui est l'obligation de répondre du dommage que l'on a causé en le réparant en nature ou par équivalent, par le versement de dommages-intérêts), la responsabilité pénale implique un recours par l'État contre un trouble à l'ordre public.

La responsabilité pénale renvoie à la punition ou à l'amendement de l'individu qui commet une **infraction** (contravention, délit, crime). Les principes stricts du droit pénal s'appliquent et peuvent aboutir à la condamnation de l'auteur de l'infraction à une **peine** (amende, emprisonnement, etc.). Elle correspond aux rapports entre les individus et la société. Le reconnu coupable d'une infraction pénale a l'obligation de subir une peine prévue par la loi, prononcée par un tribunal, au nom de la société.

- La **faute pénale d'imprudence et de négligence** : l'article 121-3 du Code pénal (délit involontaire engageant la responsabilité de l'auteur, loi du 10 juillet 2000) énonce :

  « Il n'y a pas de crime ou de délit sans intention de le commettre. Délits : peines correctionnelles prononcées par le tribunal correctionnel. Toutefois lorsque la loi le prévoit, il y a délit en cas de mise en danger délibérée de la personne d'autrui. Il y est également dit, lorsque la loi le prévoit, en cas de faute d'imprudence, de négligence ou de manquement à une obligation de sécurité ou de prudence imposée par la loi ou les règlements, s'il est établi que l'auteur des faits n'a pas accompli les diligences normales compte tenu, le cas échéant, de la nature de ses missions ou de ses fonctions, de ses compétences ainsi que du pouvoir et des moyens dont il disposait. »

  Dans le cas prévu par l'alinéa qui précède, les personnes physiques qui n'ont pas causé directement le dommage, mais qui ont créé ou contribué à créer la situation qui a permis la réalisation du dommage ou qui n'ont pas pris les mesures permettant de l'éviter, sont responsables pénalement s'il est établi qu'elles ont, soit violé de façon manifestement délibérée une obligation particulière de sécurité ou de prudence imposée par la loi ou les règlements, soit commis une faute caractérisée et qui exposait autrui à un risque d'une particulière gravité qu'elles ne pouvaient ignorer.

- Une **infraction** est une action ou omission bien définie par la loi pénale, avec des sanctions strictement prévues et classées selon sa gravité :
  - des contraventions : peines de police prononcées par le tribunal de police ;
  - les crimes : peines criminelles prononcées par la cour d'assises.

3. La responsabilité administrative

Elle concerne les rapports juridiques entre l'administration et les particuliers ou entre les administrations. Il y a obligation pour l'administration de réparer pécuniairement le préjudice causé à autrui en cas de défaut de fonctionnement du service public ou de faute de l'un de ses agents.

4. La responsabilité disciplinaire

Elle se rapporte aux relations entre les salariés ou les fonctionnaires et leurs employeurs. Il y a obligation de subir une sanction de l'employeur pour faute professionnelle.

Le pouvoir disciplinaire appartient à l'autorité territoriale ayant le pouvoir de nomination. Pour les fonctionnaires territoriaux, la reconnaissance de la faute et la détermination de la sanction sont étudiées par la commission administrative paritaire qui va formuler un avis destiné à l'exécutif.

a. La notion de faute disciplinaire

Il n'existe pas de définition légale de la faute disciplinaire. La faute disciplinaire peut notamment découler d'un des manquements aux obligations du fonctionnaire, mais elle peut également être constituée par un agissement étranger aux obligations professionnelles. C'est à l'autorité territoriale détentrice du pouvoir disciplinaire de qualifier un fait de faute disciplinaire. En cas de recours contentieux, cette qualification sera appréciée par le juge administratif.

b. La sanction

Il existe une échelle des sanctions mais il n'existe pas de barème de proportionnalité entre la faute et la sanction demandée.

Il n'est pas obligatoire de sanctionner en suivant l'ordre strict de l'échelle suivante. Il est tout à fait possible par exemple, de sanctionner directement un agent par une exclusion temporaire de fonctions de trois jours, ou de passer d'un blâme à une exclusion temporaire de fonctions de six mois.

> **À retenir**
>
> Toute faute commise par un fonctionnaire dans l'exercice de ses fonctions l'expose à une sanction disciplinaire. En cas de faute grave commise par un fonctionnaire, qu'il s'agisse d'un manquement à ses obligations professionnelles ou d'une infraction de droit commun, l'auteur de cette faute peut être suspendu par l'autorité ayant pouvoir disciplinaire qui saisit, sans délai, le conseil de discipline.

Premier groupe

- **Avertissement** : observation écrite ne figurant pas au dossier.
- **Blâme** : le blâme est inscrit au dossier du fonctionnaire.
- **Exclusion temporaire** de fonctions d'une durée maximale de trois jours (inscrite au dossier de l'agent depuis la loi du 6 août 2019) :
  - l'agent ne se rend pas à son travail ;
  - l'exclusion est privative de rémunération ;
  - l'exclusion peut être assortie d'un sursis total ou partiel.

Deuxième groupe

- **Abaissement d'échelon** : passage à un ou plusieurs échelons inférieurs.
- **Exclusion temporaire** de quatre à quinze jours.

Troisième groupe

- **Rétrogradation** : passage à un ou éventuellement plusieurs grades inférieurs au sein même du cadre d'emplois.
- **Exclusion temporaire** de seize jours à six mois : attention, dans ce cas, le sursis ne peut avoir pour effet de ramener la durée effective de l'exclusion à moins de trois mois.

Quatrième groupe

- **Mise à la retraite d'office** :
  - radiation définitive des cadres mais conservation des droits à pension ;
  - l'agent en bénéficiera lorsqu'il aura atteint l'âge d'admission à la retraite ;
  - possible si deux ans d'affiliation à la CNRACL ;
  - le fonctionnaire révoqué est admis à percevoir, dans les conditions habituelles, des allocations pour perte d'emploi versées par la collectivité.
- **Révocation** :
  - radiation définitive des cadres de la fonction publique. C'est la sanction la plus sévère pour vol, détournement de fonds, acceptation de cadeaux, violence, action dans l'intention de nuire… ;
  - perte de la qualité de fonctionnaire ;
  - le fonctionnaire révoqué est admis à percevoir, dans les conditions habituelles, des allocations pour perte d'emploi versées par la collectivité.

Depuis la loi du 6 août 2019, les sanctions des 2e et 3e groupes peuvent, sous certaines conditions, être retirées du dossier après 10 années de services effectifs à compter de la date de la sanction.

- La **suspension** : en cas de faute grave, l'autorité territoriale peut suspendre, par arrêté, le fonctionnaire à condition de saisir sans délai le conseil de discipline dans l'attente d'une sanction.

À retenir

La suspension n'est pas une sanction mais une mesure conservatoire visant à écarter le fonctionnaire du service. Le fonctionnaire ne se présentera pas à son travail mais continuera à percevoir son traitement.

Des procédures très précises seront mises en œuvre par l'autorité territoriale détentrice du pouvoir disciplinaire dès qu'une sanction est envisagée à l'encontre d'un agent de la collectivité, à commencer par le droit de l'agent à la communication de son dossier.

5. Responsabilité ordinale

Elle concerne les rapports entre certains professionnels et leurs pairs (Ordre des médecins, des avocats, des pharmaciens...). L'ordre professionnel préconise une sanction pour faute de déontologie professionnelle :

- la responsabilité civile ou administrative entraîne une réparation (dommages-intérêts) ;
- la responsabilité pénale, disciplinaire ou ordinale entraîne une sanction.

Pour qu'il y ait une infraction légale, il faut apporter la preuve :

- d'un élément légal : infraction par rapport à un texte de droit ;
- d'un élément matériel : une faute dans le comportement ou le résultat ;
- d'un élément moral : une faute intentionnelle ou non (négligence, imprudence, maladresse, ou inobservation des règlements).

FICHE 30

La carrière du fonctionnaire

OBJECTIFS

Pour votre concours, vous devez être capable de :

- Donner les étapes classiques d'un déroulement de carrière d'un fonctionnaire.
- Différencier concours et examens professionnels.
- Donner la durée de validité de la liste d'aptitude.
- Dire en quoi consiste l'évaluation du travail.

Le principe d'égal accès à la fonction publique a été institué par la Déclaration des droits de l'homme et du citoyen de 1789 en réaction aux pratiques de l'Ancien Régime qui consistaient à réserver des emplois publics, civils ou militaires, à quelques « privilégiés ».

Ainsi, l'article 6 énonce : « Tous les citoyens étant égaux à ses yeux sont également admissibles à toutes dignités, places et emplois publics, selon leur capacité, et sans autre distinction que celle de leurs vertus et de leurs talents. »

Le principe du concours s'inscrit dans cette philosophie et est, depuis lors, considéré comme l'un des aspects de la concrétisation de cette égalité. Le concours constitue donc la règle pour accéder à la fonction publique.

1 Le recrutement

Le recrutement sur liste d'aptitude après concours est le principal mode de recrutement des fonctionnaires territoriaux.

Toutefois, comme nous l'avons déjà vu, il existe une possibilité de recrutement par voie directe pour certains grades de la catégorie C (adjoint technique, adjoint d'animation, adjoint administratif, etc.).

Sous certaines conditions, les collectivités peuvent aussi procéder à l'engagement de non-titulaires (contractuels, vacataires…) et agents de droit privé (CAE, apprentis…).

2 Les concours

Les concours permettent de respecter le principe d'égalité de tous les citoyens à l'accès à un emploi public (principe inscrit dans la Constitution française). Il n'y a qu'une épreuve anonyme qui peut garantir cette égalité d'accès. Il existe trois types de concours.

- Le concours **externe** est ouvert aux candidats remplissant les conditions d'accès à la fonction publique. Certains concours sont dits « sur titres », ce qui signifie que l'accès à ce concours nécessite préalablement la justification d'un diplôme professionnel.
- Le concours **interne** est ouvert aux agents en poste, justifiant de certaines conditions de service : conditions différentes selon les cadres d'emplois (échelon, ancienneté dans la fonction publique...). Ce type de concours n'est pas ouvert pour les métiers nécessitant un diplôme professionnel spécifique (professions médicales et médico-sociales, par exemple).
- Les concours dits « **de troisième voie** » ouverts aux candidats justifiant, sous certaines conditions, soit :
  - d'un mandat d'élu ;
  - de l'exercice d'activités accomplies en qualité de responsable dans une association.
  - de l'exercice d'activités accomplies dans le secteur privé.

La quasi-totalité des concours est sur épreuves, ne serait-ce qu'un entretien avec un jury.

Certains concours sont dits « sur titres », ce qui signifie que l'accès à ce concours nécessite préalablement la justification d'un diplôme professionnel (infirmière, auxiliaire de puériculture, ingénieur...).

Dans la fonction publique territoriale, être reçu à un concours ne garantit pas une nomination. En effet, l'autorité territoriale choisit librement les candidats qu'elle souhaite recruter.

Les personnes reconnues handicapées peuvent bénéficier d'aménagements particuliers lors du déroulement des épreuves. En faire la demande lors de l'inscritpion.

À retenir

Le diplôme valide des connaissances acquises. Il permet ainsi d'exercer un métier, mais ne peut pas faire du détenteur un fonctionnaire de droit.

Le concours reste en France le moyen permettant l'égalité d'accès de tous les citoyens à l'emploi public.

3 L'examen professionnel

En cours de carrière, un agent peut éventuellement passer d'un grade à un autre (éducateur de jeunes enfants à éducateur principal de jeunes enfants) par le biais de l'examen professionnel. Vérifiez pour chaque cadre d'emplois les possibilités qui sont offertes. Si pour le concours, il faut être dans les meilleurs (les vingt meilleurs s'il y a vingt postes déclarés vacants sur le territoire) ; pour l'examen professionnel, la note moyenne suffit pour obtenir l'examen, mais la nomination n'est pas automatique.

4 La liste d'aptitude

Les candidats reçus sont inscrits sur une liste d'aptitude, par ordre alphabétique (dans la fonction publique territoriale). La durée maximum d'inscription sur la liste d'aptitude est de deux ans, renouvelable deux fois un an (quatre ans au total). Attention, le renouvellement n'est pas automatique.

C'est-à-dire qu'en l'absence de nomination à l'issue des deux premières années, la validité de l'inscription peut être prorogée de deux années supplémentaires, sous réserve d'en faire la demande écrite auprès de l'organisme organisateur du concours, dans le mois précédent la date d'expiration au titre de chaque année. Le décompte de cette période maximale de quatre ans est suspendu, le cas échéant, durant l'accomplissement des obligations du service national, en cas de congé maternité, de congé parental, d'adoption, de présence parentale et d'accompagnement d'une personne en fin de vie ou de congé de longue durée. Ce décompte est aussi valable pour les élus locaux jusqu'au terme de leur mandat. Un éventuel employeur ne pourra plus vous recruter si votre nom n'apparaît plus sur la liste d'aptitude correspondante au cadre d'emplois. Vous perdriez ainsi le bénéfice du concours !

Les listes d'aptitude ont une valeur nationale. Ce qui veut dire qu'un lauréat inscrit sur la liste d'aptitude du concours des techniciens, organisé par le centre de gestion du département du Rhône, peut être recruté et nommé par n'importe quelle collectivité territoriale de France. À condition, bien sûr, que cette collectivité ait au préalable déclaré un poste de technicien « vacant » dans ses effectifs.

5 Le stage

Le stage est une période probatoire destinée à vérifier que l'agent correspond bien à ce que l'on attend de lui, tant du point de vue professionnel que de sa capacité à devenir fonctionnaire. C'est la période d'essai.

Il y a une période de stage lors du premier recrutement et lors de l'accès à un autre cadre d'emplois (après concours ou par promotion interne). L'accès à un nouveau cadre d'emplois après un concours est considéré comme un recrutement, d'où l'obligation d'effectuer une période de stage dans ce nouveau cadre d'emplois.

La durée du stage, généralement d'une année, peut être prolongée si le stage n'est pas probant. À l'issue de la période de stage, éventuellement prolongée, l'autorité a le choix, soit de titulariser l'agent, soit de s'en séparer, c'est-à-dire de procéder au licenciement. Toutefois, si l'agent était déjà titulaire d'un autre grade ou cadre d'emplois, il y sera réintégré.

6 La titularisation

Elle intervient après la période de stage. Après avis hiérarchique favorable, l'arrêté de titularisation est pris par l'exécutif de la collectivité (maire ou président du conseil). L'agent devient titulaire de son grade (mais pas de son emploi).

7 L'évaluation du travail des agents

La démarche d'évaluation s'inscrit dans les orientations de la collectivité en matière de gestion des ressources humaines et de management. Il s'agit de reconnaître et développer les compétences des agents au service du projet de la collectivité. L'objectif est également de permettre à chaque agent d'être acteur de son poste ainsi que de son évolution professionnelle. C'est un moment d'échange qui porte sur les événements de l'année et débouche sur des perspectives pour celle qui suit. La fiche de poste de l'agent est le fil conducteur de cet échange. C'est le moment d'évaluer l'écart entre ce qui est attendu et le travail produit, de pointer les difficultés, de mettre en place les objectifs et d'imaginer des solutions pour améliorer la qualité du service rendu à la population.

À retenir

L'entretien d'évaluation du travail constitue un moment privilégié qui doit être préparé par l'évaluateur et par l'agent.

L'entretien annuel est, pour le responsable hiérarchique et son collaborateur, une occasion de prendre du recul par rapport aux situations quotidiennes de travail.

La carrière du fonctionnaire

Recrutement
direct (sans concours pour certains cadres d'emplois)
ou sur liste d'aptitude après concours
ou au choix (promotion en cours de carrière)

▼

Nomination
dans le grade de début du cadre d'emplois

▼

Stage
(possibilité de licenciement)

▼

Titularisation

▼

Avancement d'échelon
de droit à l'intérieur du grade
ou
Avancement de grade
dans le cadre d'emplois
(non automatique)
après examen professionnel ou
au choix de l'autorité territoriale

▼

Accès à un nouveau cadre d'emplois
Après concours,
examen professionnel,
ou promotion interne

▼

La cessation de fonction
Retraite, démission, licenciement...

8 L'avancement

Il se fait d'échelon en échelon à l'intérieur du grade. Éventuellement de grade en grade à l'intérieur du cadre d'emplois. À chaque grade d'un cadre d'emplois est associé une échelle indiciaire, par exemple le cadre d'emplois des rédacteurs territoriaux (cat. B) et les grilles indiciaires correspondantes :

Cadre d'emplois des rédacteurs territoriaux – Catégorie B

Rédacteur territorial

Échelon	1	2	3	4	5	6	7	8	9	10	11	12	13
Indice	339	344	349	356	366	379	394	413	429	440	453	474	498
Durée (an)	2	2	2	2	2	2	2	3	3	3	3	4	-

Rédacteur territorial principal 2e classe

Échelon	1	2	3	4	5	6	7	8	9	10	11	12	13
Indice	347	354	361	373	385	398	413	433	452	459	477	500	529
Durée (an)	2	2	2	2	2	2	2	3	3	3	3	4	-

Rédacteur territorial principal 1re classe

Échelon	1	2	3	4	5	6	7	8	9	10	11
Indice	389	402	417	437	460	480	504	529	548	469	582
Durée (an)	1	2	2	2	2	3	3	3	3	3	-

Sur la grille ci-dessus, treize échelons. L'avancement d'échelon se fait de manière continue, en passant de l'un à l'autre. La conséquence en est l'augmentation indiciaire donc l'augmentation de la rémunération.

En revanche, l'avancement de grade n'est pas automatique. Son bénéficiaire se voyant normalement confier d'autres fonctions plus importantes, cela justifie que l'on ne puisse pas nommer automatiquement les agents mais uniquement selon les besoins. D'où l'utilité du tableau d'avancement qui contingente les nominations. L'inscription au tableau d'avancement est soumise à l'avis de la CAP. Pour certains cadres d'emplois, il peut être également conditionné à la réussite à un examen professionnel.

9 La cessation de fonction

1. Le départ à la retraite

Il intervient normalement lorsque le fonctionnaire atteint la limite d'âge, 67 ans en règle générale, mais des dérogations sont possibles dans certains cas. Les agents ayant cumulé suffisamment d'annuités peuvent demander à bénéficier de leur retraite dès 62 ans. Certains statuts particuliers peuvent prévoir une limite d'âge inférieure.

Mais il existe d'autres possibilités de cessation d'activité :

2. Le licenciement

Il peut intervenir :

- soit pour insuffisance professionnelle, soit à la suite de la période de stage qui n'a pas donné satisfaction à l'employeur, soit au cours de sa carrière pour inadéquation entre les attentes de l'employeur et la manière de servir de l'agent. Il n'y a pas forcément de faute professionnelle associée ;
- soit lorsque le poste de l'agent est supprimé ou à l'issue d'une disponibilité ou d'un détachement, si l'agent a refusé successivement trois propositions de reclassement par son employeur ;
- soit s'il refuse sans motif valable lié à son état de santé, le ou les poste(s) proposé(s) après un congé de maladie ordinaire, de longue maladie ou de longue durée ;
- soit pour inaptitude définitive, et impossibilité de réintégration ;
- soit en cas d'abandon de poste avéré.

Fonction publique

3. La révocation

Elle intervient pour une faute grave du 4e groupe, la sanction la plus sévère.

4. La radiation des cadres

La radiation n'est pas une sanction mais une décision administrative qui constate la cessation définitive de fonctions. Elle intervient à la suite :

- d'un licenciement (voir cas ci-dessus) ;
- de la révocation du fonctionnaire ;
- de la démission de l'agent. Mais cette démission n'a d'effet que lorsqu'elle est acceptée par l'autorité territoriale ;
- de la perte de la qualité de fonctionnaire (perte des droits civiques, de la nationalité française…).

31 FICHE

La rémunération

OBJECTIFS

Pour votre concours, vous devez être capable de :

- Donner les éléments qui entrent dans la rémunération d'un fonctionnaire.
- Citer des éléments obligatoires et des éléments facultatifs.

À chaque grade correspond une échelle indiciaire. Chaque échelle comprend plusieurs échelons. À chaque échelon est associé un indice, dit majoré (IM), qui sert à calculer le traitement.

Exemple

L'échelle indiciaire du grade

Adjoint administratif principal 2e classe (qui est le grade d'accès après concours) dans le cadre d'emploi des adjoints administratifs territoriaux.

Echelon	1	2	3	4	5	6	7	8	9	10	11	12
IM	328	330	332	336	343	350	364	380	390	402	411	416
Durée (an)	1	2	2	2	2	2	2	2	3	3	4	–

IM = Indice majoré (l'indice est un nombre de points).

La rémunération mensuelle de base (hors prime) s'obtient en multipliant l'indice majoré par la valeur du point, publiée au Journal officiel et valable pour l'ensemble de la fonction publique française. On obtient ainsi le salaire mensuel.

Exemple
La valeur du point depuis le 1er février 2017 à 4,686 euros. Ce qui donne une rémunération brute mensuelle pour un indice de 328 : 328 × 4,686 = 1 537,01 euros bruts par mois.

1 Rémunérations obligatoires

Les textes ont prévu des éléments de rémunération obligatoires :

- le traitement de base ou traitement indiciaire (voir ci-dessus) ;
- l'indemnité de résidence (en fonction de la zone géographique de la collectivité territoriale. Elle est, par exemple de 3 % du traitement indiciaire en région parisienne, mais peut être ailleurs de 3 %, de 1 % ou inexistante en zone rurale) (voir liste des communes concernées au Journal Officiel) ;
- le supplément familial (si enfants à charge) ;
- 50 % du coût de l'abonnement de transport public ou des services publics de location de vélos pour le déplacement entre le domicile et le lieu de travail.

2 Éléments facultatifs : le régime indemnitaire complémentaire

L'attribution du régime indemnitaire, fixé par les textes, est laissée à l'appréciation de l'organe délibérant. En effet, il ne faut pas oublier que chaque euro accordé à un agent est prélevé sur le budget de la collectivité territoriale, donc influe sur la pression fiscale supportée par les habitants. Le régime indemnitaire peut donc être très différent d'une collectivité à une autre.

À situations identiques (même indice, même zone d'indemnité de résidence…), si le salaire de base est identique sur tout le territoire, quel que soit son employeur ou son sexe, la différence de régime indemnitaire peut révéler des rémunérations différentes d'une collectivité territoriale à l'autre.

32 FICHE

Les positions administratives

OBJECTIFS

Pour votre concours, vous devez être capable de :

- Définir ce qu'est une position.
- Citer quelques positions que peut avoir un fonctionnaire.
- Distinguer détachement et mutation.

Chaque agent titulaire est placé par sa collectivité dans une position qui correspond à sa situation administrative. Comprendre la position comme un état dans lequel l'agent serait placé par arrêté et pour une période déterminée. Les plus habituelles sont les suivantes :

1 La position d'activité

C'est la position la plus courante : elle concerne l'agent qui exerce à temps plein ou à temps partiel ses fonctions dans la collectivité. Un agent en congé annuel, en formation, en maladie ou en maternité est considéré comme étant en activité.

2 Le congé parental

Il est accordé sous certaines conditions concernant la vie familiale de l'agent, et au maximum jusqu'au troisième anniversaire de l'enfant. Il peut être accordé à l'un ou l'autre des deux parents. Il garantit de retrouver ensuite un emploi dans sa collectivité. Il peut se prendre sous la forme d'un congé ou d'un travail à mi-temps.

3 La mise à disposition

Elle peut permettre d'exercer ses fonctions dans un autre organisme, par exemple une association ou une organisation syndicale. La rémunération et la carrière sont dans ce cas gérées par la collectivité d'origine, qui reste l'employeur.

4 Le détachement

Il peut permettre de travailler dans une autre fonction publique que celle d'origine de l'agent : de la FP Territoriale à la FP État ou à la FP Hospitalière et vice-versa. Il existe le détachement avec intégration directe (immédiate). L'agent est définitivement recruté dans une autre fonction publique : d'agent départemental, il devient agent dans un service de l'État (à la préfecture, par exemple). Dans ce cas, il ne s'agit pas d'une position administrative puisqu'elle ne dure pas dans le temps (il quitte son administration d'origine comme agent territorial le soir, il commence dans son nouvel emploi le lendemain matin avec la qualité agent de l'État ou agent hospitalier).

Le détachement peut aussi être une situation provisoire : il sera positionné pour un temps donné qui pourra être renouvelé ou non. En quelque sorte, l'agent est momentanément prêté à sa demande à une administration d'une autre fonction publique qui le rémunérera.

L'exécutif n'est pas obligé d'accepter un détachement de l'un des agents de sa collectivité vers un service de l'État ou un établissement hospitalier.

En cas d'accord, son statut, sa carrière et sa rémunération seront gérés par le nouvel employeur. Il sera donc intégré dans un autre corps, et soumis aux règles de la fonction publique dans laquelle il exerce désormais. L'employeur d'origine ne le rémunère plus, c'est son nouvel employeur qui le rémunère. En revanche, son administration d'origine conserve son dossier ouvert et lui fait bénéficier, en parallèle, de l'avancement à l'ancienneté, à titre d'information. À terme, l'agent peut demander soit son intégration définitive dans sa nouvelle administration, soit sa réintégration dans son administration d'origine, dans la limite des postes vacants. La réintégration n'est donc pas automatique. Il n'y a pas de limite légale de temps pour bénéficier de cet avantage. Mais les administrations demandent souvent à l'agent de se décider pour intégrer définitivement l'administration d'accueil ou de réintégrer son administration d'origine au bout de quatre ou cinq ans. Attention, tous les ans, il ne doit pas oublier de demander à son administration d'origine et à son administration d'accueil la prolongation de ce détachement. L'administration d'accueil peut éventuellement souhaiter y mettre fin.

S'il choisit de rester dans cette administration d'accueil, il devra faire une demande d'intégration définitive dans cette administration, qui doit bien sûr avoir un poste vacant pour l'accueillir définitivement.

S'il réintègre son administration d'origine, celle-ci ayant continué en parallèle à dérouler son ancienneté, le repositionne dans son grade de départ, mais à l'échelon et à l'indice qu'il aurait eu s'il n'était pas parti. Ce qui n'est pas le cas de la disponibilité.

5 La disponibilité

Elle permet à l'agent, pour des raisons qui lui sont propres, et pour une certaine période, de suspendre son activité professionnelle. La réintégration n'est pas automatique.

Les trois disponibilités les plus connues sont :

- la disponibilité pour élever ses enfants. Elle court jusqu'au huitième anniversaire de l'enfant ;
- la disponibilité pour suivre son conjoint. Est sans limite de temps, tant qu'elle est toujours justifiée (elle s'arrête en cas de divorce, par exemple) ;
- la disponibilité pour raison personnelle. Elle peut être prise de façon fractionnée, mais ne peut dépasser dix ans cumulés sur toute la carrière de l'agent. Après accord de votre ancien employeur, vous pouvez éventuellement avoir une activité salariée dans le privé.

Durant ce temps de disponibilité, l'agent ne bénéficie d'aucune rémunération. Et contrairement au détachement, il n'y a aucun déroulement de carrière qui continue. Quand l'agent reprendra ses fonctions, il sera réintégré au grade et à l'indice où il était quand il est parti. Il n'acquiert pas de droits à retraite durant ce laps de temps.

L'avantage de cette disposition est bien sûr de pouvoir mettre un temps sa carrière entre parenthèses et de revenir plus tard sans avoir perdu ses acquis antérieurs : **l'agent n'a pas démissionné, donc il n'a pas de concours à repasser**.

Si la disponibilité est inférieure à 3 ans, il y a obligation de réintégration lors de la vacance de l'un des trois premiers emplois devenus vacants. Pour une disponibilité supérieure à 3 ans, la proposition doit se faire dans un délai dit « raisonnable ».

6 La mutation

La mutation *n'est pas* une position administrative, puisqu'elle ne traduit que le passage d'un agent d'une collectivité territoriale dans une autre collectivité territoriale. C'est une décision qui permet de changer d'employeur en restant dans la même fonction publique, donc avec le même statut (alors qu'avec un détachement on change de fonction publique et donc de cadre d'emploi, grade... pour être rattaché aux statuts particuliers appliqués dans l'autre fonction publique : d'État à territoriale ou de territoriale à hospitalier, par exemple...).

Contrairement au détachement, l'exécutif ne peut retenir un agent plus de trois mois après avoir reçu le courrier de la nouvelle collectivité annonçant le recrutement de l'agent.

Au moment de son départ, son dossier personnel est envoyé à son nouvel employeur.

FICHE 33

Les organismes participatifs de la fonction publique territoriale

OBJECTIFS

Pour votre concours, vous devez être capable de :

- Savoir à quoi correspondent les sigles CNFPT, CG ou CIG, CAP, CTP, CHS.
- Donner quelles sont les principales missions de ces organes.
- Expliquer qui dirigent et gèrent ces organes.

Si le pouvoir de décision appartient aux collectivités, des organismes inter-collectivités permettent un minimum de coordination ou de soutien. Ainsi se met en œuvre, dans le respect constitutionnel de libre administration des collectivités territoriales, le principe de la participation des agents à la vie de leur collectivité.

1 Le Conseil supérieur de la fonction publique territoriale (CSFPT)

C'est un organisme paritaire : il est composé par moitié de membres élus représentants les collectivités territoriales et de membres désignés par les syndicats pour représenter le personnel.

Ses principales missions sont :

- être consulté par le gouvernement pour avis sur toutes questions intéressant la fonction publique territoriale, comme à chaque fois qu'un projet de loi, d'ordonnance ou de décret doit venir compléter ou modifier les statuts de la fonction publique territoriale ;
- émettre des propositions en matière statutaire ;
- être en relation constante avec la direction des collectivités territoriales au ministère de l'Intérieur.

2 Le centre national de la fonction publique territoriale (CNFPT)

C'est un organisme paritaire : il est composé de trente-quatre membres élus, dix-sept représentants les collectivités territoriales et dix-sept membres désignés par les syndicats pour représenter le personnel.

C'est un établissement public administratif national, doté de la personnalité morale et de l'autonomie financière, avec vingt-huit délégations régionales, huit centres interrégionaux de concours (CIC), quatre écoles de formation des cadres (ENACT) et un institut national des études territoriales (INET) à Strasbourg.

Ses ressources sont constituées par une cotisation obligatoire versée par les collectivités territoriales (1 % du salaire de base) ainsi que par une participation financière pour les actions en partenariat financier.

Ses principales missions sont :

- organiser les concours et examens professionnels de certains cadres d'emplois de catégorie A ;
- assurer la mise en œuvre de la reconnaissance de l'expérience professionnelle (REP) et du suivi des demandes de validation des acquis de l'expérience (VAE) ;
- assurer la formation professionnelle des agents des collectivités locales ;
- organiser la prise en charge de certains cadres A privés d'emploi et assurer la publicité des créations et vacances de ces cadres d'emplois ;
- gérer l'observatoire de l'emploi, des métiers et des compétences ;
- créer et gérer le répertoire national des emplois de direction.

3 Les centres de gestion (CDG) et les centres interdépartementaux de gestion (CIG)

Les centres de gestion de la fonction publique territoriale sont des établissements publics locaux à caractère administratif. Ils sont les partenaires des collectivités locales pour la gestion des carrières de leurs fonctionnaires. Ce ne sont pas des organismes paritaires, le conseil d'administration n'est géré que par des élus locaux (15 à 30).

Il y a un centre de gestion par département sauf pour la région Île-de-France où il y a deux centres inter-départementaux (CIG petite couronne et CIG grande couronne). Les communes et établissements publics de moins de trois cent cinquante agents sont obligatoirement affiliés au centre de gestion de leur département respectif. Pour les collectivités plus importantes, l'affiliation est facultative.

Leurs ressources proviennent d'une cotisation à hauteur de 0,80 % des salaires des collectivités affiliées.

Leurs principales missions pour les cadres d'emplois A, B et C, à l'exception des cadres A pris en charges par le CNFPT, sont :

- organiser des concours et examens professionnels (autres que ceux organisés par le CNFPT) ;
- assurer la publicité des créations et vacances d'emplois ;
- prendre en charge les fonctionnaires de catégorie A, B et C privés d'emploi ;
- tenir la bourse de l'emploi ;
- assurer le fonctionnement des commissions administratives paritaires et des conseils de discipline des collectivités affiliées ;
- élaborer un bilan de l'emploi public territorial et de la gestion des ressources humaines.

4 Les organes paritaires locaux de participation

1. La commission administrative paritaire : la CAP

Il y a une commission dans chaque collectivité ou établissement, sauf pour ceux qui sont affiliés au centre de gestion (voir plus haut). Il est constitué une commission par catégorie : A, B ou C.

La CAP est composée à part égale de représentants de la collectivité et de représentants des fonctionnaires élus sur les listes syndicales. Les élections suivent les élections municipales ou cantonales et leurs membres ont un mandat de six ans. Elle est présidée :

- soit par le président du centre de gestion pour les collectivités affiliées ;
- soit par l'exécutif de la collectivité ou de l'établissement, pour les non-affiliées.

La CAP émet des avis sur la situation individuelle des agents : avancement, promotion interne, notation, sanctions disciplinaires. Il appartient aux élus et à l'administration de définir leurs critères et de faire leurs propositions, le rôle des représentants du personnel étant de vérifier que les critères ont été appliqués de manière correcte.

L'avis de la commission est obligatoire, mais ne lie pas l'autorité territoriale.

2. Le comité technique : le CT

La loi du 6 août 2019 prévoit la suppression du comité technique qui sera remplacé par le comité social territorial. Celui-ci n'entrera en vigueur qu'après le prochain renouvellement général des instances dans la fonction publique (automne 2020). En attendant, ce Comité technique vit ses derniers jours !

Le CT est obligatoirement rattaché au CDG ou CIG pour toutes les collectivités ou établissements de moins de cinquante agents. L'affiliation est facultative pour les autres.

Ses membres sont composés, depuis 2015, uniquement de représentants de l'administration. Ils ont un mandat de 6 ans.

Il est consulté pour tout ce qui concerne *les agents collectivement* : l'organisation et le fonctionnement des services (horaires, durée de travail…), la suppression des emplois, les orientations générales pour l'accomplissement des tâches, les méthodes de travail, la modernisation des techniques, le plan de formation, le régime indemnitaire, etc.

Il est aussi consulté en matière d'hygiène et de sécurité lorsqu'il n'existe pas de CHSCT dans la collectivité ou l'établissement.

Comme pour la CAP, solliciter l'avis du comité est obligatoire, mais ne lie pas l'autorité territoriale.

3. Le comité d'hygiène de sécurité et des conditions de travail (CHSCT)

La loi du 6 août 2019 prévoit la suppression du CHSCT qui sera remplacé par une formation (instance) intégrée au comité social territorial. Celui-ci n'entrera en vigueur qu'après le prochain renouvellement général des instances dans la fonction publique (automne 2020). Dans l'attente, il continue à vivre jusqu'à sa transformation.

Le CHSCT est créé par l'organe délibérant de la collectivité ou de l'établissement après avis du CT. Il est obligatoire dans les collectivités ou l'établissement un service employant au moins 50 agents.

Organe de conseil, d'enquête et de proposition, il émet des avis en matière de prévention des risques professionnels, de maladies professionnelles et d'accidents de service.

Il est donc consulté sur tout ce qui concerne l'hygiène, la sécurité et la médecine préventive.

Il est composé de représentants de la collectivité et de représentants du personnel.

Exercice

Le déroulement de carrière

Madame X, qui a réussi le concours des adjoints administratifs, vient de recevoir son arrêté de nomination avec une affectation au service culturel de la commune.

1. De quelle fonction publique devient-elle fonctionnaire ? territoriale
2. Dans quelle filière entre-t-elle ? ~~culture~~ administrative
3. Dans quel cadre d'emploi ? adjoints administratifs territoriaux
4. Quel grade ? " 1er classe
5. Quel échelon ? ~~X~~ 1
6. Quelles pourraient être ses fonctions, ses activités ? chargée de mission
7. Quel pourrait être son rôle, sa mission ? communication
8. Si dans un an, après sa période de stage, elle est titularisée, à quel échelon sera-t-elle ? ~~X~~ 2
   À quel indice ? ....
9. Quel sera son salaire mensuel de base (pour une valeur du point estimée à 4,63 €) ? ....
10. Que veulent dire :
- La CAP commission admi paritaire
- Le CT comité technique
- Le CHSCT comité hygiène ~~social~~ des conditions de travail
- Le CST comité social technique

Corrigé

1. La fonction publique territoriale.
2. La filière administrative.
3. Le cadre d'emplois des adjoints administratifs territoriaux.
4. Au grade des adjoins administratifs 1re classe.
5. Au 1er échelon.
6. Suivi et mise en forme des dossiers administratifs, exécution et suivi des procédures et décisions administratives, réalisation de travaux bureautiques, accueil du public...
7. Recueillir et traiter les informations nécessaires au fonctionnement administratif du service. Suivre l'avancement des dossiers administratifs. Informer les usagers. Assurer le suivi du travail de certaines commissions...
8. Au 2e échelon, à l'indice 311.
9. 311 x 4,63 = 1 439,93 €.
10.
- La CAP : la commission administrative paritaire
- Le CT : le comité technique
- Le CHSCT : le comité hygiène sécurité et conditions de travail
- Le CST : le comité social territorial (loi du 6 août 2019, remplacera le CHSCT et le CT en 2020)

Fonction publique

34 FICHE

La loi de transformation de la fonction publique (6 août 2019)

OBJECTIFS

Pour votre concours, vous devez être capable de :

- Présenter le contenu de cette réforme.
- Discuter des objectifs et de l'intérêt de celle-ci.

La plupart des éléments de la loi n° 2019-828 voté le 6 août 2019 sont susceptibles d'être appliqués depuis le 8 août 2019, mais leur mise en œuvre nécessite des décrets d'application. Ces décrets complétant ou précisant certaines dispositions seront pris d'ici à 2021. De même, il est prévu des dérogations à son exécution pour certaines dispositions avec une mise en œuvre après les prochaines élections des assemblées délibérantes de nos collectivités et établissements publics locaux. Vous trouverez ci-dessous une synthèse des éléments essentiels de cette loi.

1 Les comités sociaux territoriaux (CST)

En lieu et place des comités techniques (CT) et des comités hygiène, sécurité et conditions de travail (CHSCT) sont créés des **comités sociaux territoriaux** (CST) destinés à débattre de sujets d'intérêt collectif.

Les comités sociaux territoriaux sont présidés par l'autorité territoriale ou son représentant, qui ne peut être qu'un élu local. Ils comprennent également des représentants du personnel mais la parité n'est pas imposée. Les représentants du personnel siégeant aux comités sociaux territoriaux sont élus à l'occasion des élections paritaires (décembre 2022).

Dans les collectivités territoriales et les établissements publics employant 200 agents au moins, une formation (au sens d'instance) spécialisée en matière de santé, de sécurité et de conditions de travail est instituée au sein du comité social territorial (l'ancien CHSCT disparaît pour être remplacé par cette « formation » incluse dans les comités sociaux territoriaux). En dessous de ce seuil, cette formation peut être créée par décision de l'organe délibérant de la collectivité ou de l'établissement concerné lorsque des risques professionnels particuliers le justifient. Cette formation est créée dans chaque service départemental d'incendie et de secours, sans condition d'effectifs.

À compter du 1er janvier 2021, les administrations, les collectivités territoriales et les établissements publics devront élaborer chaque année un **rapport social unique** rassemblant les éléments et données à partir desquels sont établies les lignes directrices de gestion, déterminant la stratégie pluriannuelle de pilotage des ressources humaines dans chaque administration, collectivité territoriale et établissement public.

2 La commission administrative paritaire (CAP)

Elles sont créées pour chacune des catégories A, B et C de fonctionnaires. La commission administrative paritaire comprend, en nombre égal, des représentants de l'administration et des représentants du personnel élus.

Les fonctionnaires d'une catégorie examinent les questions relatives à la **situation individuelle** et à la discipline des fonctionnaires relevant de la même catégorie sans distinction de cadre d'emplois et de grade.

L'avis de la CAP est supprimé à compter du 1er janvier 2020 pour la mutation et la mobilité et à compter du 1er janvier 2021 pour l'avancement de grade et la promotion interne. Mais l'agent aura désormais la possibilité de se faire accompagner par un représentant syndical au cas où il souhaiterait exercer un recours administratif contre les décisions individuelles défavorables relatives à l'avancement de grade, à la promotion interne et aux mutations internes.

3 Élargir le recours au contrat

Le but étant de donner de nouvelles marges de manœuvre aux encadrants dans le recrutement de leurs collaborateurs, les collectivités ont la possibilité de recourir de façon plus large au recrutement d'un agent sous la forme contractuelle. Ces recrutements concernent toutes les catégories lorsque la nature des fonctions ou des besoins du service le justifie.

Pour les emplois fonctionnels, à l'issue de ces contrats, ces agents ne pourront pas être titularisés dans la fonction publique et leur contrat ne pourra pas être transformé en CDI.

Les collectivités et établissements publics peuvent, pour mener à bien un projet ou une opération identifiée, recruter un agent par un CDD dont l'échéance est la réalisation du projet ou de l'opération. Le contrat est conclu pour une durée minimale d'un an et une durée maximale de six ans.

En cas de mobilité, un CDI est désormais portable entre les trois versants de la fonction publique.

4 Les mutations

L'autorité compétente procède aux mutations des fonctionnaires en tenant compte des besoins du service mais également des demandes formulées par les intéressés et de leur situation de famille.

5 La reconnaissance de la performance professionnelle

À compter du 1er janvier 2021, on ne parlera plus de notation ni même d'évaluation professionnelle, mais **d'appréciation de la valeur professionnelle**.

L'appréciation de la valeur professionnelle des fonctionnaires se fonde sur une évaluation individuelle effectuée lors d'un entretien professionnel annuel conduit par le supérieur hiérarchique direct, qui donne lieu à un compte rendu qui est communiqué à l'agent. Lors de cet entretien professionnel annuel, les fonctionnaires reçoivent une information sur l'ouverture et l'utilisation de leurs droits afférents au compte personnel de formation (CPF). À la demande de l'intéressé, la commission administrative paritaire peut demander la révision du compte rendu de l'entretien professionnel.

Les organes délibérants des collectivités territoriales et de leurs établissements publics fixent les régimes indemnitaires, dans la limite de ceux dont bénéficient les différents services de l'État.

Ces régimes indemnitaires peuvent tenir compte des conditions d'exercice des fonctions, de l'engagement professionnel et, le cas échéant, des résultats collectifs du service.

6 Les lignes directrices de gestion des ressources humaines

Dans chaque collectivité et établissement public, des lignes directrices de gestion sont arrêtées par l'autorité territoriale, après avis du comité social territorial. Les lignes directrices de gestion déterminent la stratégie pluriannuelle de pilotage des ressources humaines dans chaque collectivité et établissement public, notamment en matière de gestion prévisionnelle des emplois et des compétences. L'autorité territoriale communique ces lignes directrices de gestion aux agents.

7 L'avancement

Désormais, les fonctionnaires en congé parental ou en disponibilité de droit pour élever un enfant de moins de huit ans, bénéficieront du maintien de leurs droits à l'avancement dans la limite de cinq ans pour l'ensemble de la carrière.

8 La rémunération

Il n'y a plus de jour de carence pour congé maladie après la déclaration de grossesse. Le supplément familial de traitement peut être partagé en cas de garde alternée.

9 La discipline

Il est désormais précisé que « Toute personne ayant qualité de témoin cité dans le cadre d'une procédure disciplinaire et qui s'estime victime d'agissements de la part du fonctionnaire convoqué devant l'instance disciplinaire, peut demander à être assisté, devant cette même instance, d'une tierce personne de son choix. » Concernant l'inscription des sanctions dans le dossier de l'agent, on peut citer le **blâme** et **l'exclusion temporaire de fonctions**. Dans les sanctions du 2e groupe, il est ajouté **la radiation** de l'inscription de l'agent dans le tableau d'avancement. Le fonctionnaire ayant fait l'objet d'une sanction disciplinaire du deuxième ou du troisième groupe peut, après dix années de services effectifs à compter de la date de la sanction disciplinaire, demander l'effacement de la mention de la sanction dans son dossier. Un refus ne peut lui être opposé qu›à la condition qu'une autre sanction soit intervenue pendant cette période. Les conseils de discipline de recours pour les fonctionnaires et les contractuels sont supprimés.

10 La création d'une Haute Autorité pour la transparence de la vie publique

Elle est chargée d'accompagner les administrations publiques lorsque l'un de leurs agents souhaite déposer un projet de création ou de reprise d'une entreprise alors que l'autorité à un doute sérieux sur la compatibilité du projet avec les fonctions exercées par le fonctionnaire au cours des trois années précédant sa demande d'autorisation Le président de la Haute Autorité est nommé par décret du président de la République.

11 Le temps de travail

Il n'y a plus de dérogation possible sur le temps de travail effectif. Les collectivités et établissements publics disposent d'une année après le prochain renouvellement général de leurs assemblées délibérantes pour mettre en place les nouvelles règles relatives au temps de travail des agents. Ces règles entrent en application au plus tard au 1er janvier suivant. Le temps de travail effectif réglementaire pour toute la fonction publique est de 1 607 h/an pour un temps plein.

12 L'organisation territoriale du CNFPT et les centres de gestion

Il ne doit plus y avoir qu'une délégation du CNFPT par région. Le CNFPT devra participer financièrement au développement de l'apprentissage dans la FPT par une contribution aux centres de formation des apprentis.

Quant aux centres de gestion départementaux, organisateurs des concours, s'ils sont limitrophes, ils peuvent désormais fusionner pour constituer un **centre interdépartemental de gestion**.

De nombreuses missions devront désormais être gérées en commun entre le CNFPT et les CDG : la publicité des listes d'aptitudes, l'aide aux fonctionnaires en recherche d'emploi après une disponibilité…

13 L'encadrement du droit de grève – continuité du service public.

Il est désormais prévu, dans certains cas, la mise en place d'un service minimum en cas de grève. Dans les collectivités territoriales et les établissements publics, l'autorité territoriale et les organisations syndicales peuvent engager des négociations en vue de la signature d'un accord visant à assurer la continuité des services publics de collecte et de traitement des déchets des ménages, de transport public de personnes, d'aide aux personnes âgées et handicapées, d'accueil des enfants de moins de trois ans, d'accueil périscolaire, de restauration collective et scolaire dont l'interruption en cas de grève des agents publics participant directement à leur exécution contreviendrait au respect de l'ordre public, notamment à la salubrité publique, ou aux besoins essentiels des usagers de ces services.

L'accord détermine, afin de garantir la continuité du service public, les fonctions et le nombre d'agents indispensables ainsi que les conditions dans lesquelles, en cas de perturbation prévisible de ces services, l'organisation du travail est adaptée et les agents présents au sein du service sont affectés. Cet accord est approuvé par l'assemblée délibérante.

14 La formation et la mobilité

- Il est possible d'organiser le rapprochement et de modifier le financement des établissements publics et services qui concourent à la formation des agents publics pour améliorer la qualité du service rendu aux agents et aux employeurs publics.
- Il est prévu de réformer les modalités de recrutement des corps et cadres d'emplois de catégorie A afin de diversifier leurs profils, d'harmoniser leur formation initiale, de créer un tronc commun d'enseignements et de développer leur formation continue dans le but de favoriser une culture commune de l'action publique ou de favoriser les mobilités au sein de la fonction publique et vers le secteur privé.
- Des mesures visent à renforcer la formation des agents les moins qualifiés, des agents en situation de handicap ainsi que des agents les plus exposés aux risques d'usure professionnelle afin de favoriser leur évolution professionnelle.
- Il est également précisé que les agents bénéficient, lorsqu'ils accèdent pour la première fois à des fonctions d'encadrement, de formations au management.

- La formation statutaire obligatoire est étendue aux agents contractuels nommés sur un emploi permanent pour une durée égale ou supérieure à un an.

15 La rupture conventionnelle

L'autorité territoriale et le fonctionnaire peuvent convenir en commun des conditions de la cessation définitive des fonctions, qui entraîne la radiation des cadres et la perte de la qualité de fonctionnaire. La rupture conventionnelle, ne peut être imposée par l'une ou l'autre des parties. Certains fonctionnaires ne sont pas concernés par cette disposition : les fonctionnaires stagiaires, ceux ayant atteint l'âge de la retraite et ceux qui sont détachés en qualité d'agent contractuel.

À compter du 1er janvier 2020, la rupture conventionnelle donnera lieu au versement d'une indemnité et ouvrira droit aux allocations-chômage.

16 Sécuriser les transitions professionnelles

Lorsqu'il est mis fin au détachement d'un fonctionnaire occupant **un emploi fonctionnel**, l'autorité territoriale permet à l'agent concerné de rechercher une nouvelle affectation, en mobilisant, le cas échéant, les moyens de la collectivité ou de l'établissement.

17 L'égalité professionnelle et la prévention des discriminations

Les administrations, collectivités et établissements publics mettent en place un dispositif qui recueille les signalements des agents s'estimant victimes d'un acte de violence, de discrimination, de harcèlement moral ou sexuel ou d'agissements sexistes et de les orienter vers les autorités compétentes en matière d'accompagnement, de soutien et de protection des victimes. Ce dispositif permet également de recueillir les signalements de témoins de tels agissements.

Pour assurer l'égalité professionnelle entre les femmes et les hommes, les administrations doivent mettent en œuvre un **plan d'action pluriannuel** dont la durée ne peut excéder trois ans renouvelables. Ce plan d'action comporte au moins les mesures visant à :

- évaluer, prévenir et, le cas échéant, traiter les écarts de rémunération entre les femmes et les hommes ;
- garantir l'égal accès des femmes et des hommes aux corps, cadres d'emplois, grades et emplois de la fonction publique. Favoriser l'articulation entre activité professionnelle et vie personnelle et familiale ;
- prévenir et traiter les discriminations, les actes de violence, de harcèlement moral ou sexuel ainsi que les agissements sexistes.

18 Favoriser l'égalité professionnelle pour les travailleurs en situation de handicap

La loi rappelle que le **fonds pour l'insertion des personnes handicapées dans la fonction publique**, créé par décret du 3 mai 2006, est un établissement public national qui a pour mission de favoriser l'accueil, l'insertion professionnelle et le maintien dans l'emploi des agents handicapés au sein des trois fonctions publiques, ainsi que leur formation et leur information, et de conseiller les employeurs publics pour la mise en œuvre de leurs actions en faveur des agents handicapés.

Il est créé un **comité national, composé de représentants des employeurs publics, des personnels, du service public de l'emploi et des personnes handicapées. Ce comité est destiné à faciliter le financement et l'intégration des personnes handicapées au sein des administrations.**

Tout agent a désormais le droit de consulter un **référent handicap**, chargé de l'accompagner tout au long de sa carrière et de coordonner les actions menées par son employeur en matière d'accueil, d'insertion et de maintien dans l'emploi des personnes handicapées.

L'art. 92 précise que l'on ne parle plus de fonctionnaires handicapés, mais **d'agents publics en situation de handicap**.

Des dérogations aux règles normales de déroulement des concours, des procédures de recrutement et des examens sont prévues afin d'adapter la durée et le fractionnement des épreuves à la situation des candidats mentionnés au premier alinéa du présent article ou de leur apporter les aides humaines et techniques nécessaires, précisées par eux préalablement au déroulement des épreuves. Des temps de repos suffisants sont accordés à ces candidats entre deux épreuves successives, de manière à leur permettre de composer dans des conditions compatibles avec leur situation.

Le statut de la fonction publique

	Vrai	Faux
1. Il existe trois fonctions publiques : la fonction publique d'État, la fonction publique communale et la fonction publique hospitalière.	❑	❑
2. Dans la fonction publique territoriale, la réussite à un concours ne vaut pas recrutement.	❑	❑
3. Les conditions générales d'accès à la fonction publique sont les mêmes pour les trois fonctions publiques.	❑	❑
4. Pour entrer dans la fonction publique, il est nécessaire que l'extrait n° 2 du casier judiciaire soit vierge.	❑	❑
5. Un concours sur titre, signifie qu'il faut posséder un diplôme spécifique pour passer ce concours.	❑	❑
6. Les fonctionnaires de l'État sont plus nombreux que les fonctionnaires territoriaux.	❑	❑
7. Le statut de la fonction publique territoriale date de 1984.	❑	❑
8. Dans une commune, c'est le maire qui recrute les agents.	❑	❑
9. Dans une crèche municipale, c'est la directrice de la crèche qui recrute le personnel et signe leur arrêté de nomination.	❑	❑
10. Un conseiller départemental peut signer un arrêté de recrutement d'un agent.	❑	❑
11. Le cadre d'emplois des agents de maîtrise appartient à la filière technique.	❑	❑
12. Le cadre d'emplois des auxiliaires de puériculture n'appartient pas à la catégorie B.	❑	❑
13. Un fonctionnaire privé de son emploi est également privé de son grade.	❑	❑
14. On ne peut pas recruter un candidat présentant un handicap.	❑	❑
15. Un grade confère à son titulaire vocation à occuper l'un des emplois qui lui correspond.	❑	❑
16. À la suite d'un concours territorial, la liste d'aptitude des lauréats est publiée par ordre alphabétique.	❑	❑
17. L'inscription sur la liste d'aptitude est d'un maximum de 4 ans.	❑	❑
18. On peut être inscrit sur la liste d'aptitude à la suite d'une réussite à un concours, à une promotion interne ou à un avancement de grade.	❑	❑

14/17

ENTRAÎNEMENT

Les droits et obligations des fonctionnaires

		Vrai	Faux
1.	C'est la loi du 13 juillet 1983 qui énonce les droits et devoirs des fonctionnaires.	❑	❑
2.	Les droits et obligations des fonctionnaires sont les mêmes quels que soient leurs employeurs.	❑	❑
3.	Le secret professionnel ne s'impose qu'aux fonctionnaires de la filière médico-sociale.	❑	❑
4.	Le droit à la « formation statutaire », veut dire que tous les agents de la fonction publique territoriale ont l'obligation d'effectuer un certains nombre de jours de formation professionnelle durant leur carrière.	❑	❑
5.	Le CPA est un droit du fonctionnaire qui lui permet de partir en formation à son initiative, même si son supérieur hiérarchique n'est pas d'accord.	❑	❑
6.	Le CPF, c'est 150 heures maximum pour chaque agent, qu'il peut utiliser pour suivre une formation de son choix.	❑	❑
7.	Quand un agent est recruté dans une autre collectivité ou dans un service de l'État, il perd ses heures acquises au titre du CPA dans son ancienne collectivité.	❑	❑
8.	Les fonctionnaires ne doivent en aucun cas satisfaire aux demandes d'information du public.	❑	❑
9.	Tout fonctionnaire, quel que soit son rang dans la hiérarchie, est responsable de l'exécution des tâches qui lui sont confiées.	❑	❑
10.	Une faute exposant un fonctionnaire à une sanction disciplinaire l'exonère de toute condamnation pénale.	❑	❑
11.	La discrétion professionnelle concerne uniquement les professions médicales.	❑	❑
12.	Les fonctionnaires ne sont pas responsables de l'exécution des tâches qui leur sont confiées puisqu'ils sont soumis au devoir d'obéissance hiérarchique.	❑	❑
13.	Le droit de participation autorise un fonctionnaire à participer aux réunions du conseil municipal.	❑	❑
14.	La discrétion professionnelle s'impose au fonctionnaire même en dehors des heures de travail.	❑	❑
15.	Le secret professionnel est obligatoire et ne peut jamais être levé.	❑	❑
16.	Le fonctionnaire municipal a l'obligation d'adhérer au parti politique majoritaire dans la commune.	❑	❑
17.	Dans le cadre de l'égalité professionnelle et de la prévention des discriminations, la loi du 6 août 2019 renforce le droit à la protection par la collectivité contre le harcèlement moral, sexuel ainsi que les agissements sexistes.	❑	❑

18120

La carrière du fonctionnaire

		Vrai	Faux
1.	Au bout d'un an, un fonctionnaire stagiaire est automatiquement titularisé.	❑	❑
2.	Ne pas avoir fait sa formation d'intégration n'empêche pas la titularisation de l'agent.	❑	❑
3.	Pour changer de grade, il faut passer un concours.	❑	❑
4.	Dans chaque cadre d'emplois, il existe plusieurs grades.	❑	❑
5.	Quand on obtient un diplôme, on passe automatiquement au cadre d'emplois supérieur.	❑	❑
6.	Pour changer de cadre d'emplois, il faut généralement passer un concours.	❑	❑
7.	Le passage d'un échelon à l'autre est automatique.	❑	❑
8.	C'est le maire qui décide du temps à passer dans un échelon avant de passer à l'échelon suivant.	❑	❑
9.	Le fonctionnaire est titulaire de son emploi.	❑	❑
10.	La formation tout au long de la carrière ne s'applique qu'aux agents de catégorie A.	❑	❑
11.	Quand on est fonctionnaire, on ne peut plus être licencié.	❑	❑
12.	La création des emplois municipaux est décidée par le conseil municipal.	❑	❑
13.	La création des services et des emplois départementaux territoriaux est décidée par le préfet.	❑	❑
14.	Le maire peut prendre un arrêté pour recruter un professeur à l'école primaire.	❑	❑
15.	Le principe du concours ne s'applique qu'à la fonction publique territoriale.	❑	❑
16.	Les catégories A, B et C sont des catégories hiérarchiques.	❑	❑
17.	Dans son cadre d'emplois, le fonctionnaire est titulaire de son grade.	❑	❑
18.	Il existe huit filières dans la fonction publique territoriale.	❑	❑
19.	Avant que le maire ne puisse prendre une sanction disciplinaire à l'encontre d'un agent, il est tenu de solliciter l'avis du CT.	❑	❑
20.	L'exclusion temporaire de fonction est inscrite au dossier de l'agent.	❑	❑

-1/8

La rémunération

		Vrai	Faux
1.	Le maire ne peut décider seul de la rémunération et des primes accordées aux agents de la commune.	❑	❑
2.	Le régime indemnitaire est voté par le conseil municipal.	❑	❑
3.	Les fonctionnaires municipaux sont rémunérés sur le budget de l'État.	❑	❑
4.	Le régime indemnitaire est facultatif.	❑	❑
5.	Le salaire indiciaire suit l'évolution du CAC 40.	❑	❑
6.	À situation égale, tous les fonctionnaires de France perçoivent le même traitement de base, la même indemnité de résidence et le même supplément familial.	❑	❑
7.	L'indemnité de résidence est identique dans toute la France.	❑	❑
8.	Il peut être institué un salaire au mérite dans une collectivité territoriale.	❑	❑

Les positions administratives

6/10

		Vrai	Faux
1.	La position administrative habituelle d'un fonctionnaire est l'activité.	❑	❑
2.	Le détachement est une position que peut avoir un fonctionnaire.	❑	❑
3.	La mutation n'est pas une position administrative.	❑	❑
4.	Quand un fonctionnaire de l'État va travailler dans un service départemental du conseil départemental, il bénéficie d'une mutation.	❑	❑
5.	Passer d'agent communal à agent dans un service de l'État nécessite un détachement.	❑	❑
6.	On peut être mis à disposition d'une autre personne (agent communal mis à la disposition du CCAS) pour une durée indéterminée.	❑	❑
7.	Quand un agent municipal est recruté dans un conseil départemental, il est muté.	❑	❑
8.	La disponibilité pour élever ses enfants est un congé rémunéré.	❑	❑
9.	La disponibilité pour suivre son conjoint est une position administrative.	❑	❑
10.	Quand un agent mute vers une autre collectivité, sa collectivité d'origine archive l'intégralité de son dossier personnel.	❑	❑

ENTRAÎNEMENT

Les organes participatifs de la fonction publique

		Vrai	Faux
1.	La CAP veut dire Capacité d'admission professionnelle.	❑	❑
2.	La CAP s'occupe des situations individuelles des agents au sein de la collectivité.	❑	❑
3.	Les comités sont dits paritaires parce qu'ils siègent à Paris.	❑	❑
4.	L'organisme qui est consulté pour la mise en place d'un système de notation et de promotion interne est le CHS.	❑	❑
5.	Le CT est un organe paritaire composé de représentants des élus et de représentants du personnel.	❑	❑
6.	L'organisme chargé de la formation professionnelle des personnels territoriaux est le CNFPT.	❑	❑
7.	Un agent peut saisir la CAP pour effectuer un recours concernant le rapport sur l'appréciation de sa valeur professionnelle.	❑	❑
8.	CNFPT veut dire Centre national de la formation professionnelle territoriale.	❑	❑
9.	Le CT est consulté sur le plan de formation de la collectivité.	❑	❑
10.	Les délégués syndicaux siègent aux CT et au CHSCT, mais pas à la CAP.	❑	❑
11.	Les centres de gestion sont des établissements publics.	❑	❑
12.	Les centres de gestion sont compétents pour l'organisation de la formation des fonctionnaires.	❑	❑
13.	Les centres de gestion sont aussi des organes paritaires.	❑	❑
14.	Avant un éventuel second refus pour une même formation, la collectivité est tenue de demander l'avis de la CAP.	❑	❑
15.	La CAP s'occupe des questions sur les situations individuelles des agents toutes catégories confondues.	❑	❑

CORRIGÉS

CORRIGÉS

Le statut de la fonction publique

1. **Faux.** La fonction publique d'État, la fonction publique territoriale et la fonction publique hospitalière.
2. **Vrai.** La réussite à un concours permet d'être inscrit sur la liste d'aptitude. Effectivement, il revient à chaque lauréat de se rapprocher des collectivités qui ont déclaré un poste vacant. Il n'est pas question d'imposer un lauréat à une collectivité. Celle-ci choisit le candidat qui possède les compétences correspondant à celles attendues sur le poste qu'elle a déclaré vacant.
3. **Vrai.**
4. **Faux.** Toutefois, la mention qui peut y être inscrite ne doit pas être incompatible avec les fonctions qui seraient proposées au candidat. Par exemple, une condamnation pour conduite en état d'ivresse ne devrait pas permettre le recrutement d'un candidat sur l'emploi de chauffeur d'un car scolaire.
5. **Vrai.** C'est le cas notamment de tous les concours permettant l'accès aux métiers médicaux et paramédicaux ou sociaux.
6. **Vrai.**
7. **Vrai.** Il date du 26 janvier 1984.
8. **Vrai.** Le maire est le supérieur hiérarchique du personnel. Concrètement, dans les grosses collectivités, cette responsabilité est déléguée à une direction des ressources humaines. Toutefois, l'arrêté de nomination est bien signé par le maire ou par délégation du maire.
9. **Faux.** Idem. (Voir la réponse 8.)
10. **Faux.** Dans un département, c'est le président du conseil départemental qui est l'employeur et le signataire des arrêtés de recrutement.
11. **Vrai.**
12. **Vrai.**
13. **Faux.** Cela fait partie des garanties du fonctionnaire : il est titulaire de son grade (technicien, rédacteur, ingénieur…), mais pas de son emploi (secrétaire dans tel service, avec telles missions). Si le service ferme, il reste fonctionnaire. Il lui sera proposé un autre emploi soit dans la même collectivité si elle en a la possibilité, soit dans une autre collectivité ou service public.
14. **Faux.** Au contraire, la loi n'oblige pas que les entreprises privées, mais aussi les personnes publiques à employer des personnes présentant un handicap. Toutefois, certains handicaps peuvent interdire certaines fonctions.
15. **Vrai.** Il y a 55 cadres d'emplois comprenant un ou plusieurs grades et environ 250 métiers. Sur le grade d'adjoint technique, il peut y avoir les emplois (ou métiers) de maçon, égoutier, plombier, cuisinier…

16. **Vrai.** Ainsi, aucun lauréat ne peut se prévaloir d'être le meilleur. À chacun de se rapprocher des collectivités employeuses ayant déclaré un poste vacant dans le cadre d'emplois du concours. La collectivité cherchera à recruter le lauréat dont les compétences correspondent le mieux aux compétences attendues sur le poste vacant.
17. **Vrai.** 2 ans la première fois, puis 1 an renouvelable une fois si le lauréat n'a pas trouvé d'employeur.
18. **Faux.** L'inscription sur la liste d'aptitude n'intervient que lors d'un changement de cadre d'emplois, souvent en changeant aussi de catégorie (passer du cadre d'emplois des adjoints administratifs à celui des rédacteurs). L'avancement de grade se fait au sein du même cadre d'emploi (adjoint administratif principal 2e classe à adjoint administratif principal 1re classe).

Les droits et obligations des fonctionnaires

1. **Vrai.**
2. **Vrai.**
3. **Faux.** Il s'impose à tous, mais certains, dans leurs fonctions sont plus en situation de voir, entendre, lire, constater ou comprendre des faits qui relèvent du secret professionnel.
4. **Vrai.** C'est le cas de la réglementation sur la formation professionnelle qui a pris effet à compter du 1er juillet 2008.
5. **Faux.** C'est un droit à la formation, mais toujours soumis à l'accord de sa collectivité.
6. **Vrai.**
7. **Faux.** Quand un agent change d'employeur, il conserve ses heures acquises auprès de son précédent employeur. Les heures de CPF sont désormais transférables tant auprès d'un autre employeur public qu'auprès d'un employeur du secteur privé.
8. **Faux.** L'information du public est une obligation du fonctionnaire, mais dans le respect du secret professionnel, de la discrétion professionnelle et de la réglementation sur la communication des documents administratifs.
9. **Vrai.**
10. **Faux.** Ce sont deux choses différentes qui peuvent se cumuler.
11. **Faux.** La discrétion professionnelle concerne des faits de service. Elle nécessite de la retenue dans la divulgation d'informations concernant l'organisation et le fonctionnement du service public.
12. **Faux.** Même en cas d'obéissance hiérarchique, la responsabilité du fonctionnaire est toujours engagée.
13. **Faux.** En aucun cas, le fonctionnaire n'est pas un conseiller municipal. Le droit de participation s'exerce à travers les délégués syndicaux représentant

CORRIGÉS

le personnel au sein des organes locaux de participation : CAP, CT et CHSC ou futur CST.

14. Vrai. Il est demandé une discrétion à tous les agents concernant la marche de leur service, même hors de leur lieu de travail, par exemple auprès de leur entourage, de leur voisinage. Cette discrétion s'applique 24 h/24 h et 7 j/7 j.

15. Faux. Il existe au moins un cas de levée obligatoire du secret professionnel : en cas de suspicion de maltraitance à enfant ou à personne incapable de se protéger. C'est même une obligation pénale de tout citoyen d'effectuer un signalement s'il est témoin (visuel ou auditif) d'une mise en danger ou maltraitance sur un mineur ou une personne vulnérable. *Article 226-14 du Code pénal : La sanction pour levée du secret professionnel « n'est pas applicable dans les cas où la loi impose ou autorise la révélation du secret. En outre, (elle) n'est pas applicable : 1° À celui qui informe les autorités judiciaires, médicales ou administratives de privations ou de sévices, y compris lorsqu'il s'agit d'atteintes ou mutilations sexuelles, dont il a eu connaissance et qui ont été infligées à un mineur ou à une personne qui n'est pas en mesure de se protéger en raison de son âge ou de son incapacité physique ou psychique ; 2° Au médecin qui, avec l'accord de la victime, porte à la connaissance du procureur de la République les sévices ou privations qu'il a constatés, sur le plan physique ou psychique, dans l'exercice de sa profession et qui lui permettent de présumer que des violences physiques, sexuelles ou psychiques de toute nature ont été commises. Lorsque la victime est un mineur ou une personne qui n'est pas en mesure de se protéger en raison de son âge ou de son incapacité physique ou psychique, son accord n'est pas nécessaire ; 3° Aux professionnels de la santé ou de l'action sociale qui informent le préfet et, à Paris, le préfet de police du caractère dangereux pour elles-mêmes ou pour autrui des personnes qui les consultent et dont ils savent qu'elles détiennent une arme ou qu'elles ont manifesté leur intention d'en acquérir une. Le signalement aux autorités compétentes effectué dans les conditions prévues au présent article ne peut faire l'objet d'aucune sanction disciplinaire. »*

16. Faux. Le fonctionnaire bénéficie du droit à la liberté d'opinion. Toutefois, cette liberté est atténuée par le devoir de réserve dans la manifestation de cette opinion qui impose une retenue et une loyauté du fonctionnaire vis-à-vis de son employeur.

17. Vrai. Un plan d'action doit être mis en œuvre dans chaque administration afin de prévenir et traiter les discriminations, les actes de violence, le harcèlement moral ou sexuel ainsi que les agissements sexistes.

La carrière du fonctionnaire

1. Faux. Au bout d'un an, il y aura un rapport de fin de stage établi par le supérieur hiérarchique de l'agent. Si les compétences acquises par l'agent au cours de cette année de stage sont au niveau de ce que l'on attend de lui, l'avis sera probablement favorable et l'exécutif pourra éventuellement procéder à la titularisation. Mais si ce n'est pas le cas, il peut être proposé une prolongation du stage qui peut aller jusqu'à une nouvelle année supplémentaire, à l'issue de laquelle un nouveau rapport sera établi. S'il est favorable, la titularisation sera prononcée, sinon, la collectivité se séparera de cet agent ou, s'il était déjà titulaire d'un autre grade, il réintégrera son ancien cadre d'emplois.

2. **Faux**. Si la collectivité n'a pas l'attestation de formation effectuée auprès du CNFPT correspondant à la formation d'intégration de l'agent, elle ne peut procéder à la titularisation de cet agent.
3. **Faux.** Ne pas confondre grade et cadre d'emplois. À l'intérieur d'un cadre d'emplois, l'avancement de grade se fait après inscription au tableau d'avancement, soit au choix ou après examen professionnel (sauf pour les 6 cadres d'emplois où l'accès au 1er grade se fait sans concours).
4. **Vrai.**
5. **Faux.** Il y a le préalable d'égalité de tous devant l'emploi public qui nécessite donc le passage du concours pour l'accès à ce nouveau cadre d'emplois. D'autant que la collectivité n'a pas forcément besoin d'un agent de ce cadre d'emploi : où employer un agent qui reviendrait, après un congé formation, avec son diplôme d'auxiliaire de puériculture, si elle ne gère pas de crèche en gestion directe ?
6. **Vrai.**
7. **Vrai.**
8. **Faux.** Le temps à passer dans chaque échelon est inscrit dans les échelles indiciaires attachées à chaque grade de chaque cadre d'emplois des statuts de la fonction publique.
9. **Faux.** Il est titulaire de son grade, mais pas de son emploi, son poste de travail.
10. **Faux.** Elle s'applique à tous les agents et son exécution conditionne l'évolution future de la carrière de l'agent.
11. **Faux**. Le licenciement existe tout à fait dans la fonction publique.
12. **Vrai.** Ce sont les conseils qui votent la création des postes (des emplois), puisque eux seuls doivent voter au budget la somme nécessaire à la rémunération de l'agent qui occupera ce poste. Mais les conseils ne décident jamais du recrutement de tel ou tel candidat, ce choix appartenant à l'organe exécutif, chef du personnel.
13. **Faux.** Il vérifiera simplement que ces créations ou recrutements sont effectués dans le respect des textes.
14. **Faux.** Les enseignants sont des personnels relevant de l'État.
15. **Faux.** C'est un principe appliqué à l'ensemble des emplois publics.
16. **Vrai.**

17. **Vrai.**
18. **Vrai.** Les filières médico-sociale et culturelle possèdent des sous-catégories
19. **Faux.** L'avis de la CAP.
20. **Vrai.** Depuis la loi du 6 août 2019, l'agent peut demander le retrait de la sanction dans son dossier après 10 ans à condition qu'une nouvelle sanction ne soit pas intervenue dans l'intervalle.

La rémunération

1. **Vrai.** Oui, mais dans la mesure où attribuer ou non une prime à l'ensemble des agents a forcément une incidence budgétaire, et qu'il n'appartient qu'au conseil municipal de décider du budget, le maire ne peut donc décider seul d'attribuer des primes à tel ou tel service ou cadre d'emplois. Quant à la rémunération, elle est basée sur les grilles indiciaires inscrites dans le statut et sur la valeur du point, sur lequel seul l'État a pouvoir. En revanche, dans sa gestion des agents en qualité de supérieur hiérarchique, il peut seul décider d'attribuer ou non une prime à un agent, si le montant a été préalablement inscrit au budget. Toutefois, l'application d'un régime indemnitaire dans la collectivité doit recueillir préalablement l'avis du comité technique.
2. **Vrai.** Dans sa globalité, mais c'est à l'exécutif de décider de l'attribuer personnellement à chaque agent, dans le cadre de sa gestion des ressources humaines.
3. **Faux.** Ils sont rémunérés sur le budget communal.
4. **Vrai.** Hormis le régime national de la prime de résidence et le supplément familial qui ne dépendent pas de l'avis de l'employeur mais de la situation géographique de la collectivité ou de la composition familiale de l'agent. Toutes les autres primes sont à l'appréciation de chaque collectivité ou établissement public local.
5. **Faux.** C'est l'État qui décide de la valeur du point indiciaire qu'il publie au Journal officiel. Tous les employeurs publics sont tenus d'appliquer cette valeur indiciaire aux rémunérations de tous leurs agents statutaires.
6. **Vrai.** À situation égale : même indice de rémunération, même zone géographique, même nombre d'enfants, cela est vrai pour ces trois éléments, quel que soit l'employeur, que l'on soit une femme ou un homme n'a aucune incidence !
7. **Faux.** Elle varie de 3 % du salaire de base pour les collectivités et services de l'État situé dans les grandes villes, 1 % pour les zones intermédiaires, et 0 % pour tout le reste du territoire. Les zones sont publiées au Journal officiel.
8. **Vrai.** Toutefois, le salaire au mérite ne peut s'exercer que sur les éléments de rémunération facultatifs ou proposant une variabilité. La part du salaire correspondant à l'indice de l'agent dans son grade est fixe.

Les positions administratives

1. **Vrai.**
2. **Vrai.** Il propose une mobilité horizontale, d'une fonction publique à une autre fonction publique
3. **Vrai.** C'est une mobilité verticale, un simple changement d'employeur dans la même fonction publique, donc avec les mêmes statuts particuliers.
4. **Faux.** C'est un détachement, il y a changement de fonction publique, donc aussi de statuts particuliers.
5. **Vrai.** Cependant, la parité stricte n'est plus obligatoire depuis 2015. Il en sera de même pour les futurs CST.
6. **Faux.** Toutes les positions administratives ne sont valides que par un arrêté de l'exécutif qui place l'agent dans une situation précise, pour un temps donné. À l'issue de cette période, une nouvelle décision sera nécessaire, soit l'agent demande la prolongation de sa mise à disposition (ou de toute autre position), soit il demande à réintégrer son administration d'origine.
7. **Vrai.** Il reste sous le statut de la fonction publique territoriale.
8. **Faux.** C'est un congé sans solde.
9. **Vrai.** L'agent est placé par arrêté, dans cette position pour un an, éventuellement renouvelable à la demande de l'agent, tant que le motif est toujours d'actualité.
10. **Vrai.**

Les organes participatifs de la fonction publique

1. **Faux.** Commission administrative paritaire.
2. **Vrai.**
3. **Faux.** Paritaire veut dire égalitaire. Dans ces organes, il s'agit d'égalité entre les représentants des employeurs (représentant les collectivités territoriales) et les délégués syndicaux (représentant le personnel des collectivités).
4. **Faux.** Il s'agit de la commission administrative paritaire.
5. **Vrai.** Mais la parité stricte n'est plus obligatoire depuis 2015. Il en sera de même pour les futurs CST.
6. **Vrai.**
7. **Vrai.**
8. **Faux.** Centre national de la fonction publique territoriale.
9. **Vrai.**
10. **Vrai.**
11. **Vrai.**
12. **Faux.** La formation est la compétence du CNFPT.

13. **Faux.** Ne siègent à leur conseil d'administration que des représentants des employeurs.
14. **Vrai.** Mais ces organes ne donnent jamais que des avis, cela veut dire que l'exécutif de la collectivité n'est légalement pas tenu de suivre cet avis, ce qu'il fait pourtant dans l'immense majorité des cas.
15. **Faux.** Il y a une CAP pour chaque catégorie hiérarchique A, B ou C, sauf exception dans les petites collectivités (Loi du 6 août 2019).

QCM D'AUTOÉVALUATION

Cochez la ou les réponses exactes.

1 La France compte :

- ❑ a) Environ 23 000 communes.
- ❑ b) Environ 35 000 communes.
- ❑ c) Environ 52 000 communes.
- ❑ d) 13 régions métropolitaines.
- ❑ e) 22 régions métropolitaines.
- ❑ f) 96 départements métropolitains.

2 Quelle est la loi qui a posé les grands principes de la décentralisation ?

- ❑ a) Loi du 5 juillet 1972.
- ❑ b) Loi du 2 mars 1982.
- ❑ c) Loi du 6 janvier 1986.

3 Lorsque l'État décentralise, il :

- ❑ a) Délègue des pouvoirs à des agents ou organismes locaux placés sous son autorité hiérarchique.
- ❑ b) Transfère des compétences à des collectivités territoriales qui s'administrent librement.
- ❑ c) Exerce un pouvoir de tutelle sur les autorités décentralisées.
- ❑ d) Prend lui-même en charge des compétences décentralisées.

4 En termes d'organisation administrative, la déconcentration est :

- ❑ a) Le transfert de compétences de collectivités territoriales à des établissements publics locaux.
- ❑ b) Le transfert de compétences de l'État aux collectivités territoriales.
- ❑ c) L'exercice de compétences de l'État par des autorités administratives réparties sur l'ensemble du territoire.
- ❑ d) Le transfert de compétences des collectivités territoriales à l'État.

5 Les textes législatifs et réglementaires qui régissent les communes, les départements et les régions sont regroupés dans :

- ❑ a) Le code communal, départemental et régional.

- ❑ b) Le code des élus locaux.
- ❑ c) Le code général des collectivités territoriales.
- ❑ d) Le code de la démocratie locale.

6 Le maire est élu :

- ❑ a) Au suffrage universel direct par les électeurs de la commune
- ❑ b) Au scrutin majoritaire à trois tours par les conseillers municipaux.
- ❑ c) Pour trois ans.
- ❑ d) Pour six ans parmi les adjoints au maire.
- ❑ e) Par le président du conseil départemental.
- ❑ f) Pour six ans.

7 La parité aux élections municipales se traduit sur les listes présentées par les candidats, par :

- ❑ a) L'alternance d'un homme et d'une femme.
- ❑ b) La formation de couples.
- ❑ c) Plus d'hommes que de femmes.
- ❑ d) Trois femmes par tranches de six candidats.

8 Le maire n'est pas :

- ❑ a) Un fonctionnaire nommé à ce poste par décret en Conseil des ministres.
- ❑ b) Élu pour cinq ans.
- ❑ c) Élu pour six ans.
- ❑ d) L'organe délibérant de la commune.
- ❑ e) L'organe exécutif de la commune.

9 Le nombre de conseillers municipaux varie :

- ❑ a) En fonction du budget de la commune.
- ❑ b) Du nombre d'habitants.
- ❑ c) De la superficie de la commune.
- ❑ d) De la volonté du maire.

10 En qualité d'officier d'état civil et officier de police judiciaire, le maire est placé sous l'autorité :

- ❑ a) Du préfet.
- ❑ b) Du commissaire de police.

- ❑ c) Du président du conseil départemental.
- ❑ d) Du ministre de l'Intérieur.
- ❑ e) Du procureur de la République.

11 Les séances du conseil municipal sont :

- ❑ a) Interdites au public.
- ❑ b) Publiques.
- ❑ c) Uniquement pour les habitants de la commune.
- ❑ d) Peuvent être à huis clos.

12 Les communes n'ont pas pour compétences :

- ❑ a) La construction et l'entretien des collèges.
- ❑ b) L'urbanisme.
- ❑ c) L'aide sociale à l'enfance.
- ❑ d) La création et l'entretien de la voirie communale.
- ❑ e) Le ramassage et le traitement des ordures ménagères.
- ❑ f) Le financement du revenu minimum d'insertion.

13 Qui est compétent pour la création des emplois communaux ?

- ❑ a) Le préfet.
- ❑ b) Le maire.
- ❑ c) Le conseil municipal.
- ❑ d) Le directeur général des services.

14 Les communes peuvent verser une subvention à une association dont la vocation est :

- ❑ a) Culturelle.
- ❑ b) Humanitaire.
- ❑ c) Politique.
- ❑ d) Sportive.

15 Quelles sont les bonnes affirmations ?

- ❑ a) Le préfet est le représentant de l'État dans le département.
- ❑ b) Les conseillers départementaux composent le conseil départemental.
- ❑ c) Les députés sont élus aux élections cantonales.
- ❑ d) Les conseillers municipaux ne composent pas le conseil départemental.

16 Quelles sont la(les) affirmation(s) vraie(s) :

- ❑ a) Pour interdire la circulation sur la voie en travaux desservant une crèche collective, le conseil municipal prend une motion.
- ❑ b) Pour créer un emploi d'auxiliaire de puériculture territoriale, le conseil départemental vote un arrêté.
- ❑ c) Pour nommer un rédacteur territorial, le maire prend un arrêté.
- ❑ d) Pour réglementer le stationnement devant une école maternelle, le maire prend une circulaire.
- ❑ e) Pour créer un emploi d'auxiliaire de puériculture, le conseil municipal adopte une délibération.

17 Le président du CCAS d'une commune ne peut pas être :

- ❑ a) Le maire.
- ❑ b) N'importe quel membre du conseil d'administration du CCAS.
- ❑ c) Un membre du conseil municipal désigné par le maire.

18 Le CCAS :

- ❑ a) Verse le revenu minimum d'insertion.
- ❑ b) Développe les actions concernant l'aide aux personnes âgées.
- ❑ c) Peut gérer des crèches et des maisons de retraite.
- ❑ d) Participe à l'instruction des demandes d'aide sociale.

19 Quelles ne sont pas les différentes formes de l'intercommunalité ?

- ❑ a) Communauté de villes.
- ❑ b) Communauté d'agglomérations.
- ❑ c) Communauté de communes.
- ❑ d) Communauté de villages.
- ❑ e) Communauté urbaine.

20 Sous l'autorité du préfet, il organise les élections, publie et exécute les textes officiels, participe au recensement de la population. C'est :

- ❑ a) Le procureur de la République.
- ❑ b) Le président du tribunal de grande instance.
- ❑ c) Le maire.
- ❑ d) Le président du conseil régional.

21 Quelle est la durée du mandat :

- ❑ a) D'un maire ?

- ❑ b) D'un président du conseil départemental ?
- ❑ c) D'un président du conseil régional ?

22 Les conseillers départementaux sont élus au scrutin binominal, majoritaire. Cela signifie que :

- ❑ a) Les électeurs votent pour des listes complètes de candidats.
- ❑ b) Les candidats se répartissent les sièges proportionnellement aux voix obtenues.
- ❑ c) Les électeurs votent pour deux candidats qui se présentent ensemble.
- ❑ d) Sont élus ceux qui ont eu l'unanimité des voix.

23 Le département est :

- ❑ a) Un établissement public.
- ❑ b) Une personne morale de droit privé.
- ❑ c) Une collectivité territoriale.
- ❑ d) Un syndicat intercommunal.
- ❑ e) Une personne morale de droit public.

24 L'organe exécutif du département :

- ❑ a) Prépare, présente et exécute le budget départemental.
- ❑ b) Est le préfet.
- ❑ c) Est élu au suffrage universel direct par les électeurs du département.
- ❑ d) N'est pas élu au suffrage universel direct par les conseillers municipaux.
- ❑ e) Est un conseiller départemental élu président du conseil départemental par ses pairs.
- ❑ f) Est le président du conseil départemental.

25 Le département a notamment pour compétences :

- ❑ a) La construction, l'entretien des collèges et la rémunération de tout leur personnel.
- ❑ b) La protection maternelle et infantile.
- ❑ c) La construction et l'entretien des lycées.
- ❑ d) L'aide sociale à l'enfance.
- ❑ e) Les transports scolaires hors périmètre urbain.

26 La formation professionnelle est de la compétence :

- ❑ a) De la commune.
- ❑ b) Du département.

- ❑ c) De la région.
- ❑ d) De l'État.
- ❑ e) De l'Union européenne.

27 La gestion du RSA est une compétence :

- ❑ a) Du CCAS.
- ❑ b) Du département.
- ❑ c) De la commune.
- ❑ d) De la région.
- ❑ e) De l'État.

28 L'organe exécutif de la région :

- ❑ a) Est le préfet de région.
- ❑ b) Est élu pour trois ans, puisque le conseil régional est renouvelé par moitié tous les trois ans.
- ❑ c) Est le président du conseil régional.
- ❑ d) Est nommé par le préfet.
- ❑ e) Est élu par les conseillers régionaux au scrutin majoritaire à trois tours.

29 Le déféré préfectoral, c'est :

- ❑ a) La règle élémentaire de politesse à l'égard du préfet compte tenu de son rang.
- ❑ b) La procédure d'urgence que le préfet utilise pour régler rapidement une contestation.
- ❑ c) L'acte par lequel le préfet saisit le juge administratif d'un recours en annulation.
- ❑ d) L'acte de réquisition des forces de l'ordre pris par le préfet.

30 Le préfet :

- ❑ a) Peut annuler un acte lorsqu'il le juge illégal.
- ❑ b) Doit déférer au juge du tribunal administratif un acte qu'il estime illégal.
- ❑ c) Peut suspendre un acte qu'il estime illégal.

31 Le contrôle de légalité des actes des collectivités est :

- ❑ a) Un contrôle d'opportunité exercé par le préfet.
- ❑ b) Un contrôle *a priori.*
- ❑ c) Un contrôle *a posteriori.*

- ❑ d) Un contrôle hiérarchique : le président du conseil régional contrôle le président du conseil départemental qui contrôle de maire.
- ❑ e) Un contrôle portant sur la seule légalité des actes, exercé par le préfet.

32 Dans une collectivité territoriale la décision de la création d'un service public relève :

- ❑ a) Du préfet.
- ❑ b) Du directeur général des services.
- ❑ c) De l'organe exécutif de la collectivité.
- ❑ d) De l'organe délibérant de la collectivité.
- ❑ e) Des chefs de service de la collectivité.

33 Les collectivités peuvent confier des compétences à des structures intercommunales : communautés de communes, communautés urbaines, communautés d'agglomération. Ces structures sont :

- ❑ a) Des établissements privés.
- ❑ b) Des établissements publics de coopération intercommunale.
- ❑ c) Des collectivités territoriales.
- ❑ d) Des associations loi de 1901.

34 Les grands principes de gestion du service public sont :

- ❑ a) L'égalité.
- ❑ b) La fraternité.
- ❑ c) L'équité.
- ❑ d) L'adaptabilité.
- ❑ e) La gratuité.
- ❑ f) La continuité.

35 Dans la gestion des services publics, le principe d'égalité :

- ❑ a) Impose la gratuité des services.
- ❑ b) Interdit toute discrimination entre les usagers.
- ❑ c) Est un des principes dont le juge administratif peut sanctionner la violation.
- ❑ d) Signifie que le service public doit s'adapter pour répondre aux besoins.

36 Une collectivité territoriale :

- ❑ a) Peut assurer elle-même la gestion d'un service public.

- ❑ b) Ne peut pas assurer elle-même l'exécution d'un service public.
- ❑ c) Peut ne pas assurer elle-même l'exécution d'un service public.

37 Les différentes recettes fiscales des communes sont :

- ❑ a) La taxe foncière sur les propriétés bâties.
- ❑ b) L'impôt sur le revenu.
- ❑ c) La contribution économique territoriale.
- ❑ d) La taxe d'habitation.

38 Les quatre principaux impôts directs locaux ne sont pas :

- ❑ a) La taxe d'habitation.
- ❑ b) Les droits de mutation.
- ❑ c) La taxe foncière sur les propriétés bâties.
- ❑ d) La TVA.
- ❑ e) La taxe foncière sur les propriétés non bâties.
- ❑ f) La contribution économique territoriale.
- ❑ g) La taxe communale de séjour.

39 Ce document budgétaire est obligatoirement adopté avant le 31 mars de l'exercice auquel il s'applique. C'est :

- ❑ a) Le budget supplémentaire.
- ❑ b) Le budget primitif.
- ❑ c) Le budget principal.
- ❑ d) Le compte administratif.

40 Dans un département :

- ❑ a) Tous les habitants versent un impôt qui va dans les caisses de cette collectivité.
- ❑ b) Le droit de mutation est une des recettes des départements.
- ❑ c) Le droit de mutation est une taxe payée à chaque fois qu'un habitant déménage.
- ❑ d) Les départements prennent en charge l'aide sociale, mais c'est l'État qui paye.

41 Pour demander une subvention au conseil départemental :

- ❑ a) Le président du conseil départemental vote un arrêté.
- ❑ b) Le maire prend une délibération individuelle.
- ❑ c) Le conseil municipal adopte une délibération.

❑ d) Le président du conseil régional prend une motion.

❑ e) Le conseil municipal adopte une supplique.

42 Lorsque le budget d'une collectivité territoriale n'est pas voté et ne lui est pas transmis dans les délais légaux, le représentant de l'État saisit :

❑ a) La Banque de France.

❑ b) La Cour des comptes.

❑ c) Le ministre des Finances.

❑ d) La chambre régionale des comptes.

43 Les actes budgétaires des collectivités territoriales :

❑ a) Sont soumis au contrôle de légalité.

❑ b) Échappent à tout contrôle au nom du principe de souveraineté des collectivités.

❑ c) Sont soumis à un contrôle d'opportunité.

44 Dans une collectivité territoriale :

❑ a) Le budget doit toujours être voté en équilibre.

❑ b) Une commune ne peut pas emprunter.

❑ c) Comme l'État, un département a le droit de voter un budget en déficit.

❑ d) Le préfet doit donner son aval avant le vote du budget.

❑ e) Le contrôle sur la légalité du budget est effectué par la chambre régionale des comptes.

45 Le budget primitif de la commune de l'année N :

❑ a) Est obligatoirement voté avant le 30 juin de l'année N +1.

❑ b) Est voté après avis du président du conseil départemental.

❑ c) Doit être adopté par le conseil municipal avant le 15 avril de l'année N.

❑ d) Est également appelé compte administratif.

46 En matière financière, le président du conseil départemental est légalement :

❑ a) Receveur départemental.

❑ b) Trésorier du département.

❑ c) Comptable de fait.

❑ d) Ordonnateur des dépenses départementales.

❑ e) Trésorier-payeur général.

47 Les factures établies au nom de la commune sont réglées :

- ❑ a) Par chèque à la signature du maire.
- ❑ b) En espèces par l'adjoint délégué aux finances.
- ❑ c) Par le directeur financier.
- ❑ d) Par le comptable du Trésor.

48 Dans la fonction publique territoriale, la séparation du grade et de l'emploi signifie que :

- ❑ a) En cas de suppression d'emploi, un fonctionnaire demeure titulaire de son grade.
- ❑ b) Dans les quinze jours qui suivent sa réussite à un concours, un fonctionnaire doit choisir entre le grade et l'emploi.
- ❑ c) En cas de suppression de grade, un fonctionnaire demeure titulaire de son emploi.
- ❑ d) Un grade donne vocation à occuper un ou plusieurs emplois.

49 À quelle fonction publique appartient un agent communal ?

- ❑ a) La fonction publique d'État.
- ❑ b) La fonction publique territoriale.
- ❑ c) La fonction publique départementale.
- ❑ d) La fonction publique communale.
- ❑ e) La fonction publique hospitalière.

50 Qui est le chef hiérarchique de l'ensemble du personnel départemental ?

- ❑ a) Le préfet.
- ❑ b) Le directeur-général des services départementaux.
- ❑ c) Le président du conseil départemental.
- ❑ d) Le chef de service.
- ❑ e) Le directeur départemental des ressources humaines.

51 L'inscription sur une liste d'aptitude après réussite à un concours territorial :

- ❑ a) Vaut nomination sur un poste.
- ❑ b) Est valable 4 ans maximum.
- ❑ c) Oblige le maire à recruter dans le nouveau cadre d'emplois son agent lauréat de ce concours, même en surnombre.
- ❑ d) Permet au lauréat de postuler auprès des employeurs territoriaux pour trouver un emploi correspondant à ses compétences sur un poste qui a préalablement été déclaré vacant.

52 Quelles sont la (les) affirmation(s) exacte(s) :

- ❑ a) Tout fonctionnaire, quel que soit son rang, est responsable des tâches qui lui sont confiées.
- ❑ b) La collectivité couvre dans tous les cas les condamnations civiles et pénales prononcées à l'encontre d'un fonctionnaire.
- ❑ c) Un fonctionnaire peut voir sa responsabilité pénale engagée pour abus d'autorité.

53 Les fonctionnaires ont des droits, dont :

- ❑ a) Tous les fonctionnaires ont droit à rémunération avant service fait.
- ❑ b) Peuvent muter d'une collectivité territoriale à une autre.
- ❑ c) Le droit d'élire des délégués syndicaux.
- ❑ d) Le droit de faire grève en dehors des heures de service.
- ❑ e) Les fonctionnaires à temps plein peuvent cumuler avec un emploi dans le privé pour augmenter leurs revenus.

54 Les fonctionnaires ont des obligations, dont :

- ❑ a) Être tenus au secret professionnel dans le cadre des règles instituées par le Code pénal.
- ❑ b) Le devoir de réserve qui s'applique même en dehors des heures de travail.
- ❑ c) Le devoir de satisfaire aux demandes d'information du public.
- ❑ d) Le devoir de désobéissance hiérarchique si l'ordre est illégal.
- ❑ e) Un devoir de loyauté envers son employeur.

55 Les fonctionnaires territoriaux titulaires :

- ❑ a) Doivent repasser un concours pour passer dans une autre fonction publique.
- ❑ b) Ont la possibilité de bénéficier d'un détachement vers une autre fonction publique.
- ❑ c) Peuvent bénéficier d'une disponibilité pour convenance personnelle, rémunérée.
- ❑ d) Les personnels autres que médicaux, ne sont pas soumis au secret professionnel.

56 Les catégories A, B ou C sont :

- ❑ a) Des catégories de rémunération.
- ❑ b) Des catégories hiérarchiques.
- ❑ c) Permettent de classer les fonctionnaires en fonction de leur rhésus sanguin.

57 Pour un fonctionnaire, le devoir de réserve signifie :

- ❑ a) Qu'il ne doit pas dépenser tous les crédits dont il dispose.
- ❑ b) Qu'il doit se constituer une retraite.
- ❑ c) Qu'il doit exprimer avec retenue ses opinions dans le service comme à l'extérieur du service.
- ❑ d) Qu'il ne doit donner aucune information au public.

58 Pour devenir fonctionnaire il faut :

- ❑ a) Avoir la nationalité d'un des pays de l'Union européenne.
- ❑ b) Avoir un casier judiciaire vierge.
- ❑ c) Être inscrit sur les listes électorales.
- ❑ d) Jouir de ses droits civiques.
- ❑ e) Ne pas présenter de handicap.

59 Pour créer un poste d'adjoint administratif, le conseil adopte :

- ❑ a) Un arrêté.
- ❑ b) Une circulaire.
- ❑ c) Un décret.
- ❑ d) Un amendement.
- ❑ e) Une délibération.

60 Pour vous nommer technicien territorial sur un poste déjà créé :

- ❑ a) Le maire prend une circulaire.
- ❑ b) Le conseil municipal vote un arrêté.
- ❑ c) La maire prend une délibération.
- ❑ d) Le président du conseil départemental prend un arrêté.
- ❑ e) Le conseil départemental vote une délibération.

61 La rémunération du fonctionnaire. Cochez la ou les affirmation(s) exacte(s) :

- ❑ a) Le salaire indiciaire est à l'appréciation du maire/employeur.
- ❑ b) La valeur du point indiciaire parait au journal officiel et est identique sur tout le territoire national.
- ❑ c) Le régime indemnitaire est obligatoire.
- ❑ d) En région parisienne, le remboursement de 50 % du titre de transport est obligatoire.
- ❑ e) Le CTP donne son avis sur le régime indemnitaire dans la collectivité.

62 Que signifient les sigles suivants :

- ❑ a) La CAP.
- ❑ b) Le CT.
- ❑ c) Le CHSCT.
- ❑ d) La PMI.
- ❑ e) Le CCAS.
- ❑ f) L'OPH.
- ❑ g) Le CNFPT.
- ❑ h) Le CIG.

CORRIGÉS DU QCM D'AUTOÉVALUATION

1. *b, d, f*	**22.** *c*	**43.** *a*
2. *b*	**23.** *c, e*	**44.** *a*
3. *b*	**24.** *a, d, e, f*	**45.** *c*
4. *c*	**25.** *b, d*	**46.** *d*
5. *c*	**26.** *c*	**47.** *d*
6. *b, f*	**27.** *b*	**48.** *a, d*
7. *a*	**28.** *c, e*	**49.** *b*
8. *a, b, d*	**29.** *c*	**50.** *c*
9. *b*	**30.** *b*	**51.** *b, d*
10. *e*	**31.** *c, e*	**52.** *a, c*
11. *b, d*	**32.** *d*	**53.** *b, c*
12. *a, c, f*	**33.** *b*	**54.** *a, b, c, d, e*
13. *c*	**34.** *a, d, f*	**55.** *b*
14. *a, b, d*	**35.** *b, c*	**56.** *b*
15. *a, b, d*	**36.** *a, c*	**57.** *c*
16. *c, e*	**37.** *a, c, d*	**58.** *a, d*
17. *b, c*	**38.** *b, d, g*	**59.** *e*
18. *b, c, d*	**39.** *b*	**60.** *d*
19. *a, d*	**40.** *a, b*	**61.** *b, d, e*
20. *c*	**41.** *c*	**62.** a : Commission administrative paritaire b : Comité technique c : Comité d'hygiène de sécurité et des Conditions de travail d : Protection maternelle et infantile e : Centre communal d'action sociale f : Office public de l'Habitat g : Centre national de la fonction publique territoriale h : Centre interdépartemental de gestion
21. a : 6 ans b : 6 ans c : 6 ans	**42.** *d*	

PARTIE 5

L'oral des concours

35 Le jury de l'oral des concours 281

36 Les objectifs de l'oral 283

37 La préparation à l'oral 289

38 Le déroulement de l'entretien 295

39 Exemples de questions posées par des jurys 300

40 L'évaluation des jurys 303

41 Après l'épreuve orale 306

STRUCTURE DE LA PARTIE

L'objet de cette partie porte sur l'épreuve d'entretien avec un jury « permettant de préciser la motivation du candidat et son aptitude à exercer les missions incombant au cadre d'emploi ». Mais la première chose à faire est de vérifier dans le cadre d'emplois de votre concours, en quoi consiste exactement votre épreuve, sur quoi elle porte. Il peut y avoir des différences.

En effet, ne pas confondre l'épreuve d'entretien avec une épreuve orale portant sur un sujet précis qui a pu faire préalablement l'objet d'une option, comme une épreuve de droit civil ou une épreuve technique.

Cette partie se présente en six points :

- Le jury de l'oral des concours ;
- Les objectifs de l'oral ;
- Comment s'y préparer ? ;
- Quel est le déroulement de l'épreuve ? ;
- Quelques exemples de questions qui ont été posées par des jurys de concours ;
- Quelques appréciations de jury de concours.

FICHE 35

Le jury de l'oral des concours

1 Que cherche le jury ?

Le jury cherche à percevoir :

- une cohérence dans le parcours du candidat, même si l'expérience professionnelle antérieure est très différente ;
- les motivations du candidat à travailler pour le service public, au service de la population ;
- la compréhension des missions incombant au cadre d'emplois (il faut bien se renseigner au préalable) ;
- les objectifs et les projets que porte le candidat, quel que soit son niveau d'ambition ;
- une bonne connaissance des missions dévolues au cadre d'emplois du candidat ;
- une capacité à travailler en équipe, en ayant conscience des rôles, limites et spécificités de chacun ;
- une aptitude face aux changements et une capacité à se remettre en question ;
- un sens des responsabilités et de la hiérarchie ;
- une ouverture d'esprit et une actualisation des connaissances.

Le jury apprécie :

- que le candidat comprenne les demandes de précision et y réponde de manière satisfaisante ;
- que le candidat présente ses réponses de manière organisée ;
- les réponses qui font preuve d'une connaissance précise de l'environnement territorial, ainsi que les connaissances et les responsabilités liées à la fonction exercée, comme la connaissance des derniers textes, lois ou réglementation du champ d'intervention du candidat.

Comme pour tout entretien de recrutement, l'évaluation du jury va s'appuyer sur les trois niveaux de savoir, savoir-faire et savoir-être :

- **Savoir** : il n'est pas question de repasser un diplôme, mais le jury va tout de même évaluer le niveau des connaissances acquises et actualisées, surtout si votre diplôme date de quelques années. Revoir donc dans votre domaine professionnel quels sont les derniers textes sortis, les grands projets actuellement en débat de société Plus votre concours est d'un niveau élevé, plus les connaissances doivent être précises et actualisées.
- **Savoir-faire** : par des questions du type « cas concret », dans telle ou telle situation, comment vous y prendriez-vous ? Cela fait référence à des compétences professionnelles. Connaissance de procédures, mise en application des règles de sécurité
- **Savoir-être** : il s'agit d'évaluer la capacité du candidat à gérer les situations, la difficulté, l'échange, les relations, éventuellement le management d'équipe. Comment le candidat se comporte notamment dans les situations difficiles ou stressantes. Comment réagirait-il en cas de conflit avec un usager ou parmi les membres de son équipe, s'il est en situation d'encadrement

2 Comment se compose le jury ?

Un jury complet est composé d'au moins six membres répartis en trois collèges égaux : au moins deux représentants les élus locaux, deux représentants des fonctionnaires territoriaux et deux personnalités qualifiées.

Pour auditionner les candidats, le jury peut se scinder et dans ce cas, dans chaque salle, il ne peut être inférieur à deux personnes, souvent : une personne représentant les collectivités territoriales employeuses (adjoint au maire, directeur du personnel, chef de service) et une personne qualifiée dans le cadre d'emploi correspondant au concours.

Les membres du jury sont soumis aux principes de la fonction publique, à savoir :

- la **neutralité** : si le jury a l'obligation de non discrimination vis-à-vis des candidats, le candidat devra éviter de porter tout signe distinctif d'appartenance ;
- l' **égalité des candidats** : les examinateurs n'interrogent pas les candidats qu'ils connaissent. Dans ce cas, il est proposé au candidat une permutation de jury. Afin de ne pas entacher l'anonymat de l'épreuve, il est conseillé au jury comme aux candidats de ne pas mentionner le nom de leur collectivité. Toutefois, le candidat qui l'indiquerait ne sera pas sanctionné. Le temps de l'épreuve sera scrupuleusement respecté pour chaque candidat. Les candidats à l'épreuve de l'entretien ne sont pas autorisés à utiliser de document.

FICHE 36

Les objectifs de l'oral

La plupart des concours territoriaux des catégories B ou C et d'examens professionnels, toutes filières confondues, comportent une épreuve intitulée : « Un entretien oral ».

L'entretien oral vise à évaluer l'aptitude du candidat et sa motivation à exercer les missions dévolues aux membres du cadre d'emplois, ainsi que ses connaissances de l'environnement professionnel dans lequel il sera appelé à exercer ses fonctions. Pour les concours internes et le troisième concours, cet entretien tend également à apprécier l'expérience du candidat.

Il est indispensable de faire le point sur votre parcours professionnel, vos expériences, vos connaissances et vos compétences acquises au regard des compétences attendues dans le cadre d'emplois de votre concours.

1 Cadre d'emplois de votre concours

Voici trois exemples de cadres d'emplois.

Exemple

Cadre d'emplois des rédacteurs (décret 95-25 du 10 janvier 1995)

Le statut précise :

« Article 2. – Les rédacteurs sont chargés de l'instruction des affaires qui leur sont confiées et de la préparation des décisions. Ils exercent leurs fonctions dans l'une des deux spécialités suivantes :

Administration générale : dans cette spécialité, ils assurent en particulier des tâches de gestion administrative et financière, de suivi de la comptabilité et participent à la rédaction des actes juridiques.

Ils contribuent à l'élaboration et à la réalisation des actions de communication, d'animation et de développement économique, social, culturel et sportif de la collectivité.

Secteur sanitaire et social : dans cette spécialité, ils assurent les tâches administratives à caractère médico-social et spécialement la gestion des dossiers des patients ou des usagers d'établissements à caractère social. Ils contribuent à la délivrance de renseignements et d'informations d'ordre général.

Ils secondent, dans leur domaine de compétence, les médecins territoriaux ou les personnels des services médico-sociaux.

Les rédacteurs peuvent, dans certains cas, assurer des fonctions d'encadrement des agents d'exécution, la direction d'un bureau et remplir les fonctions de principal adjoint d'un fonctionnaire de catégorie A.

Enfin, ils peuvent être chargés des fonctions de secrétaire de mairie d'une commune de moins de 2 000 habitants. »

Cadre d'emplois des assistants socio-éducatifs (décret 92-843 du 28 août 1992)

« Article 2. – Les assistants socio-éducatifs exercent des fonctions visant à aider les personnes, les familles ou les groupes connaissant des difficultés sociales, à restaurer leur autonomie et à faciliter leur insertion. Dans le respect des personnes, ils recherchent les causes qui compromettent leur équilibre psychologique, économique ou social. Ils conçoivent et participent à la mise en œuvre des projets socio-éducatifs de la collectivité territoriale ou de l'établissement public dont ils relèvent.

Selon leur formation, ils exercent plus particulièrement leurs fonctions dans l'une des spécialités suivantes :

1. Assistant de service social : dans cette spécialité, les assistants socio-éducatifs ont pour mission de conseiller, d'orienter et de soutenir les personnes et les familles connaissant des difficultés sociales, de les aider dans leurs démarches et d'informer les services dont ils relèvent pour l'instruction d'une mesure d'action sociale. Ils apportent leur concours à toute action susceptible de prévenir les difficultés sociales ou médico-sociales rencontrées par la population et d'y remédier ;

2. Éducateur spécialisé : dans cette spécialité, ils ont pour mission de participer à l'éducation des enfants ou adolescents en difficulté d'insertion et de soutenir les personnes handicapées, inadaptées ou en voie d'inadaptation. Ils concourent à leur insertion scolaire, sociale et professionnelle.

3. Conseiller en économie sociale et familiale : dans cette spécialité, ils ont pour mission d'informer, de former et de conseiller toute personne connaissant des difficultés sociales, en vue d'améliorer ses conditions d'existence et de favoriser son insertion sociale.

Les assistants socio-éducatifs principaux peuvent exercer, suivant leur spécialité, des fonctions de direction d'établissements d'accueil et d'hébergement pour personnes âgées. Ils peuvent être chargés de coordonner l'activité des assistants socio-éducatifs. »

Cadre d'emplois des techniciens (décret 95-29 du 10 janvier 1995)

« Article 2. – Les techniciens territoriaux sont chargés, sous l'autorité d'un supérieur hiérarchique, de participer à l'élaboration d'un projet de travaux neufs ou d'entretien, de diriger des travaux sur le terrain ou de procéder aux enquêtes, contrôles et mesures techniques visant à s'assurer du respect des règles de salubrité. Ils peuvent être, dans certains cas, investis de fonctions d'encadrement de personnels ou de gestion d'un service ou d'une partie de services dont l'importance ne justifie pas la présence d'un ingénieur.

Les techniciens territoriaux chefs ou les techniciens territoriaux principaux sont chargés de l'encadrement de personnels ou, sous l'autorité d'un supérieur hiérarchique des cadres techniques, de la gestion d'une section de service ou d'un service technique. »

Il faut absolument aller rechercher les textes correspondants au cadre d'emplois du concours que vous préparez (il existe actuellement une cinquantaine de cadres d'emplois dans la fonction publique territoriale, il n'est évidemment pas possible de tous les développer ici !). Ils peuvent vous être fournis dans les documents qui vous sont adressés par le centre de gestion organisateur du concours, lors de votre inscription. Sinon, allez les chercher sur le site des textes officiels *www.legifrance.gouv.fr*. Cela vous donnera déjà de bonnes indications sur le cadre et les missions qui pourraient vous être confiées dans un service public d'une collectivité territoriale.

Il s'agit maintenant d'imaginer les qualités, compétences et technicités que l'on attend de cette catégorie d'agents, et particulièrement lorsqu'ils exercent dans de petites collectivités où il leur est souvent confié plus de responsabilités et de fonctions d'encadrement que dans les grosses structures.

2 Bilan de vos expériences antérieures et de vos ambitions à venir

Prenez votre crayon et notez vos réflexions pour chacun des points suivants. Cela vous aidera à clarifier votre pensée et à faire remonter des informations. Trop de candidats n'ont jamais fait ce travail préalable et se trouvent pris au dépourvu devant les questions du jury. Un entretien se prépare. Si vous n'avez pas déjà réfléchi et posé des mots sur tous ces points, ce n'est pas dans le stress bloquant de l'épreuve qu'ils vous viendront !

1. Vos expériences professionnelles antérieures

Objectif : Pouvoir parler de son parcours professionnel, l'expliquer et le valoriser.

- Quelles expériences antérieures avez-vous eues ? Où avez-vous déjà travaillé depuis la fin de votre scolarité, ou éventuellement durant les congés scolaires ?
- Quelles tâches aviez-vous en charge ? Très concrètement, que faisiez-vous ?
- Avez-vous rencontré des difficultés et comment les avez-vous surmontées ? Il est toujours intéressant de voir comment un candidat s'y est pris pour se sortir de situations difficiles. Quels moyens s'est-il donné pour y parvenir. L'a-t-on aidé ?
- Qu'avez-vous tiré de cette expérience professionnelle antérieure ? Qu'avez-vous appris de nouveau ? En positif et/ou en négatif ?
- Pouvez-vous expliquer ce que vous partagiez avec d'autres professionnels ?

> **Exemple**
> Nous avions des réunions où nous décidions des projets que nous choisissions de mettre en place. Puis, nous avions des rencontres régulières pour suivre l'avancée du projet. J'avais personnellement en charge tel point.

2. Votre expérience professionnelle actuelle et vos motivations

Objectif : Pouvoir parler de son métier, montrer que l'on a bien conscience des objectifs de ses missions.

- Pourquoi avez-vous choisi de devenir (le cadre d'emplois que vous souhaitez intégrer, avec ses missions) ?
- Qu'est-ce qui vous intéresse dans ce métier ?
- Avec quels moyens travaillez-vous, ou pensez-vous que vous auriez besoin (matériels, personnes, soutien) ?
- Dans quel but ?
- Si non, quelle place considérez-vous avoir dans cette activité ?
- Avez-vous une fonction précise, spécifique, une responsabilité particulière ?
- Qu'est-ce qui vous motive pour accéder à ces fonctions, à ces responsabilités ?

(Ne répondez pas : « la paie » ou « la sécurité de l'emploi », même si l'on peut comprendre que ça entre en ligne de compte !)

3. Vos compétences acquises sur l'ensemble de votre carrière

Objectif : Démontrer votre professionnalisme, votre capacité d'apprentissage, vos facultés d'adaptation, votre souci du travail bien fait, votre esprit d'initiative, vos aptitudes, vos potentiels.

Une compétence est un ensemble de savoirs, de savoir-faire et de comportements (de savoir-être) tirés de l'expérience nécessaires à l'exercice d'un métier. Une compétence est un mélange, une addition de ces trois composants.

Vous pouvez avoir exercé un métier très loin de celui que vous vous proposez d'exercer, mais comme c'est très souvent le cas, y avoir acquis des compétences qui vous seront très utiles demain :

- qualité d'écoute ;
- qualité rédactionnelle ;
- connaissances professionnelles, juridiques, comptables… ;
- connaissances métiers : bâtiment, automobile, espaces verts, médico-social ;
- utilisation d'outils : informatiques, bureautiques, machine-outil… ;
- permis spéciaux ou certifications ;
- management d'équipe ;
- conduite de projet (etc.) ;

Peut-être avez-vous travaillé dans le privé, ou dans d'autres services publics, voire dans le domaine associatif, et où vous auriez pu mettre en œuvre des compétences que vous n'utilisez plus aujourd'hui. Pourtant, elles sont probablement toujours mobilisables.

- Quelles responsabilités ont pu vous être confiées, qui prouvent que vous êtes bien en capacité d'effecteur les missions attendues ?
- Avez-vous eu l'occasion de prendre des initiatives, lesquelles, dans quel cadre ?
- Quelles compétences relevant du cadre d'emplois des adjoints administratifs, des rédacteurs [...] mettez-vous déjà en œuvre ?
- Dans un premier temps, listez de façon peut-être très détaillée, avant de regrouper et de synthétiser. Faites le tour de :
- Ce que vous **savez** (vos connaissances théoriques dans divers domaines) : *Je sais, je connais* ;
- Ce que vous **savez faire** (la mise en œuvre des connaissances) : *Je sais faire, je sais mettre en œuvre, j'ai déjà fait* ;
- Ce que vous **savez être** (comment vous comportez-vous dans telle ou telle situation) : *Dans telle situation, je réagis ainsi.*

4. Votre capacité à travailler en équipe

Objectif : Il est important d'avoir une capacité de travailler en collaboration avec d'autres professionnels (on ne travaille jamais tout seul dans son coin !).

- Les autres professionnels de votre lieu de travail et la complémentarité des rôles : les réunions et projets d'équipe, qui sont-ils ?
- Quelle est votre place dans l'équipe de travail ?
- Avec qui travaillez-vous dans votre structure, à l'extérieur ?
- Quels sont les objectifs de ce travail d'équipe ?

5. La connaissance de votre employeur actuel ou futur employeur

Objectif : Vous devez savoir qui vous emploie ou vous emploiera, ce qu'il fait, d'où il tient sa légitimité.

N'oubliez pas que vous êtes candidat à un concours d'entrée dans la fonction publique. Vous ne pouvez pas ignorer les rudiments de son fonctionnement. À plus forte raison si vous êtes déjà agent dans une collectivité. Il peut vous être demandé :

- Qui sera votre employeur si vous être recruté dans une collectivité territoriale ?
- Est-il nommé ou élu ?
- La durée de son mandat ?
- Savez-vous ce qu'est un service public ?
- Pourquoi voulez-vous exercer dans le service public ?
- Dans la fonction publique ?
- Pouvez-vous citer les droits et obligations des fonctionnaires ?
- D'où vient la majeure partie de l'argent du budget des collectivités territoriales ?

- Quelles sont les compétences transférées aux communes, aux départements... ?

Vous devez aussi vous tenir informé(e) de l'actualité. Les grandes mesures ou orientations en cours en France et en Europe, notamment dans votre domaine professionnel. Il est très important d'effectuer une veille culturelle et juridique des grandes questions de société d'aujourd'hui.

6. Vos connaissances professionnelles

Objectif : Le jury va évaluer votre professionnalisme.

Le candidat sera donc interrogé sur ses capacités à exercer le métier auquel il se destine, même si bien sûr il n'est pas question de repasser un diplôme professionnel.

Le jury pourrait vous proposer des situations professionnelles en vous demandant comment vous y répondriez.

Exemple

Pour une auxiliaire de puériculture

- Un enfant de moins de trois mois arrive le matin avec 39 degrés de fièvre. Que faites-vous ?
- Le grand frère de 11 ans vient chercher sa petite sœur le soir à la crèche. Que faites-vous ?

Pour un adjoint administratif (catégorie C)

- Un parent arrive en colère dans le hall d'accueil bondé de la mairie parce que son enfant n'a pas eu accès à la cantine : le paiement du mois précédent n'aurait pas été fait, lui a-t-on dit ! Que faites-vous ?
- À la demande du maire, vous avez organisé une réunion. Elle était prévue à 14 heures entre le maire, des élus de la collectivité non présents dans les locaux, les services techniques de la commune et les représentants du préfet. À 11 heures le maire appelle pour annoncer qu'il ne pourra pas être là. Que faites-vous ?

À retenir

Il s'agit toujours de se repositionner par rapport aux missions qui sont confiées à ce cadre d'emplois : quelle est la réglementation ? Y a-t-il une procédure en place ? Faites-vous référence à votre hiérarchie ?

7. Votre capacité à évaluer votre travail

Objectif : Quelle capacité avez-vous à prendre du recul sur votre travail et sur vos missions.

- Quelle évaluation de votre travail pouvez faire ?
- Qu'avez-vous pu mettre en œuvre ?
- Que vous a-t-il manqué pour réussir ?
- Qu'auriez-vous besoin, en termes de formation, pour progresser ?

FICHE 37

La préparation à l'oral

Le jury n'est pas là pour sanctionner votre personnalité ou vous tendre des pièges, mais pour chercher à mesurer votre aptitude à occuper un poste dans un cadre d'emplois déterminé au sein d'un service public.

L'entretien est une véritable épreuve de communication et pas seulement un test de connaissance. Écouter, dialoguer, émettre ses idées de manière claire, rigoureuse, bien construite. Ce doit être un véritable moment d'échanges.

Il permet de donner des informations précises sur le candidat : comment il structure sa pensée, quel est son type de personnalité, quelle est sa capacité à se remettre en question, quelles sont ses motivations précises pour le métier…

1 Savoir écouter

Bien se préparer doit permettre d'éviter de s'enfermer dans son propre cadre de référence habituel ; écouter la question jusqu'au bout et sans a priori. Il faut à tout prix se garder des idées préconçues, des jugements catégoriques, aussi bien dans la compréhension de la question que dans la réponse que le candidat va y apporter. Il est ainsi possible d'éviter le risque d'une mauvaise interprétation.

À retenir

Apprendre à bien écouter permet d'entendre la vraie question du jury et non celle que le candidat a envie d'entendre !

2 Savoir s'exprimer et communiquer

- Vous pouvez poser des questions aux membres du jury si vous n'avez pas bien compris ou si vous n'êtes pas sûr d'avoir compris la question, exceptionnellement, vous pouvez lui demander de reformuler sa question. Mais n'inversez pas les rôles, ce n'est pas vous le jury.
- Ainsi, si vous n'êtes pas sûr d'avoir bien compris la question, un bon moyen de vous en assurer est de la reprendre : « Si j'ai bien compris, vous me

demandez...(question reformulée) ? » Cela montre que vous vous assurez la compréhension de la consigne plutôt que de vous lancer tête baissée dans un éventuel hors sujet. Un employeur fera bien plus confiance à un agent ayant un tel comportement qu'à un autre qui dira avoir compris mais n'agira pas dans le sens de la consigne. Développez votre réponse et donnez des exemples concrets qui appuieront votre argumentaire. Vous prouvez ainsi au jury votre capacité d'écoute, de compréhension, d'ouverture d'esprit.

- Penser aussi à vous assurer que vous êtes bien compris. On ne vous jugera pas sur vos opinions mais sur la construction de votre argumentaire.
- Et si vous ne comprenez pas la question ou que vous ne savez pas répondre, surtout ne bluffez pas le jury, lui, connaît la réponse. Réfléchissez à l'image que vous donneriez alors de vous ? Quel capital confiance un employeur pourrait avoir de ce candidat ? Dites-le simplement, soyez honnête. Montrez plutôt que vous êtes désireux d'apprendre, que vous pouvez progresser.
- Surveillez aussi votre vocabulaire. Il doit être simple, mais juste. Évitez tout langage trop familier. Demandez à votre entourage si vous avez des tics de langage et tentez de vous corriger.
- Vous parlez pour être entendu et compris : ne parlez donc pas trop bas, ralentissez votre débit (le stress l'accélère souvent !), articulez et... respirez.
- Exprimez-vous librement, avec sincérité et gardez confiance en vous.

À retenir

Ayez une position de communication adulte, sans agressivité ni jeu de pouvoir. Vous possédez certainement tous les éléments pour donner une réponse complète.

3 Savoir se comporter

Inutile de dire qu'il faut éviter toute attitude un tant soit peu suffisante :

- donner une réponse qui laisserait entendre au jury qu'il n'y connaît rien sur ce point ;
- se permettre de donner des conseils au jury ;
- contester les propos du jury ;
- annoncer au jury que c'est là votre avis et que vous n'avez aucune intention d'en changer ;

Si vous avez le droit de ne pas être d'accord, à l'inverse, vous ne pouvez pas systématiquement donner raison au jury sans chercher à argumenter.

Soyez très prudent sur les jugements de valeur : « c'est bien, c'est mal ». Il vaut mieux rester sur le terrain des faits, de la loi, voire du bon sens. Le fonctionnaire n'est pas un censeur moral. Éviter aussi l'humour trop appuyé, ce n'est pas un oral de music-hall ! Et c'est un manque de respect des personnes qui vous interrogent.

À retenir

Cette épreuve ne doit pas être comprise comme un rapport de force.
Les membres du jury ne sont pas des adversaires mais des évaluateurs.

Ne voyez pas de pièges à chaque question mais demandez-vous plutôt ce qu'ils cherchent à savoir à travers cette question. Une question difficile dans cette épreuve stressante permet aussi au jury d'évaluer la façon dont le candidat se comporte dans ce type de situation. Autrement dit : ne pas fuir !

Restez ouvert, optimiste et concentré jusqu'à la dernière seconde de l'entretien.

4 Gérer son temps

Lors de votre préparation, chronométrez-vous pour construire votre présentation : 5 minutes environ, avec une parole posée, claire et non précipitée.

Lors de l'épreuve, ne pas s'emporter dans une réponse trop hâtive, trop spontanée ou trop affective. Il faut construire sa réponse, l'adapter à la situation posée par le jury. S'il y a plusieurs points dans la question du jury, ou si les deux ou trois membres du jury vous posent des questions simultanément, prenez votre temps pour répondre. Réfléchissez, prenez du recul, construisez votre réponse en reprenant les points les uns après les autres. Rien ne vous interdit d'ailleurs d'annoncer un petit plan de réponse : « Je vous répondrai d'abord sur ce point, puis je répondrai à votre question sur cet autre point ».

À retenir

Si un bref silence s'installe, n'en ayez pas peur, ne vous précipitez pas pour parler à tout va, et finalement de n'importe quoi.
Mais, à l'inverse, ne jouez pas la montre en traînant pour gagner du temps.

5 Gérer son stress

Il ne s'agit pas de supprimer le stress, qui peut être parfois même stimulant, mais de vivre avec, de le gérer. Le stress est aussi lié à l'inconnu, au sentiment profond que l'on risque sa sécurité dans une situation où l'on se mettrait en danger, ne serait-ce que moral (être évalué par des inconnus). Plus vous vous préparerez sérieusement à cette épreuve, moins la sensation d'inconnu et son corollaire, le sentiment d'insécurité, n'auront de poids sur vous.

À retenir

Au fil de votre préparation et dans toutes les situations de votre vie quotidienne, apprenez à devenir « témoin » de vos émotions. Apprenez à être présent dans ce que vous faites.

Certains parlent de « l'ici et maintenant ». Accordez une grande attention à ce que vous faites, même dans les tâches les plus infimes de votre quotidien. Vous acquerrez ainsi une meilleure présence et une meilleure connaissance de vous-même et gagnerez en maîtrise de vous. Cela vous préparera à prendre du recul et à mieux gérer ces moments difficiles.

Apprendre à respirer

C'est la base d'une bonne gestion du stress. Entraînez-vous à respirer calmement et profondément en contrôlant votre respiration et ceci dès que vous sentez que la tension intérieure monte.

À retenir

Concentrez-vous sur votre respiration. Le temps pour expirer doit être plus long que le temps de l'inspiration. Durant l'expiration, relâchez vos muscles, détendez-vous.

Bouger

Le stress vous contracte, alors, avant l'épreuve, dans le couloir, n'hésitez pas à vous lever. Faites quelques pas, respirez profondément, bougez les épaules, la nuque, étirez-vous.

S'entraîner à la relaxation

Avant et pendant l'épreuve pensez à vous décontracter. Asseyez-vous au fond de votre chaise, posez les mains sur vos cuisses, ou sur la table, mais sans vous y affaler ! Relâchez les épaules, respirez profondément, tentez de calmer votre corps. Si vous vous êtes un peu entraîné, cela ne prendra que quelques secondes, le temps de vous installer. Le jury est tout à fait conscient de la situation stressante que vous vivez à cet instant et vous laissera le temps nécessaire à votre installation. Il cherchera d'ailleurs à vous mettre à l'aise. Ensuite concentrez-vous sur les échanges qui vont avoir lieu.

À retenir

Gardez le sourire !

6 Actualiser ses connaissances

Cela ne veut pas dire qu'il faut lire tous les jours une pile de quotidiens, mais soyez attentif aux grands débats actuels. Intéressez-vous à l'évolution de l'organisation des structures publiques, des politiques publiques. Une vraie révolution dans le service public se vit actuellement ! Où en sommes-nous ? Quels sont les axes que le gouvernement envisage ? Qu'est-ce qui est actuellement débattu au Parlement ? Quel que soit le métier, un minimum de culture générale est nécessaire.

Si vous lisez peu, prenez plutôt des journaux qui proposent des dossiers argumentés et faites-vous des petites fiches de résumés de l'opinion de l'auteur, même si vous n'êtes pas d'accord avec lui. Mais prenez des notes, sinon il n'en restera rien dans quelques heures !

À retenir

Petit à petit, vos connaissances s'étofferont et votre propre opinion se forgera.

Internet est aussi riche en informations, allez sur les sites publics, notamment ceux du Sénat ou de l'Assemblée nationale où vous trouverez, dans les rapports, de précieuses informations sur les débats actuels.

N'oubliez pas les évolutions tant réglementaires que culturelles ou sociales dans votre domaine professionnel. Feuilletez les revues professionnelles et recueillez ces informations.

À retenir

Comment confier des missions à un agent dont les connaissances professionnelles datent de plus de dix ans ?

7 La présentation physique

Inutile de venir en tailleur de grand couturier ni en costume trois pièces ! Une tenue simple et correcte est tout à fait suffisante. Évitez donc ce jour-là trop d'excentricité. Les jurys continuent de voir des nombrils à l'air, des décolletés trop plongeants, et cela indispose bien plus le jury que cela ne valorise le candidat. Ne pas oublier qu'un agent public se doit à une certaine neutralité qui doit tout de même transparaître dans sa présentation et notamment dans l'absence de signe extérieur d'appartenance syndicale, politique ou religieuse.

À retenir

Lorsque le candidat est invité à entrer dans la salle, il devra saluer le jury en arrivant et, de préférence, attendre qu'il le lui propose pour s'asseoir, le dos bien calé au dossier de la chaise.

8 Erreurs à éviter

- Mettre ses mains devant la bouche en parlant.
- S'affaler sur la table.
- Se balancer sur sa chaise ou s'asseoir en équilibre sur le bord.
- Chercher à lire les notes des examinateurs.
- Ne pas avoir éteint son portable… qui se met à sonner en plein milieu de l'épreuve.
- Continuer à mâcher un chewing-gum…
- Toute attitude générale irrespectueuse ou provocante.
- S'effondrer en pleurs dénote une incapacité à se maîtriser.

À retenir

Et enfin, comme toute épreuve orale, celle-ci doit se préparer à voix haute.

En effet, il est clair que mentalement, nous avons réponse à toutes les questions auxquelles nous nous sommes entraînés. Mais tout le monde n'est pas égal devant ce type d'épreuve. Le problème, est que pour beaucoup, lorsque le jury demande d'énoncer une définition, une règle, de donner son avis, on se rend compte que le candidat cherche ses mots, bafouille et la réponse n'est pas claire du tout, voire incompréhensible !

N'oubliez pas que le stress est bloquant.

Seule solution : entraînez-vous tout haut, seul ou mieux, face à quelqu'un. C'est un excellent entraînement pour cette épreuve et c'est l'une des clés de la réussite !

Le déroulement de l'entretien

1 Cas exceptionnel

Il se peut qu'en entrant dans la salle, vous reconnaissiez l'un des membres du jury : c'est votre voisin, votre chef de service actuel… qu'importe. Pour préserver l'anonymat, vous devez le signaler, tout comme lui se le doit aussi. Dans ce cas, *de droit* on vous permutera de jury avec un autre candidat. S'il n'y a pas d'autre jury (dans une autre salle), normalement ce membre de jury devrait se retirer de l'épreuve, non pas en sortant de la salle, mais en n'intervenant aucunement ni durant l'entretien, ni ensuite lorsque les autres membres du jury débattront pour attribuer une note à ce candidat. Il reprendra son travail pour le candidat suivant.

2 Déroulement de l'épreuve

Après avoir vérifié votre identité, normalement le jury se présente brièvement, toujours sans donner de nom : « Je suis maire », « Je suis adjoint au maire », « Je suis responsable dans un service de ressources humaines d'une commune », « Je suis directrice d'une crèche municipale », « Je suis responsable du service social dans un conseil départemental », « Je suis directeur des services techniques dans une commune… ».

Ensuite, l'un des membres vous décrit le déroulement de l'épreuve. Puis, il vous invite à commencer.

Le questionnaire ci-dessous va vous aider à clarifier ces objectifs et à construire votre temps de parole durant l'entretien. Ce temps de parole peut varier de 4 à 5 minutes à 8 à 10 minutes suivant les concours.

Établissez une fiche retraçant les grandes lignes de votre présentation mais ne l'apprenez pas « par cœur », vous perdriez votre spontanéité.

À retenir

Ne pas oublier que toute votre présentation doit se construire avec l'objectif de valoriser les compétences que vous avez déjà ou potentiellement acquises et qui correspondent aux compétences attendues dans le cadre d'emplois du concours. Ne vous étendez pas sur vos expériences professionnelles dont les compétences acquises n'ont aucun rapport avec celles attendues dans le futur cadre d'emplois.

1. Première partie : présentation

- Vous vous présentez nom et prénom.
- Brièvement, depuis quand êtes-vous diplômé(e) (si nécessaire).
- Situez ensuite votre lieu d'exercice professionnel actuel, sans donner de nom, ni nom de ville, d'entreprise, de personne, de commune, de maire… Si toutefois cela vous échappe, cela ne doit pas vous pénaliser. Mais vous pouvez donner quelques indications sur la situation géographique de l'implantation du lieu d'exercice professionnel : « Je travaille actuellement dans une crèche associative, dans un service social départemental, dans le service de comptabilité d'une PME, dans un service de PMI situé dans une ZUS, dans un commerce de… ».

Rappel

Ne pas donner de nom permet de préserver un relatif anonymat de l'épreuve (au-delà de votre identité qui permet de vérifier que l'on évalue bien le bon candidat). Toutefois, il arrive que certains jurys vous demandent le nom de votre employeur actuel : ne paniquez pas ! Vous pouvez le lui donner.

a. Décrire vos motivations à exercer ce métier (c'est très important pour le jury)

Objectif : Montrer que vous êtes porteur de motivations suffisantes vous permettant de trouver de l'intérêt dans le métier que vous souhaitez exercer ou que vous exercez déjà.

Ne pas oublier que les missions du fonctionnaire le placent au « service de la population ». Cette épreuve équivaut à un entretien de recrutement dans la fonction publique territoriale (même si vous y êtes déjà, dans un autre cadre d'emploi ou en CDD !). Vos motivations à exercer ce métier doivent être convaincantes pour justifier votre recrutement sur ce grade.

- Depuis quand avez-vous eu envie de faire ce métier ?
- Qu'est-ce qui un jour vous a aiguillé sur ce métier ?

- Quel intérêt y trouvez-vous ?
- Pourquoi le service public aurait-il intérêt à vous recruter ?

Même si le jury peut tout à fait comprendre que vous souhaitiez entrer dans la fonction publique pour la garantie de l'emploi qu'elle offre encore aujourd'hui, ça ne peut en aucun cas être votre unique motivation ! En revanche, vous pouvez être sensible au principe de non-discrimination du service public vis-à-vis de l'usager, par exemple.

b. Décrire votre rôle et vos missions (les fonctions)

Objectif : Savoir se situer dans son poste actuel, sa place dans l'équipe, son rôle, les fonctions exercées, sa place par rapport aux autres professionnels, le sens de la hiérarchie…

Ne pas confondre le rôle qui a un but, un objectif, avec un déroulement de tâches ou un planning de travail.

Exemple

- « Actuellement, je travaille avec un groupe d'enfants de (âge) et mon rôle est : de veiller à la sécurité, aux soins, de participer à l'éducation, à l'éveil, au soutien, à l'hygiène...
- Je travaille en équipe dans une entreprise de bâtiment (ou dans le service de la comptabilité, ou au service des ressources humaines...) et en lien avec d'autres personnes à l'intérieur de l'établissement, à l'extérieur...
- Avec qui ?
- Pour faire quoi ?
- Dans quel but ?
- Quels sont mes objectifs de travail actuel ?
- Qu'apporte mon travail aux usagers, à la population ?
- Quel service je lui rends ?...
- Je suis sous la hiérarchie de qui ? Quel est son rôle ?
- J'encadre une équipe, quel est mon rôle ? »

Décrivez les compétences que vous avez acquises durant cette ou ces expériences professionnelles (ou autres, compétences acquises dans le cadre d'un engagement associatif, par exemple).

Montrer que vous avez acquis suffisamment de compétences pour que l'on puisse vous confier les tâches ou responsabilités du poste à pourvoir :

- J'ai acquis des connaissances dans tel domaine…
- Je sais faire ceci et cela…
- Dans telle circonstance voici comment je me suis comporté(e)…
- Etc.

c. Mais aussi avoir repéré vos difficultés

Dans quels domaines, quelles situations :

- J'ai un manque de connaissances.
- Je manque d'expérience.
- J'ai du mal à gérer.

Le jury peut vous demander de lui citer un ou deux défauts : lesquels pourriez-vous lui donner ?

d. Il est intéressant que le candidat puisse faire part d'un projet professionnel

Objectif : Avoir un projet, c'est s'inscrire dans un avenir, dans une dynamique.

Souvent, par une absence de projet, on s'installe dans une routine… et au bout d'un moment c'est l'usure professionnelle, on ne supporte plus son métier ! Les recruteurs y sont très sensibles.

Ce peut être un projet immédiat… à moyen terme… à long terme. Mais travaillez sur un point particulier. Par exemple :

- en crèche : s'insérer dans le montage d'un atelier de musique, de contes, de jardinage ;
- dans un service, s'approprier un projet d'équipe, y trouver sa place ;
- mettre en place une étude de projet d'évolution des pratiques d'un service ;
- se charger d'une étude pour l'application des nouvelles réglementations sur les marchés publics ;
- étudier la mise en place de procédures concernant la réglementation sur la sécurité au travail…

Vous pouvez souhaiter travailler dans une autre structure (la structure actuelle n'est pas le seul lieu d'exercice possible ou le seul modèle). Ou avoir l'idée de proposer de développer telle activité… de se former ou de se spécialiser dans tel domaine…

Cette présentation peut durer, suivant les concours : 4 à 5 minutes pour une épreuve de 15 minutes, un peu plus pour les épreuves de 20 à 30 minutes.

Ensuite, c'est au jury de vous interroger.

2. Seconde partie de l'entretien : échanges avec le jury

Maintenant, vous n'avez plus qu'à attendre les questions du jury. Sachez tout de même que le jury est en droit de vous interrompre à tout moment :

- soit parce qu'il n'a pas compris un point de votre intervention ;
- soit parce qu'il est intéressé par votre propos, par l'originalité de votre expérience, et veut en savoir plus.

Que cela ne vous déstabilise pas !

Le questionnement peut être très ouvert, il va évaluer vos connaissances sur un certain nombre de points et *leur actualité*. **Intéressez-vous à l'actualité** aussi bien politique, comme aux grandes questions de société actuellement en débat, ainsi qu'aux dernières réglementations sorties dans votre domaine d'intervention professionnelle. Un candidat qui ignorerait ces questions verrait sa note descendre de quelques points. Pour les catégories A, certains jurys passent d'emblée la note en dessous de la moyenne, même si tout le reste est correct !

Le jury cherchera également à évaluer vos qualités professionnelles par des questions de mise en situation, des « cas concrets ». Vos réponses permettront au jury d'évaluer vos connaissances sur les règles de sécurité, par exemple, mais aussi votre conscience des responsabilités, votre approche du management d'équipe...

À retenir

Adressez-vous à tous les membres du jury, n'en privilégiez pas un avec lequel vous avez un bon retour au détriment des autres...

Attention

Attention ! Et même si vous êtes timide, essayez de ne pas fuir leur regard. Un petit truc donné par certains, si vous n'arrivez pas à les regarder dans les yeux, regardez entre les deux yeux ou regardez les sourcils. C'est toujours mieux que de regarder en l'air ou vos pieds !

Quel que soit le temps que vous avez personnellement utilisé, par égalité de traitement des candidats, le jury ne vous lâchera pas avant les 15 ou 20 minutes réglementaires ! (Ce temps est précisé dans les textes régissant votre propre concours.) Si vos réponses sont trop courtes, pas assez argumentées, si vous n'avez plus rien à dire, la fin de l'entretien peut ressembler à un jeu de ping-pong de questions/réponses notamment sur toutes ces notions d'environnement territorial.

39 FICHE

Exemples de questions posées par des jurys

Voici des exemples de questions qui ont été posées à des candidats lors de différents concours ou examens professionnels.

1 À un candidat au concours de rédacteur

- Quels sont les objectifs des collectivités territoriales ?
- Définissez-moi un plan de formation ?
- Qu'est-ce que la sanction par les urnes ?
- Qu'est ce que la démocratie « sélective » ?
- Parlez-nous du développement durable ?
- Citez les droits et obligations des fonctionnaires ?
- Pouvez-vous nous expliquer la différence entre la décentralisation et la déconcentration ?
- Qu'apporte le partenariat avec les entreprises privées aux collectivités territoriales ?
- Qui élit les sénateurs ?
- Quelles sont selon vous les qualités requises pour être un bon rédacteur ?
- Quel avenir envisagez-vous pour les départements ?
- Quel levier dispose l'encadrant pour développer la motivation de son équipe ?
- Avez-vous déjà eu à désamorcer des conflits ? Comment avez-vous procédé ?
- Citez-nous les éléments essentiels du statut de la fonction publique.
- Quelles sont les compétences économiques des intercommunalités ?
- Quelles aptitudes et qualités professionnelles vous sont généralement reconnues ?

2 À un candidat au concours d'assistant socio-éducatif

Ici, uniquement sur le volet des questions concernant cet ouvrage :

- Quelles sont les compétences du département ?
- Décrivez plus particulièrement les différents services qui œuvrent pour l'action sociale et les prestations offertes ?
- Toutes ces actions relèvent-elles de compétences obligatoires ?
- Pouvez-vous les différencier ?
- Quel est le rôle du préfet ?
- Quelles sont les compétences devenues obligatoires depuis l'Acte II de la décentralisation ?
- Combien y a-t-il de filières, pouvez-vous les nommer ?
- Qu'est-ce que la filière médico-sociale ?
- Existe-t-il une différence entre réserve, discrétion et secret professionnel ?
- Pouvez-vous définir les différentes fonctions publiques et par quel moyen l'on passe de l'une à l'autre ?
- Quels sont les droits et obligations des fonctionnaires ?
- Qu'est-ce qu'un service public ?

3 À un candidat à l'examen professionnel d'adjoint administratif

- Vous devez faire une permanence téléphonique avec deux autres collègues. L'une est en congé et l'autre en maladie, que faites-vous à l'heure du déjeuner ?
- Un administré arrive furieux à l'accueil d'une mairie, il veut absolument voir votre responsable de service qui est en entretien et que vous ne devez pas déranger. Comment réagissez-vous ?
- Comment organisez-vous votre classement ?
- Quelles sont les compétences du département ?
- Comment sont élus les conseillers départementaux ? le président ?
- Comment doit-on procéder pour créer un équipement culturel ?
- Qu'est ce qu'un CCAS ? Comment est-il géré, par qui ?
- Vous avez travaillé en foyer social, expliquez-nous ce qu'est un signalement ?

4 À un candidat au concours de technicien

(Le candidat travaille dans un service informatique.)

- En quoi consiste la stratégie des systèmes d'information ?
- Existe-il une réglementation en rapport à l'informatique ?

5 À un candidat au concours d'adjoint administratif

- Quelles sont les compétences d'une commune ?
- Pouvez-vous citer les recettes d'une commune ?
- Quelles sont les mesures que peut prendre un maire pour encourager les entreprises à venir s'installer dans sa commune ?
- Est-ce que le CCAS est un service communal comme l'état civil ?
- Est-ce qu'un adjoint au maire peut convoquer le conseil municipal ?

6 À un candidat à l'examen professionnel de rédacteur

- Qu'est ce que le service public ?
- Citez les principes du service public ?
- Quelle différence essentielle entre le privé et le public ?
- Quelles sont les missions d'un rédacteur ?
- Le budget du département : quelles sont les recettes d'un département ? et quel est le budget du département dans lequel vous travaillez ?
- Qu'est ce que l'intercommunalité ?
- Donnez des exemples de différentes structures de l'intercommunalité ?
- Connaissez-vous les différences qui existent entre ces différentes structures ?
- Pourquoi certains élus sont réfractaires à l'intercommunalité ?
- Connaissez-vous les compétences d'un département ?
- Quelle est la compétence principale d'un département ?
- Que comprend l'action sociale ?
- Donnez un exemple d'une compétence facultative ?
- En tant que rédacteur, comment imaginez-vous votre rôle de conseil auprès d'un élu ?

FICHE 40

L'évaluation des jurys

1 La grille d'entretien

Les jurys se dotent généralement d'une grille d'entretien afin d'assurer au mieux l'égalité de traitement des candidats. La répartition du nombre de points peut varier pour un concours ou un examen professionnel et d'une session à l'autre, *chaque jury étant souverain.*

En voici deux en exemples, à titre indicatif.

Exemple

Pour un concours de catégorie C

1. Projet professionnel	2 minutes	2 points
2. Aptitude à exercer les missions, conception du métier et positionnement professionnel Connaissances institutionnelles	10 minutes 3 minutes	11 points 4 points
3. Motivation du candidat	Tout au long de l'entretien	3 points

Pour un examen professionnel catégorie B

1. Expérience professionnelle	5 minutes	4 points
2. Aptitude à exercer les missions, connaissances professionnelles Aptitude à l'encadrement	6 minutes 5 minutes	5 points 4 points
3. Connaissance de l'environnement territorial	4 minutes	4 points
4. Motivation du candidat	Tout au long de l'entretien	2 points

2 L'appréciation des jurys

Les jurys remarquent que, la plupart du temps, les notes obtenues à l'oral sont bien meilleures que celles obtenues à l'écrit.

Les candidats qui se sont formés obtiennent manifestement de bien meilleures notes que les autres. Mais certains ont repéré des candidats qui se sont contentés d'un apprentissage « par cœur » sans avoir véritablement intégré, compris le contexte.

Pour les candidats déjà recrutés dans les collectivités, les jurys sont de plus en plus soucieux de les interroger sur des questions transversales. Quelle conscience a le candidat des relations de partenariat existantes, les contraintes budgétaires ou l'évaluation des actions, par exemple.

Il leur semble important de ne pas réduire cette épreuve à de simples questions techniques, mais d'**évaluer le candidat sur ses capacités d'ouverture** et de recul par rapport à ses missions au quotidien.

Pour ce faire, certains jurys préconisent une **augmentation des questions de mise en situation, de cas concrets**, qui permettraient de mieux évaluer la connaissance du candidat par rapport à sa prise en compte des situations dans leur globalité.

Ils rappellent que la connaissance de l'actualité est indispensable et que l'ouverture des candidats à des réalités qui sortent du champ d'exercice quotidien de leurs responsabilités doit être évaluée.

Le jury observe que les candidats doivent non seulement savoir inscrire leurs réponses aux questions professionnelles dans le contexte de l'exercice de leurs missions au sein de collectivités territoriales mais aussi être capables de répondre à des questions « citoyennes » sans lien direct avec leurs missions.

Il semble que trop de candidats donnent, par exemple, l'impression de n'avoir à rendre de comptes à personne, ou de ne pas parvenir à prendre l'exacte mesure de leur place et de leur rôle dans « leur » structure.

Certains jurys ont souligné la méconnaissance des candidats des règles statutaires qui leur sont applicables : statuts particuliers, conditions de nomination, droits et obligations du fonctionnaire, déroulement de carrière… Un renforcement de ces questions devrait intervenir dans les prochaines sessions.

D'une façon générale, ils insistent tout particulièrement auprès des futurs candidats sur **la nécessité de maîtriser les questions portant sur l'environnement institutionnel**. Il est en effet totalement anormal que des professionnels diplômés qui aspirent à faire carrière dans la fonction publique territoriale, et qui pour bon nombre d'entre eux sont déjà en fonction dans des collectivités territoriales, ne possèdent même pas une culture de base citoyenne et méconnaissent totalement le mode de fonctionnement des collectivités auprès desquelles ils exercent ou exerceront.

Les connaissances institutionnelles demeurent trop souvent insuffisantes et trop nombreux sont les candidats qui ne font preuve d'aucune motivation réelle pour collaborer à l'exercice du service public, dont ils ignorent jusqu'à la définition même.

Le jury préconise que ces questions institutionnelles soient revalorisées, lors des prochaines sessions, dans la notation et l'évaluation de la prestation des candidats.

Le jury suggère également que la technicité des candidats diplômés puisse être vérifiée de manière plus approfondie par des questions appelant un développement autonome par le candidat, et qu'en outre l'exigence en matière de management d'équipe soit renforcée.

À retenir

Les meilleurs candidats ont su dépasser la référence à leur seule pratique professionnelle quotidienne. Ils ont également su démontrer leurs capacités d'analyse et leur aptitude à prendre du recul et à se projeter dans les fonctions correspondant au niveau du concours. Ces critères ont permis aux jurys d'opérer la distinction entre les candidats.

41 FICHE

Après l'épreuve orale

1 Que se passe-t-il après l'épreuve orale ?

À l'issue des épreuves d'admission (l'oral), le jury applique à la note acquise par le candidat un coefficient, différent suivant les concours. Les notes des épreuves écrite et orale sont additionnées pour donner la note finale permettant le classement des candidats.

Le jury arrête, dans la limite des places mises au concours, la liste des candidats admis. Le président du jury transmet cette liste au président du centre de gestion.

La liste d'aptitude est publiée par ordre alphabétique. Les candidats peuvent la consulter sur les sites Internet de l'organisateur du concours, le CNFPT ou les CDG ou CIG. Ils recevront un courrier les informant du résultat du concours. **Être lauréat d'un concours ne vaut pas recrutement, mais inscription sur la liste d'aptitude** dont la valeur est nationale. Ce qui veut dire que quel que soit l'endroit où vous avez passé le concours, vous pouvez vous faire recruter partout ailleurs en France. La liste d'aptitude est **valable deux ans**. Si à l'issue de cette première année le lauréat n'a pas été nommé sur ce cadre d'emploi dans une collectivité, il peut demander à être de nouveau inscrit une nouvelle année, voire une troisième (et dernière) année sur ladite liste d'aptitude. Si aucune nomination n'est intervenue dans ce laps de temps, la validité du concours s'annule.

> **À retenir**
>
> Cette durée peut être suspendue à la demande du lauréat, dans deux cas :
> - du temps d'un congé maternité ou d'adoption ;
> - le temps d'un congé parental.

D'ordinaire, il y a autant de lauréats au concours que de postes déclarés vacants par les collectivités auprès du centre de gestion, organisateur du concours. Toutefois, si le jury estime le niveau des candidats insuffisant, il peut arrêter la liste d'aptitude à une note qu'il détermine souverainement, ce qui peut avoir pour conséquence que cette liste comporte un nombre de lauréats inférieur au nombre de postes déclarés vacants par les collectivités. Cette année-là, tous les postes ne seront donc pas pourvus dans les collectivités adhérentes à ce centre de gestion.

Lorsque les candidats ont échoué au concours, ils reçoivent à leur domicile un courrier d'information portant leur(s) note(s) obtenue(s) à(aux) l'épreuve(s). Nous ne pouvons que vivement conseiller à ces candidats de se rapprocher de leur centre de gestion, organisateur du concours, pour obtenir copie de leur devoir et des appréciations écrites du jury. En effet, ces informations leur seront très utiles dans leur préparation au prochain concours afin de ne pas reproduire les mêmes erreurs.

Remarque

Il ne peut leur être opposé un refus de communication dans la mesure où cela fait partie des droits à communication des actes administratifs.

En revanche, pour le lauréat du concours sa lettre d'admission ne mentionne aucune note. S'il souhaite tout de même les obtenir, après son recrutement, il devra faire une demande écrite au centre de gestion en y joignant copie de son arrêté de nomination dans son nouveau grade.

2 Si vous êtes déjà agent dans une collectivité ou un établissement public, que devez-vous faire ?

L'inscription à un concours est une démarche personnelle.

En qualité de lauréat, il vous appartient donc d'en **prévenir votre employeur**.

Votre nomination dans cette collectivité dans un nouveau cadre d'emplois n'est pas automatique pour les raisons que nous avons vues dans le chapitre sur le statut.

En effet, **pour recruter et nommer un agent, il faut que quatre conditions préalables soient réunies** :

- d'une part, il faut **qu'il y ait un poste vacant** dans ce cadre d'emploi : par exemple, un poste déclaré vacant d'une auxiliaire de puériculture dans votre collectivité. Cette déclaration est de la responsabilité de l'employeur ;
- d'autre part, il faut **que vous soyez vous-même candidat dans cette collectivité**. En effet, vous êtes libre de candidater dans ce nouveau cadre d'emplois au sein de votre collectivité actuelle ou ailleurs. Vous devez donc adresser un courrier à votre employeur, le maire, le président du conseil départemental ou du conseil d'administration de votre établissement public..., sollicitant votre nomination dans cette collectivité. Vous y joindrez une copie du courrier du centre de gestion ou du CNFPT vous annonçant votre admission.

- Le choix du candidat au recrutement appartient à l'exécutif de la collectivité ou de l'établissement public. Le fait d'être lauréat ne vaut pas recrutement dans ce nouveau cadre d'emplois. Votre hiérarchie émettra donc un avis écrit qui sera joint à votre courrier de demande de recrutement dans ce nouveau cadre d'emplois. Cet avis pourra permettre à l'exécutif de prendre sa décision concernant le recrutement. À moins d'être déjà sur un poste correspondant au concours, vous devrez candidater sur un nouveau poste vacant dans la collectivité correspondant au concours. Par exemple, si vous êtes adjoint administratif mais affecté sur un poste de rédacteur, vous pourriez peut-être être nommé rédacteur sur ce même poste. Mais si vous êtes sur un poste d'adjoint, il faudra probablement candidater sur un poste vacant de rédacteur, au sein de votre collectivité.
- Enfin, la nomination est subordonnée aux **conditions générales d'accès à la Fonction publique** :
  - la nationalité ;
  - la jouissance des droits civiques ;
  - l'extrait du casier judiciaire dont l'éventuelle condamnation ne doit pas être incompatible avec les fonctions qui pourraient être confiées à l'agent lauréat dans le nouveau cadre d'emplois ;
  - remplir les conditions d'aptitude physique, impose une nouvelle visite médicale auprès d'un médecin assermenté. D'autant que, changer de cadre d'emplois, peut aussi dire, changer de fonctions et il peut y avoir aptitude à certaines fonctions mais plus à d'autres. C'est au médecin assermenté de le déterminer. Adressez-vous à la direction des ressources humaines, service Recrutement, qui vous fournira tous les documents nécessaires.

Si vous étiez déjà titulaire d'un cadre d'emplois (adjoint administratif), après votre nomination dans le nouveau cadre d'emplois (rédacteur), vous bénéficierez d'une nouvelle période de stage dans ce cadre d'emplois. Toutefois, vous ne perdez pas votre statut de titulaire de la fonction publique de votre ancien cadre d'emplois, jusqu'à ce qu'intervienne votre éventuelle titularisation dans le nouveau cadre d'emplois.

Annexes

1 Informations complémentaires 310

2 Lexique 316

3 Index 323

1 ANNEXE

Informations complémentaires

1 Les sites Internet

www.servicepublic.fr : le portail de l'administration française. Il propose des liens vers tous les sites de l'administration française et des renseignements pour les particuliers sur les droits et démarches.

www.legifrance.gouv.fr : l'essentiel du droit français, Journal officiel, codes, lois et décrets, la Constitution.

www.jurifrance.com : le droit français en ligne, avec un renvoi sur les journaux officiels.

www.vie-publique.fr : dossiers et informations sur la vie publique française et européenne.

www.lagazettedescommunes.com : l'information et l'actualité avec des dossiers sur les collectivités territoriales.

www.fncdg.fr : le site national des centres de gestion. Notamment les calendriers des concours et les résultats, mais aussi des informations sur les statuts particuliers.

www.cnfpt.fr : le site du Centre national de la fonction publique territoriale.

Tous renseignements sur les formations professionnelles proposées aux agents de la fonction publique territoriale et sur les concours organisés par le CNFPT.

2 La répartition de l'organisation des concours entre le CNFPT et les centres de gestion

Concours relevant du CNFPT

Filière	Cadre d'emplois	Catégorie	Organisation
Administrative	Administrateur	A	Paris
Technique	Ingénieur en chef	A	Paris

Filière	Cadre d'emplois	Catégorie	Organisation
Culturelle	Conservateur du patrimoine Conservateur de bibliothèques	A A	Paris Paris

Concours relevant des centres de gestion ou directement des collectivités territoriales non-affiliées

Filière		Cadre d'emplois	Catégorie
Administrative		Attachés Rédacteurs territoriaux Adjoints administratifs territoriaux	A B C
Technique		Ingénieurs territoriaux Techniciens territoriaux Agents de maîtrise territoriaux Adjoints techniques territoriaux Adjoints techniques territoriaux des établissements d'enseignement	A B C C C
Médico-sociale	Médico-sociale	Cadres territoriaux de santé paramédicaux Infirmiers territoriaux en soins généraux Médecins Puéricultrices territoriaux Psychologues territoriaux Sages-femmes territoriaux Auxiliaires territoriaux de puériculture Auxiliaires territoriaux de soins	A A A A A A C C
	Médico-techniques	Biologistes, vétérinaires et pharmaciens territoriaux Techniciens paramédicaux territoriaux	A B
Animation		Animateurs territoriaux Adjoint d'animation territoriaux	B C
Culturelle	Patrimoine et bibliothèque	Attachés de conservation du patrimoine Bibliothécaires territoriaux Assistants territoriaux de conservation du patrimoine et des bibliothèques Adjoints territoriaux du patrimoine	A A B C
	Enseignement artistique	Directeurs d'établissements territoriaux d'enseignement artistique Professeurs territoriaux d'enseignement artistique Assistants territoriaux d'enseignement artistique	A A B

Filière	Cadre d'emplois	Catégorie
Police municipale	Directeurs de police municipale Chefs de service de police municipale Agents de police municipale Gardes champêtres	A B C C
Sportive	Conseillers territoriaux des activités physiques et sportives Éducateurs territoriaux des activités physiques et sportives Opérateurs territoriaux des activités physiques et sportives	A B C

Concours relevant des services départementaux d'Incendie et de Secours

Filière	Cadre d'emplois	Catégorie	Organisation
Sapeur-pompier	Sapeur-pompier non officier	C	décentralisée

Concours relevant de la direction de la sécurité civile (ministère de l'Intérieur)

Filière	Cadre d'emplois	Catégorie	Organisation
Sapeur-pompier	Capitaine, commandant, lieutenant-colonel et colonel de sapeurs-pompiers Médecin et pharmacien de sapeurs-pompiers professionnels Infirmier d'encadrement de sapeurs-pompiers professionnels Major et lieutenant de sapeurs-pompiers professionnels Infirmier de sapeurs-pompiers professionnels	A A A B B	nationale nationale nationale nationale nationale

3 Le CNFPT

1. Les services centraux du CNFPT

www.cnfpt.fr
80, rue de Reuilly
75578 PARIS CEDEX 08
Standard général : 01 55 27 44 00
Standard concours : 01 55 27 41 61

INSET
2, rue de la Fonderie
BP 20026
67080 STRASBOURG CEDEX
Tél. 03 88 15 52 64

INSET Angers
Rue du Nid de Pie
BP 62020
49016 ANGERS CEDEX
Tél. 02 41 22 41 22

INSET Dunkerque
9003, route du quai Freycinet 3
BP 5251
59379 DUNKERQUE CEDEX 1

INSET Montpellier
76, place de la Révolution française
34965 MONTPELLIER CEDEX 2
Tél. 04 67 99 76 76

INSET Nancy
1, boulevard d'Austrasie
BP 20442
54001 NANCY CEDEX
Tél. 03 83 19 22 22

2. Les délégations régionales du CNFPT

ALSACE-MOSELLE
5, rue des Récollets - BP 54093
57040 METZ CEDEX 01
Tél. : 03 87 39 97 40

AQUITAINE
71, allée Jean-Giono
33075 BORDEAUX CEDEX
Tél. : 05 56 99 93 50

AUVERGNE
23, place Delille
BP 397
63011 CLERMONT-FERRAND
CEDEX 1
Tél. : 04 73 74 52 20

CORSE
57, avenue de Verdun
Route du Salario
20000 AJACCIO
Tél. : 04 95 50 45 00

FRANCHE-COMTÉ
3 bis, rue André-Boulloche
BP 2087
25051 BESANÇON CEDEX
Tél. : 03 81 41 98 49

LANGUEDOC-ROUSSILLON
337, rue des Apothicaires
Parc Euromédecine
34196 MONTPELLIER CEDEX 5
Tél. : 04 67 61 77 77

BOURGOGNE
6-8, rue Marie-Curie
BP 37904
21079 DIJON CEDEX
Tél. : 03 80 74 77 00

BRETAGNE
Parc Innovation de Bretagne
Sud - CP 58
56038 VANNES CEDEX
Tél. : 02 97 47 71 00

CENTRE-VAL DE LOIRE
6, rue de l'Abreuvoir
BP 33
45015 ORLÉANS CEDEX 1
Tél. : 02 38 78 94 94

CHAMPAGNE-ARDENNE
1, esplanade Lucien-Péchart
BP 3046 - 10012 TROYES CEDEX
Tél. : 03 25 83 10 60

BASSE-NORMANDIE
17, avenue de Cambridge
CITIS
14209 HEROUVILLE-ST-CLAIR CEDEX
Tél. : 02 31 46 20 50

HAUTE-NORMANDIE
20, quai Gaston-Boulet
BP 4072
76022 ROUEN CEDEX
Tél. : 02 35 98 24 30

PAYS DE LA LOIRE
60, boulevard Victor Beaussier
BP 40205
49002 ANGERS CEDEX 1
Tél. : 02 41 77 37 37

LIMOUSIN
Cheops 87
55, rue de l'Ancienne-École-Normale-d'Instituteurs – BP 339
87009 LIMOGES CEDEX
Tél. : 05 55 30 08 70

LORRAINE
6, quai Andrea de Bilistein
BP 90371
54007 NANCY CEDEX
Tél. : 03 83 18 46 00

MIDI-PYRÉNÉES
9, rue Alex Coutet
BP 82312
31023 TOULOUSE CEDEX 1
Tél. : 05 62 11 38 00

NORD-PAS-DE-CALAIS
15, rue de Bavray
59040LILLE CEDEX
Tél. : 03 20 15 69 69

RHÔNE-ALPES LYON
18, rue Edmond-Locard
69322 LYON CEDEX 05
Tél. : 04 72 32 43 00

PREMIÈRE COURONNE
145, avenue Jean-Lolive
93695 PANTIN CEDEX
Tél. : 01 41 83 30 00

GRANDE COURONNE
14, avenue du Centre
78180 MONTIGNY-LE-BRETONNEUX
Tél. : 01 30 96 13 50

PICARDIE
16, square Friant les Quatre-Chênes
CS54110
80011 AMIENS CEDEX 01
Tél. : 03 22 33 78 20

POITOU-CHARENTES
50, boulevard du Grand Cerf
BP 303
86010 POITIERS CEDEX
Tél. : 05 49 50 34 34

PROVENCE-ALPES-CÔTE D'AZUR
Chemin de la Planquette
BP 50125
83957 LA GARDE CEDEX
Tél. : 04 94 08 96 00

RHÔNE-ALPES GRENOBLE
Domaine universitaire
440, rue des Universités
CS 50051
38402 SAINT-MARTIN D'HÈRES cedex
Tél. : 04 76 15 01 00

MAYOTTE
Rue de la Carrière Doujani 2 – BP 678
97600 MAMOUZDOU
Tél. : 02 69 64 85 00
Le siège

GUADELOUPE
17, avenue Paul-Lacavé
BP 575
97108 BASSE-TERRE CEDEX
Tél. : 05 90 99 07 70

GUYANE
26, rue François-Arago
BP 27
97321 CAYENNE CEDEX
Tél. : 05 94 29 68 00

MARTINIQUE
Maison des collectivités territoriales
ZAC Étang Z'abricots - BP 674
97264 FORT-DE-FRANCE CEDEX
Tél. : 05 96 70 20 70

RÉUNION
4, rue Camille-Vergoz
CS 81039
97404 ST-DENIS DE LA RÉUNION
Cedex
Tél. : 02 62 90 28 28

4 Les centres de gestion (CDG) ou centres interdépartementaux de gestion (CIG)

Pour connaître les adresses des CDG et CIG, rendez-vous sur l'annuaire du site de la Fédération nationale des centres de gestion (FNCDG) : www.fncdg.com

2 ANNEXE

Lexique

Arrêté : Acte administratif pris par une autorité administrative dite inférieure (c'est-à-dire ni le président de la République, ni le Premier ministre).

Ex. : arrêté préfectoral, arrêté municipal, arrêté du président du conseil départemental ou du président de l'OPHLM

Cadre d'emplois : C'est un ensemble de règles concernant les conditions de recrutement, de rémunération, de déroulement de carrière des fonctionnaires exerçant des missions similaires au sein d'une administration (Exemple : le cadre d'emplois des assistants socio-éducatifs, des adjoints administratifs, des animateurs, des éducateurs de jeunes enfants). Il existe dans la fonction publique territoriale une cinquantaine de cadres d'emplois mais environ 250 métiers. Un cadre d'emplois peut donc regrouper plusieurs métiers. Les cadres d'emplois sont réglementés par des décrets.

CAP : Commission administrative paritaire.

Canton : C'est une circonscription électorale, c'est-à-dire un découpage administratif de territoire sans personnalité juridique, se situant entre l'arrondissement et la commune. Il permet à la population qui vit sur ce territoire de procéder à l'élection du conseiller départemental qui la représentera au sein de l'assemblée départementale.

Catégorie : Classement hiérarchique des cadres d'emplois. Il existe trois catégories : A, B, C.

CCAS : Centre communal d'action sociale. Établissement public donc personne morale dotée de la personnalité juridique.

CDG : Centre de gestion. Chaque département possède un centre de gestion chargé principalement d'organiser les concours relevant de la fonction publique territoriale.

Centralisation : Système dans lequel l'ensemble des décisions relatives aux tâches administratives relève des organes centraux de l'administration d'État.

Chambres régionales des comptes : La création de ces juridictions administratives par la loi du 10 juillet 1982 marque la fin de la tutelle financière de l'État sur les collectivités locales.

Leur mission est triple :

- elles émettent un avis sur les conditions d'adoption et de mise en œuvre des budgets (contrôle budgétaire) ;
- elles se prononcent par jugement sur la régularité des comptes de l'ordonnateur et du comptable (contrôle juridictionnel) ;
- elles disposent d'un important pouvoir : celui d'informer en assurant la transparence des gestions publiques, en informant par des avis et des rapports d'observations (qui sont publics), à la fois les élus, les citoyens et les pouvoirs publics (en plaçant ceux-ci devant leurs responsabilités), qu'elles obtiennent la correction des irrégularités et le redressement des erreurs de gestion.

CHS : Comité d'hygiène et de sécurité.

CHSCT : Comité d'hygiène, de sécurité et des conditions de travail.

CIG : Centre interdépartemental de gestion. Il n'en existe que deux en France, ceux de la petite et de la grande couronne. Partout ailleurs, il s'agit de Centre de Gestion départementaux. Mais, la loi du 6 août 2019 permet désormais aux centres de gestion départementaux de se regrouper en centre interdépartementaux.

Circonscription administrative : Division du territoire, sans personnalité juridique, servant de cadre d'actions aux différents services de l'État (par exemple, la portion du territoire de la commune ou du département où agit le préfet ou le maire quand il agit sous la hiérarchie du préfet ou du procureur de la République).

Circonscription électorale : Division du territoire servant de cadre à une élection (par exemple, la commune pour les municipales, le canton pour les élections du conseil départemental, le territoire national pour les présidentielles…).

Circulaire : Une circulaire est un texte destiné aux membres d'un service, d'une entreprise, d'une administration. Dans la fonction publique française, une circulaire est un texte émanant d'un ministère et destiné à donner une interprétation d'un texte de loi ou d'un règlement (décret, arrêté), afin que ce texte soit appliqué de manière uniforme sur le territoire. C'est en quelque sorte une note de service. Ce sont des recommandations ; elles ne s'appliquent qu'aux agents du service public.

CNFPT : Centre national de la fonction publique territoriale. Principalement connu pour être chargé de la formation continue des agents de la fonction publique territoriale. Il y a 29 délégations régionales ou interdépartementales.

CNRACL : Caisse nationale de retraite des agents des collectivités territoriales.

Collectivité territoriale : Portion du territoire dotée d'un nom, d'une personnalité juridique, d'organes élus et de compétences.

Commission permanente : Groupement de conseillers départementaux (ou régionaux) élus à la proportionnelle par le conseil et délibérant à sa place, sauf en matière budgétaire.

Communes : Elles sont devenues l'unité administrative de base en 1789 et elles ont été allouées un régime juridique par la loi du 5 avril 1884. La loi sur la décentralisation du 2 mars 1982 les a dotées de la personnalité juridique. L'urbanisme, la gestion des écoles primaires, les infrastructures communales (voirie, réseau d'eau...) et les services aux usagers (état civil, cimetière...) sont les principales compétences communales.

Concours : Mode de recrutement de droit commun (sauf dérogation prévue par la loi) ; il permet l'accès à un cadre d'emplois. La réussite à un concours de la fonction publique territoriale n'entraîne pas automatiquement la nomination dans un grade.

Conseil d'État : Le Conseil d'État est une institution publique chargée de deux missions principales : il est le conseiller du gouvernement et la plus haute des juridictions de l'ordre administratif. Le système juridictionnel français connaît en effet la dualité des ordres de juridiction (ordre judiciaire et ordre administratif). Le juge suprême dans l'ordre judiciaire est la Cour de cassation, les conflits de compétences entre les deux ordres étant tranchés par le Tribunal des conflits. Le Conseil d'État est conseiller du gouvernement français. Il examine les projets de lois et d'ordonnances, avant que ceux-ci ne soient soumis au conseil des ministres. Il indique au gouvernement quels sont, parmi les projets de textes communautaires, ceux qui touchent à des questions législatives et doivent en conséquence être transmis au Parlement.

Conseil constitutionnel : Le Conseil constitutionnel est une institution française créée par la Constitution de la Cinquième République du 4 octobre 1958. Il veille à la régularité des principales élections et référendums. Il se prononce sur la conformité à la Constitution des lois et de certains règlements avant leur entrée en vigueur et intervient également dans certaines circonstances de la vie parlementaire et publique.

Il ne se situe au sommet d'aucune hiérarchie de tribunaux ni judiciaires ni administratifs. Ce n'est pas une Cour suprême puisque le Conseil d'État et la Cour de cassation sont respectivement au sommet des ordres administratif et judiciaire. Cependant, ses décisions s'imposent aux pouvoirs publics et à toutes les autorités administratives et juridictionnelles. Le Conseil constitutionnel français a donc de fait une grande autorité sur l'ensemble des institutions françaises.

Il est composé de neuf membres, trois nommés par le président de la République, trois nommés par le président de l'Assemblée nationale et trois nommés par le président du Sénat. Le président du Conseil constitutionnel est désigné par le président de la République. Les anciens présidents de la République y sont aussi membre de droit.

Contractuel : Agent non titulaire, dont les conditions d'emploi et de rémunération sont fixées par un contrat passé entre l'autorité territoriale et l'agent.

Contrat de plan État-région : Document récapitulant les engagements financiers prévus pour une période donnée par l'État et chacune des régions. Le contrat de plan constitue le cadre de mise en cohérence pour la réalisation d'équipements prioritaires.

Contrôle administratif/tutelle : La tutelle administrative exercée par l'État disparaît avec la décentralisation. Sous réserve de publication ou notification et d'une transmission au représentant de l'État (préfet, sous-préfet), les actes des collectivités locales sont exécutoires de plein droit. Néanmoins, un contrôle *a posteriori* est opéré par les organes chargés du contrôle de légalité (préfets, tribunaux administratifs). Quant aux contrôles budgétaires, financiers, comptables, ils sont exercés par les chambres régionales des comptes.

CSFPT : Conseil supérieur de la fonction publique territoriale.

CST : Comité social territorial

CT : Comité technique.

Cumul des mandats : Détention simultanée de mandats de nature différente (par exemple, député-maire). La loi du 30 décembre 1985 limite le cumul à deux mandats exécutifs importants.

Décentralisation : Système d'organisation administrative dans lequel des pouvoirs de décision sont confiés à des autorités autonomes par rapport au pouvoir central. La décentralisation territoriale de 1982 a permis le transfert de compétences et de ressources à des élus locaux, agissant dans le cadre d'une collectivité territoriale. Leurs décisions sont toutefois soumises à un contrôle de légalité *a posteriori* et juridictionnel.

Déconcentration : Modalité de la centralisation consistant à accorder à des organes locaux de l'administration de l'État, dans le cadre d'une circonscription administrative (simple découpage géographique sans personnalité morale), un pouvoir de décision limité et par délégation. Les agents sont nommés par l'État et soumis au pouvoir hiérarchique.

Délibération : Acte administratif émanant d'une autorité collégiale, l'assemblée délibérante (conseil municipal, départemental, régional, conseil d'administration d'un OPHLM ou d'un CCAS…).

Démocratie locale : Procédés permettant aux administrés de participer aux décisions locales : consultations locales (loi ATR 1992, LOADT 1995), élections, associations, etc.

Démocratie directe : La possibilité donnée aux collectivités d'organiser des référendums décisionnels ou consultatifs sur des sujets relevant de leurs compétences, constitue une amélioration de la démocratie directe au niveau local. Il en va de même avec l'attribution d'un droit de pétition accordé aux électeurs qui pourront ainsi obtenir l'inscription d'un sujet à l'ordre du jour de l'assemblée délibérante de la collectivité.

Développement durable : Développement qui répond aux besoins actuels sans compromettre la capacité des générations futures à répondre aux leurs.

Dotations de l'État : Avec la décentralisation, les multiples aides financières que l'État accordait aux collectivités locales sont globalisées sous la forme de dotations (dotation globale de fonctionnement, dotation générale de décentralisation…) qui permettent aux collectivités de remplir leurs missions. Somme versée par l'État aux collectivités territoriales qui l'utilisent librement.

Établissement public : Personne morale de droit public chargée de la gestion d'une activité de service public, dans le cadre limité de sa spécialité (par exemple, OPH).

L'établissement public de coopération intercommunale (EPCI) est une personne morale tendant à regrouper des communes, dans un souci de plus grande efficacité, en vue de l'établissement de tâches ou de réalisations d'intérêt commun.

Fonctionnaire : Agent public titulaire d'un grade de la fonction publique.

FPT : Fonction publique territoriale ; l'une des trois fonctions publiques.

Gouvernance : La gouvernance désigne l'ensemble des mesures, des règles, des organes de décision, d'information et de surveillance qui permettent d'assurer le bon fonctionnement et le contrôle d'un État, d'une institution ou d'une organisation qu'elle soit publique ou privée, régionale, nationale ou internationale. La gouvernance a pour but de fournir les orientations stratégiques, de s'assurer que les objectifs sont atteints, que les risques sont gérés correctement et que les ressources sont utilisées dans un esprit responsable. Elle veille en priorité au respect des intérêts des « ayants droit » (citoyens, pouvoirs publics, partenaires, actionnaires) et à faire en sorte que leurs voix soient entendues dans la conduite des affaires.

Intercommunalité : Cette expression désigne les différentes formes de coopération existant entre les communes. L'intercommunalité permet aux communes de se regrouper au sein d'un établissement public de coopération intercommunale (EPCI) pour assurer certaines prestations ou réaliser des projets de développement économique, d'aménagement ou d'urbanisme.

IRCANTEC : Institution de retraite complémentaire des agents non titulaires de l'État et des Collectivités publiques.

Juridiction administrative : Ensemble des tribunaux de l'ordre administratif, c'est-à-dire réglant en principe le contentieux dans lequel une personne publique est partie : tribunal administratif, cour administrative d'appel, Conseil d'État.

Juridiction judiciaire : Ensemble des tribunaux civils et répressifs soumis au contrôle de la Cour de cassation : tribunal d'instance, tribunal de grande instance, cour d'appel, tribunal de police, tribunal correctionnel, cour d'assises

Libre administration des collectivités locales : Le principe de libre administration des collectivités locales est posé par l'article 72 de la Constitution du 4 octobre 1958 : « Les collectivités territoriales de la République sont les communes, les départements, les territoires d'outre-mer. Toute autre collectivité territoriale est créée par la loi. Les collectivités s'administrent librement par des conseils élus et dans les conditions prévues par la loi. »

Liste d'aptitude : Liste des personnes admises après un concours, un examen professionnel ou au choix (après consultation de la CAP, selon le cas). Les candidats peuvent être recrutés par une autorité territoriale une fois qu'ils sont portés sur cette liste. L'inscription sur la liste d'aptitude ne vaut pas nomination automatique dans le grade concerné. La durée d'inscription sur cette liste ne peut excéder 4 ans (sauf exceptions).

Ordonnance : C'est une mesure prise par le gouvernement dans une matière relevant normalement de la loi. Elle est prévue par l'article 38 de la constitution. Celle-ci peut être prise après l'autorisation reçue par une loi d'habilitation votée par le Parlement à la demande du gouvernement. Ce système est très utilisé pour des raisons qui tiennent à l'encombrement de l'ordre du jour législatif, à l'impopularité des décisions à prendre ou encore à un désir d'efficacité et de rapidité. La loi d'habilitation doit fixer les domaines et la durée où le gouvernement pourra prendre des ordonnances, sous peine d'être sanctionnée par le Conseil constitutionnel français.

Ordonnateur : Autorité qui exécute les recettes et les dépenses publiques, mais incompétente pour manier des fonds publics, sous peine de « gestion de fait ».

OPH : Office Public de l'Habitat, remplaçant en 2007 les OPAC et les OPHLM, sont des établissements publics à caractère industriel et commercial (EPIC) rattachés à une collectivité territoriale ou à un établissement public de coopération intercommunale (EPCI) et compétent en matière de logement social.

OPHLM : Office public d'habitation à loyer modéré. Ancienne dénomination aujourd'hui dénommée OPH : office public de l'habitat. C'est un établissement public.

Organe délibérant : Assemblée délibérante (par exemple, le conseil municipal, départemental, régional, conseil d'administration d'un établissement public) ayant pour attribution de gérer par ses délibérations les affaires de la personne publique concernée.

Organe exécutif : Maire ou présidents de conseils chargés de préparer les réunions des assemblées délibérantes et d'en exécuter les délibérations.

Panacher : Uniquement dans les commmunes de moins de 1 000 habitans, possibilité pour l'électeur de modifier sur son bulletin de vote la composition d'une liste électorale en rayant un ou plusieurs noms et éventuellement en les remplaçant par des noms de candidats pris sur une autre liste.

Personne morale : Groupement d'individus auquel la loi reconnaît comme une entité distincte de celle de ses membres (par opposition à la personne physique, l'individu). La personne morale est titulaire de droits et d'obligations. Une personne morale publique peut même être détenteur de prérogative de puissance publique : ses décisions s'imposent à la population. Entreprise, association, collectivité, État…

Personnalité juridique : C'est l'aptitude à être titulaire de droits et de devoirs. Elle rend responsable de ses actes devant la société, la personne physique majeure ou la personne morale qui en est détentrice.

PLU : Plan local d'urbanisme (remplace le POS).

Police administrative : Intervient en cas d'action préventive ayant pour objet le maintien de l'ordre public (bon ordre, sécurité, salubrité et tranquillité publique, notamment).

Police judiciaire : Intervient en cas d'action répressive, de recherche ou de constat des infractions.

POS : Plan d'occupation des sols (en voie d'extinction, remplacé par le PLU).

Préfet : Fonctionnaire nommé par décret présidentiel, représentant de l'État dans le département (ou dans la région pour le préfet de région). Il est à la tête de l'échelon déconcentré des services extérieurs. Il assure également le contrôle sur la légalité des actes pris par les collectivités locales ou leurs établissements publics.

RMI : Revenu minimum d'insertion.

RSA : Le revenu de solidarité active est une allocation qui vise à la fois à remplacer des minima sociaux existants (comme le RMI et l'API), et à se substituer à des dispositifs d'intéressement de retour à l'emploi (comme la prime de retour à l'emploi (PRE) et la prime forfaitaire de retour à l'emploi). Le RSA est pour ceux qui ne travaillent pas un revenu minimum et pour ceux qui travaillent un complément de revenu. C'est donc un instrument « mixte » qui met fin aux cloisonnements entre dispositifs et qui supprime les trous dans le dispositif. Le RSA est à la fois un moyen de garantir que le retour au travail procure des revenus supplémentaires et un instrument de lutte contre la pauvreté.

Scrutin : Ensemble des modalités de vote lors d'une élection : bulletins déposés dans une urne d'où on les tire ensuite pour les compter (dépouillement). Le scrutin peut être public ou secret, uninominal ou de liste, comportant un mode de répartition des sièges (à la majorité ou à la proportionnelle, etc.).

Statut de l'élu : Ensemble des droits des élus (loi 3 février 1992, par exemple, droit à la formation).

Statut de la fonction publique : Le statut est l'ensemble des règles applicables à tous les fonctionnaires (en quelque sorte, le droit du travail des fonctionnaires).

Subsidiarité : Appliqué à la décentralisation, il s'agit du principe selon lequel les collectivités territoriales peuvent assumer une compétence en lieu et place de l'État, lorsqu'elles ont vocation « à prendre les décisions pour l'ensemble des compétences qui peuvent le mieux être mises en œuvre à l'échelle de leur ressort ».

Suffrage : Acte par lequel on déclare sa volonté, son opinion lors d'un choix. C'est un vote, une voix donnée en matière d'élection (choix exprimé ou non, universel, direct ou indirect).

ANNEXE 3

Index

A

abaissement d'échelon *226*
acte
 administratifs *15, 181*
 d'autorisation *181*
 de prévision *181*
 non-réglementaires *12*
 réglementaires *11*
action
 économique *111*
 sociale *109, 112, 113*
affectation sur un poste à responsabilité *219*
agents de droit privé *206*
aménagement *109*
 de l'espace *114*
 du territoire *117*
annualité *181*
antériorité *182*
Assemblée nationale *7*
avancement *233*
avertissement *226*

B

Banque
 centrale européenne *153*
 européenne d'investissement *153*
blâme *226*
budget *160, 180*
 supplémentaire *194*

C

cadre d'emplois *210*
campagne électorale *28*
catégories *211*
centres
 de gestion (CDG) *242, 315*
 interdépartementaux de gestion (CIG) *242, 315*
cessation de fonction *235*
chambre régionale des comptes *181, 196*
CNFPT *313*
collectivité territoriale *52, 104*
comité
 des régions *153*
 d'hygiène et de sécurité (CHS) *244*
 économique et social *153*
 technique paritaire (CTP) *243*
commission
 administrative paritaire (CAP) *243*
 départementales de coopération intercommunale *71*
 européenne *152*
communautés
 d'agglomération *73*
 de communes *73*
 urbaines (CU) *74*
commune *56, 109*
 déléguées *121*
compétences
 facultatives *106*
 obligatoires *104*
comptable du Trésor *191*
compte
 administratif *193*
 de gestion *195*
concours
 externe *230*
 interne *230*

conditions d'accès à la fonction publique *208*
congé parental *238*
conseil
  de l'Union européenne *151*
  de quartier *36*
  économique et social *98*
  européen *151*
  départemental *89*
  municipal *60*
  régional *96*
  supérieur de la fonction publique territoriale : le CSFPT *241*
conseil départemental *18, 19, 24, 27, 92*
Constitution *7*
continuité *133*
contrat
  administratif *12*
  de droit privé *12*
contraventions *225*
contrôle
  administratif *138*
  budgétaire et financier *141*
  des élus *141*
  en matière de police municipale *141*
Cour
  de justice *152*
  des comptes *153*
crimes *225*
CST *245, 260, 263*
culture *112, 115, 118*

D

décentralisation *40*
déconcentration *38*
démocratie *25*
  directe *25*
  représentative *25*
département *88, 122*
départemental *18, 19, 22, 24, 27, 34, 36, 38, 39, 44, 45, 53, 55, 63, 71, 72*
dépenses
  de fonctionnement *184*
  d'investissement *185*
détachement *239*
développement
  durable *157*
  économique *116*
devoir de désobéissance *223*
discrétion professionnelle *222*
disponibilité *240*
domaines de compétences *53*
droit
  à congés et décharges de service *215*
  à fonctions électives *221*
  à l'accès à son dossier individuel *219*
  à la formation *215*
  à la mobilité *215*
  à la protection *220*
  à la protection de la santé et à l'intégrité physique *214*
  à la rémunération *215*
  à l'égalité de traitement des travailleurs handicapés *214*
  de grève *214*
  de participation *214*
  droit privé *7*
  européen *13*
  public *7*
  syndical *213*

E

échanges avec le jury *298*
éducation *115, 118*
égalité *132*
  des candidats *282*
élection
  cantonales *34*
  de liste *31*
  européennes *35*
  municipales *32*
  régionales *34*
  uninominale *30*
électorat *26*
emploi *209*
énergie *159*
enquête d'utilité publique *35*
enseignement *109, 110*
entretien oral *283*
environnement *157*
équilibre *182*
équipement *114*
établissement
  public *135*

publics administratifs (EPA) *136*
publics industriels et commerciaux (EPIC) *136*
état civil *109*
examen professionnel *231*
exclusion temporaire *226, 227*
exécutoires *15*

F

faute
de service *224*
disciplinaire *226*
personnelle *224*
filières *211*
fonctionnaires *206*
fonction publique *204*
formation
de professionnalisation au premier emploi *219*
de professionnalisation tout au long de la carrière *219*
d'intégration *218*
professionnelle *118*

G

grade *209*
grille d'entretien *303*

I

imprudence *225*
information du public *223*
infraction *224*
intercommunalité *69*
fédérative à fiscalité propre *71*
sans fiscalité propre *71*
intérêt général *130*

J

jury *281*

L

liberté d'opinion *213*
licenciement *235*
liste d'aptitude *231*
logement *111*

M

magistrat *58*
maire *63*
marchés publics *188*
mise à disposition *238*
mise à la retraite d'office *227*
mutabilité *133*
mutation *240*

N

négligence *225*
neutralité *282*
non-discrimination *132*

O

obligation
de réserve *223*
de servir *221*
d'obéissance hiérarchique *223*
officier
de police judiciaire *59*
d'état civil *59*
ordonnateur *191*
organisation des concours *310*

P

Paris Métropole *82*
parité *34*
Parlement *7*
européen *150*
patrimoine *115*
peine *224*
personne
morale *6*
physique *6*
planification *117*
politique
agricole commune (PAC) *155*
de cohésion *149*
position d'activité *238*
pouvoir
exécutif *8*
judiciaire *8*
législatif *7*

préfet
de département *19*
de région *20*
président
du conseil départemental *92*
du conseil régional *96, 98*
principe de non-discrimination *213*
professionnalisation *218*
protection
contre le harcèlement sexuel ou moral *220*
de l'ordre public *109*

R

radiation *235*
recrutement *229*
référendums
consultatifs *35*
décisionnels *35*
région *94, 122*
rémunération *236, 237*
indiciaire *209*
obligatoire *237*
responsabilité
administrative *225*
civile *224*
disciplinaire *225*
juridique *223*
ordinale *228*
pénale *224*
ressources *183*
de fonctionnement *183*
d'investissement *184*
retraite *235*
rétrogradation *227*
révocation *227, 235*

S

sanction *226*
santé *111, 119*
scrutin *29*
de liste *29*
majoritaire *29*
mixte *30*
proportionnel *30*
uninominal *29*
secret professionnel *222*
Sénat *7*
service public *129*
Société du Grand Paris *81*
stage *231*
suspension *227*
syndicat
à vocation multiple (SIVOM) *72*
à vocation unique (SIVU) *72*
de communes *72*
mixtes *72*

T

taux d'imposition *187*
titularisation *232*
Traités européens *147*
transfert *41*

U

Union européenne *145*
unité *182*
universalité *182*
urbanisme *110*

V

voirie communale *109*

80671 - (I) - OSB 80 - P293U - BLP - NRI

JOUVE
1, rue du Docteur Sauvé, 53100 MAYENNE
OF : 2944120P
Dépôt légal : janvier 2020

Imprimé en France